NOTES

DE

JURISPRUDENCE

(Section de l'Intérieur, des Cultes,
de l'Instruction publique et des Beaux-Arts du Conseil d'État.)

SE RÉFÉRANT A LA PÉRIODE COMPRISE
ENTRE LE MOIS D'AOUT 1879 ET LE 31 DÉCEMBRE 1897

RÉDIGÉES ET CLASSÉES

par M. Joseph REYNAUD

MAÎTRE DES REQUÊTES AU CONSEIL D'ÉTAT

AVEC LE CONCOURS

DE M. LAGRANGE

Secrétaire de la Section de l'intérieur au Conseil d'État.

———— ⟶⟵ ————

MELUN

IMPRIMERIE ADMINISTRATIVE

—

1899

NOTES

DE

JURISPRUDENCE

NOTES

DE

JURISPRUDENCE

(Section de l'Intérieur, des Cultes,
de l'Instruction publique et des Beaux-Arts du Conseil d'État.)

SE RÉFÉRANT A LA PÉRIODE COMPRISE
ENTRE LE MOIS D'AOUT 1879 ET LE 31 DÉCEMBRE 1897

RÉDIGÉES ET CLASSÉES

par M. Joseph REYNAUD

MAÎTRE DES REQUÊTES AU CONSEIL D'ÉTAT

AVEC LE CONCOURS

DE M. LAGRANGE

Secrétaire de la Section de l'intérieur au Conseil d'État.

MELUN

IMPRIMERIE ADMINISTRATIVE

—

1899

Cette publication n'est que la continuation de celle entreprise, en 1892, par M. Bienvenu Martin pour la période comprise entre le mois d'août 1879 et le 31 décembre 1891. Les notes recueillies depuis lors ont été refondues avec les anciennes et forment un nouvel ensemble. Néanmoins, les observations qui accompagnaient la publication primitive n'ont pas perdu leur intérêt, il est donc utile de les reproduire:

Sauf les cas où le Conseil d'État est spécialement consulté sur l'interprétation qu'il convient de donner à un texte de loi ou de règlement ou sur les difficultés que soulève son application, — la plupart des décisions (projets de décrets, notes et avis) qui sont élaborées par la section de l'intérieur ou l'assemblée générale, après examen de la section, ne se réfèrent qu'à des questions d'espèces.

Il suit de là que, pour dégager la doctrine qui ressort des délibérations de la section ou de l'assemblée générale, il est nécessaire, soit de réunir toutes les décisions qui se rapportent à un même ordre de circonstances et de rechercher la raison commune qui les motive, soit de discerner dans une décision particulière les raisons d'ordre général qui paraissent susceptibles de s'appliquer à des espèces analogues.

Telle est la double méthode de travail qui a été suivie dans la rédaction de ces notes de jurisprudence. Mais, par cela même qu'elles constituent une généralisation sommaire, elles ne sauraient avoir le même caractère de certitude et d'authenticité que les textes dont elles sont le résumé.

Elles n'ont donc que la valeur de simples renseignements et n'offrent d'autre utilité que de faciliter les recherches des membres du Conseil d'État et des fonctionnaires qui concourent à l'élaboration des actes de la puissance exécutive.

Il a paru utile de citer en tête de chacune des matières traitées dans ce recueil, les dispositions fondamentales qui s'y appliquent.

Les solutions recueillies se rapportent à la jurisprudence actuellement suivie par la section de l'intérieur ou par l'assemblée générale. Sauf de rares exceptions, il n'a pas été tenu compte des décisions rendues sous l'empire d'une jurisprudence aujourd'hui abandonnée, ou d'une législation que des lois récentes ont modifiée. La reproduction de ces décisions dépourvue d'intérêt pratique aurait été une source de complications dans les recherches.

Parmi les avis cités, il importe de distinguer ceux qui ont été rendus sur des questions générales d'interprétation ou d'exécution, et ceux qui sont intervenus sur un projet de décret concernant une espèce particulière. Ceux-là ont une portée d'application et une valeur doctrinale qui ne sauraient appartenir aux autres. On reconnaîtra les premiers à ce signe qu'ils ne portent pas d'autre mention que celle de leur date; les autres sont indiqués non seulement par leur date, mais encore par le nom de l'affaire à laquelle ils se rapportent.

Pour l'intelligence des signes abréviatifs on fait savoir que :

Les lettres (A. G.) signifient décision de l'assemblée générale du Conseil d'État ; (S. Réun.) sections réunies ; (I. et F.) intérieur et finances ; (I. et L.) intérieur et législation ; (I. et T. P.) intérieur et travaux publics (1) ; (P. de décret) projet de décret. La date qui se trouve à la suite de ces mots n'est pas celle de la signature du décret, mais la date à laquelle le projet a été adopté par la section ou l'assemblée générale. Comme un projet de décret peut n'être pas approuvé par le Président de la République ni même, une fois revêtu de sa signature être inséré dans le *Bulletin des lois*, il a paru préférable, pour guider les recherches de se référer à un mode d'indication qui ne peut jamais faire défaut et permet dans tous les cas de retrouver un document dans les archives du Conseil.

Le caractère particulier de cet opuscule, qui est d'ordre tout intérieur, explique pourquoi il n'est pas mis à la disposition du public et ne porte aucun nom d'éditeur.

(1) Lorsqu'il n'existe aucun signe abréviatif, la décision émane de la section de l'intérieur.

NOTES

DE

JURISPRUDENCE

TITRE I

ORGANISATION ET FONCTIONNEMENT DES SERVICES GÉNÉRAUX DE L'ÉTAT

CHAPITRE PREMIER

RÈGLES COMMUNES A TOUS LES SERVICES

Organisation de l'Administration centrale des Ministères.

Le Gouvernement peut, en Conseil d'État, par application de l'article 16 de la loi de finances du 29 décembre 1882, fixer les traitements du personnel des administrations centrales avant qu'il ait été pourvu aux voies et moyens. Il n'y a pas lieu toutefois d'adopter un projet de décret comportant une augmentation de traitement pour certaines catégories d'employés lorsqu'il ne s'est produit, depuis la dernière réglementation, aucun fait nouveau qui soit de nature à justifier les modifications proposées.

Avis (A. G.), 12 mars 1891. Modification de l'organisation de l'Administration centrale du Ministère de l'Intérieur.

Crédits supplémentaires.

(Loi du 14 décembre 1879.)

Il n'y a pas lieu de donner suite à une demande de crédit supplémentaire lorsqu'il s'agit de pourvoir au rachat d'objets mobiliers pris en charge par le comptable-matières le 31 décembre de l'année précédente et dont le prix est dès lors imputable sur l'exercice précédent.

Avis et P. de décret (A. G.), 15 septembre 1881. Demande de crédits supplémentaires pour dépenses d'exploitation du *Journal officiel*.

Crédits extraordinaires.
(Loi du 14 décembre 1879.)

Il n'y a pas lieu de donner suite à une demande d'ouverture de crédits extraordinaires lorsqu'il s'agit en réalité d'un supplément de dépense sur un service existant, que le crédit réclamé n'a pour but que de créer une ressource pour parer à l'insuffisance d'un crédit normal entamé par une imputation et qu'enfin il n'y a pas une urgence absolue.

Avis (A. G.), 6 octobre 1881. P. de décret tendant à ouvrir au Ministère de l'intérieur un crédit extraordinaire de 100.000 francs sous le titre de secours aux victimes du coup d'État, etc..

La formule qu'il convient d'adopter dans les décrets portant ouverture de crédits extraordinaires est la suivante :

Il est ouvert au Ministre de   sur l'exercice au delà des crédits accordés par la loi de finances du un crédit extraordinaire de   qui figurera à la   section du budget du Ministère de   où il formera un chapitre portant le n°   et intitulé

P. de décret et note (A. G.), 2 octobre 1890. Ouverture au budget du Ministère de l'Intérieur d'un crédit extraordinaire de 300.000 francs pour secours aux victimes des inondations.

Remise de débet.
(Loi du 29 juin 1852.)

Aux termes de l'article 13 de la loi du 29 juin 1852, aucune remise totale ou partielle de débet ne peut être accordée que par décret rendu en Conseil d'État. Dès lors, l'engagement qui aurait été pris à l'égard d'un redevable, de lui faire remise du reliquat de la créance du Trésor, s'il versait un acompte, ne saurait suffire en l'absence de tout motif sérieux allégué, pour justifier l'adoption d'un projet de décret tendant à régulariser cette remise.

Avis, 9 février 1887, Judet.

CHAPITRE SECOND

INTÉRIEUR (1-2)

Attributions des commissions de recensement dans les élections
législatives.

(Décret du 2 février 1852.)

Il appartient à la commission de recensement général des votes de vérifier et de rectifier, s'il y a lieu, les erreurs qui peuvent avoir été commises par les bureaux électoraux, soit dans le classement des bulletins qui entrent ou n'entrent pas dans le résultat, soit dans l'attribution des bulletins annexés aux procès-verbaux des opérations électorales.

Avis (A. G.), 8 avril 1886.

Élection des délégués sénatoriaux.

Si l'article 8 de la loi du 9 décembre 1884, modifiant l'article 3 de celle du 2 août 1875, sur l'élection des sénateurs, dispose que dans les communes où les fonctions du conseil municipal sont remplies par une délégation spéciale, les délégués sénatoriaux et suppléants doivent être nommés par l'ancien conseil, on ne saurait considérer comme ancien conseil, dans le sens de la loi précitée, celui dont les pouvoirs ont pris fin par suite de l'expiration de son mandat.

Avis (A. G.), 3 décembre 1896.

---

(1) Toutes les autres décisions concernant l'administration de l'intérieur mais ne rentrant pas sous la rubrique : « Services généraux de l'Etat » forment les titres II et III sous la dénomination de « Services départementaux » et « Services communaux ».

(2) A cette matière se rattachent divers projets de décret portant règlement d'administration publique sur les objets ci-après :
Organisation de l'administration centrale du Ministère de l'intérieur (P. de décret et note [A. G.],20 mai 1897). — Cadre et conditions d'organisation de l'inspection des enfants assistés (P. de décret, 27 mai 1886); — P. de décret modificatif (5 juillet 1888). — Conditions applicables aux divers modes de sépulture (11 avril 1889).

Attributions des Sous-Préfets.

La loi du 12 avril 1892 n'a point expressément abrogé les dispositions du décret du 20 messidor an III et de la loi du 28 pluviôse an VIII; d'autre part, si l'article 2 de la loi du 12 avril 1892 dispose que la demande tendant à faire agréer un garde particulier doit être déposée à la sous-préfecture, il n'en résulte pas que le droit d'agréer ait été transféré du Sous-Préfet au Préfet dans les arrondissements autres que l'arrondissement chef-lieu. En conséquence, les Sous-Préfets ont, après comme avant la loi du 12 avril 1892, le droit de prendre des arrêtés pour agréer les gardes particuliers.

Avis, 4 juillet 1892.

Le droit de suspendre les effets des dits arrêtés n'appartient pas au Préfet auquel la loi ne confère que le droit de les rapporter. Le principal caractère des gardes particuliers étant celui d'agents des propriétaires qui les emploient, ils ne sauraient être assimilés à des fonctionnaires au point de vue de la surveillance et de la discipline; dès lors, les Préfets ne peuvent exercer à leur égard que les droits qui leur ont été expressément conférés par la loi.

Même avis.

Police de la pharmacie.

Si la loi du 21 germinal an XI, l'arrêté du 25 thermidor an XI et le décret du 23 mars 1859 ont soumis l'exercice de la pharmacie à certaines prescriptions imposées dans l'intérêt de la santé publique, et investi les Préfets, en raison de l'accomplissement de ces prescriptions, de pouvoirs de contrôle et de surveillance sur les pharmaciens établis dans leur département, aucune disposition législative ou réglementaire ne reconnaît aux Préfets le droit de procéder à la fermeture temporaire des officines illégalement tenues.

Avis (A. G.), 17 mars 1892.

Police des établissements de bienfaisance privés.

Le Gouvernement, dans l'état actuel de la législation, ne possède des droits de police et de contrôle que sur les établissements de bienfaisance privés fondés par des associations de plus de vingt personnes, ou sur ceux auxquels s'applique une réglementation résultant de textes spéciaux.

Avis (A. G.), 7 et 14 janvier 1892.

Hygiène publique. — Eaux minérales.
(Décret du 8 septembre 1856) [1].

A été considérée comme régulière la délibération d'une commission d'enquête dans laquelle ne figurait pas de médecin inspecteur, lorsqu'il résultait de l'instruction que le poste de médecin inspecteur n'avait pas encore été créé ou avait été supprimé lors de la réunion de la commission.

P. de décret (A. G.), 12 juin 1890, Pougues-les-Eaux; 30 décembre 1891, Aix-les-Bains; 30 décembre 1891, Boulou.

Une même source ne peut être placée sous le double régime des lois du 17 juin 1840 et du 14 juillet 1856. En conséquence, une source d'eau salée, concédée en vertu de la loi du 17 juin 1840, ne peut être déclarée d'intérêt public comme source d'eau minérale dans les conditions de la loi du 14 juillet 1856.

Avis (S. Réun. I. et T. P.), 5 août 1896.

---

(1) C'est seulement depuis le décret du 5 janvier 1889 qui a distrait le service de l'hygiène publique du Ministère du commerce pour le transférer à celui de l'intérieur que la section de l'intérieur est appelée à examiner les affaires qui se rapportent à ce service.

CHAPITRE TROISIÈME

INSTRUCTION PUBLIQUE

PREMIÈRE SECTION

Enseignement primaire (1).

§ 1ᵉʳ : ENSEIGNEMENT PUBLIC

(Lois des 20 juin 1885, 30 octobre 1886, 19 juillet 1889,
25 juillet 1893.)

A. — Des établissements d'enseignement primaire (2).
B. — Du personnel enseignant.

Classement, avancement des instituteurs. — Les commissions
de classement instituées par l'article 41 de la loi du 19 juillet
1889 pour répartir dans les nouvelles classes créées par la dite

---

(1) A cette matière se rattachent divers projets de décret portant règlement d'administration publique sur les objets ci-après :
Conditions pour l'admission aux examens du brevet de la langue kabyle (11 août 1885); — conditions d'application de la loi du 20 juin 1885 relative aux subventions de l'Etat (4 février 1886); — conditions d'application de la même loi aux communes de l'Algérie (13 mai 1886); — désignation des membres électifs du conseil départemental (11 novembre 1886); — règles de la procédure pour l'instruction, le jugement et l'appel des affaires disciplinaires de l'enseignement primaire (2 décembre 1886); — règles de la création et de l'installation des écoles primaires publiques (5 avril 1887); — application à l'Algérie de la loi du 30 octobre 1886 sur l'organisation de l'enseignement primaire et des lois antérieures visées dans l'article 68 de la dite loi (3 novembre 1887); — écoles manuelles d'apprentissage (15 mars 1888); — matériel d'enseignement, livres et registres scolaires (19 décembre 1889); — indemnités de résidence à allouer au personnel enseignant des écoles primaires publiques (30 janvier 1890 et décret modificatif du 4 août 1890); mêmes indemnités dans les communes de plus de 100.000 âmes (27 mars 1890); mêmes indemnités dans les communes du département de la Seine (27 mars 1890 et 6 août 1890); mêmes indemnités dans les localités qui possèdent des écoles de section (4 août 1890); — administration et comptabilité des écoles normales primaires et prestations en nature à concéder au personnel de ces écoles (13 mars 1890); — mode de classement et d'avancement des instituteurs et institutrices de Paris (2 avril 1890); — conditions spéciales d'organisation du personnel des écoles normales de la Seine et fixation des traitements (22 mai 1890); — nombre des heures de service exigées du personnel des écoles normales et mode de rétribution des heures supplémentaires (10 juillet 1890); — fixation des traitements et indemnités du personnel des écoles

loi les maîtres et maîtresses en exercice ne sont point tenues de faire concorder cette répartition avec les effectifs numériques déterminés par l'article 6 de la même loi. En conséquence, ces commissions doivent ranger tous les instituteurs en exercice, quel que soit le chiffre des ayants droit, dans les classes correspondant à leur traitement garanti, sous réserve des mesures à

---

normales de Saint-Cloud et de Fontenay-aux-Roses (10 juillet 1890); — indemnités et allocations diverses au personnel des écoles primaires publiques d'Algérie (19 juin 1890); — conditions spéciales d'organisation et de fixation des traitements du personnel des écoles primaires supérieures de la ville de Paris (31 juillet 1890); — conditions auxquelles les directeurs et directrices d'écoles primaires élémentaires pourront être déchargés de classe; — conditions de nomination et d'exercice des instituteurs suppléants et des institutrices suppléantes; — indemnités à allouer aux maîtresses de couture (31 juillet 1890); — fixation des règles et conditions d'avancement des instituteurs et institutrices non prévues par l'article 24 de la loi du 19 juillet 1889 (14 mai 1891); revision du tableau des localités de l'Algérie redevables de l'indemnité de résidence envers le personnel des écoles primaires publiques (29 décembre 1892); — classement et avancement des instituteurs et institutrices des écoles primaires publiques, élémentaires et maternelles de la ville de Paris (4 août 1892); — indemnités de résidence dues au personnel enseignant des écoles primaires publiques (22 décembre 1892); — indemnités de résidence dues au personnel enseignant dans les localités qui possèdent des écoles de section (16 mars 1893); — nombre des heures de service exigées du personnel des écoles nationales professionnelles et des écoles primaires supérieures; mode de rétribution des heures de service supplémentaires (20 et 27 juillet 1893); — taux des indemnités représentatives de logement pour le personnel enseignant des écoles primaires de tout ordre et conditions dans lesquelles ces indemnités seraient relevées dans le cas où il serait démontré que l'instituteur est dans l'impossibilité de se loger convenablement au moyen de l'indemnité réglementaire (loi du 25 juillet 1893 art. 4, § 2 et 48, § 15) (21 juin 1894); — indemnités de résidence à allouer au personnel enseignant des écoles primaires publiques dans les communes du département de la Seine (21 juin 1894); — conditions de nomination et d'exercice des suppléants auxiliaires (10 mai 1894); — modification de l'article 5 du règlement d'administration publique du 14 août 1893 sur les heures de service exigées du personnel des écoles primaires supérieures ainsi que sur le mode de rétribution des heures de service supplémentaires (21 mars 1894); — conditions dans lesquelles les écoles primaires supérieures ou les cours supplémentaires donnant l'enseignement industriel ou commercial devront, pour être entretenus par l'Etat, être placés sous le régime de la loi du 11 décembre 1880 et du règlement d'administration publique du 17 mars 1888 (13 décembre 1894); — régime des écoles annexes dans les écoles normales primaires (26 juillet 1894); — diverses questions relatives à des catégories du personnel des écoles normales primaires (26 juillet 1894); — diverses questions relatives à certaines catégories du personnel des écoles nationales professionnelles (13 décembre 1894); — règles et conditions d'avancement des instituteurs et institutrices primaires publics, non prévues à l'article 24 de la loi du 19 juillet 1889, modifié par la loi du 25 juillet 1893 (20 mars 1895); — diverses questions relatives à des catégories du personnel des écoles normales primaires du département de la Seine (9 et 16 mai 1895); — indemnités de résidence dues au personnel enseignant des écoles primaires publiques (23 décembre 1897); — indemnités de résidence dues au personnel enseignant des écoles primaires publiques d'Algérie (23 décembre 1897).

N. B. — On a cru devoir donner ci-dessus les dates de l'adoption des projets de décret par le Conseil d'Etat, et non les dates de la promulgation des décrets.

(2) Les décisions concernant la création, l'établissement et la suppression des écoles primaires publiques sont rapportées au titre III, chapitre V, p. 123.

prescrire par le Ministre de l'Instruction publique pour distinguer dans les tableaux l'effectif permanent de l'excédent transitoire.

Avis (A. G.), 19 décembre 1889.

Les proportions déterminées par l'article 6 de la loi du 19 juillet 1889 s'appliquent à la répartition en classes de l'ensemble du personnel de l'enseignement primaire public élémentaire et non à la sous-répartition du dit personnel dans chaque département. Les dispositions de l'article 50 de la loi précitée, qui donnent au Ministre le droit de fixer le nombre des promotions à accorder à chaque département dans la limite des crédits disponibles, seraient inconciliables avec la fixité absolue des effectifs départementaux.

Avis (A. G.), 23 avril 1891.

Les instituteurs et institutrices congréganistes doivent compter dans le calcul des effectifs prévus par l'article 6 de la loi du 19 juillet 1889, et être rangés dans les classes correspondant à leur traitement ; ils peuvent être titularisés quand ils remplissent les conditions légales.

Ils peuvent être promus à une classe supérieure, dans le cas où l'élévation de classe n'entraîne pas pour eux un traitement plus élevé.

L'article 33 de la loi du 19 juillet 1889 ne s'applique pas aux instituteurs congréganistes.

Avis (A. G.), 30 janvier 1890.

Les instituteurs stagiaires ne peuvent réclamer comme un droit la titularisation dès qu'ils remplissent les conditions légales fixées par l'article 33 de la loi du 30 octobre 1886. Le stage de deux ans qui leur est imposé n'est qu'un minimum et l'administration doit rester juge du moment où il convient de les nommer titulaires.

Avis, 19 juin 1888.

Les instituteurs adjoints et les institutrices adjointes des écoles primaires supérieures ont le droit d'être rangés dans les classes correspondant à leur traitement garanti, tel qu'il est déterminé par l'article 32 de la loi du 19 juillet 1889, sans qu'on puisse exiger d'eux les conditions de durée de service prescrites soit par l'article 34, § 3, soit par l'article 24 de la même loi.

Avis, 27 décembre 1890.

Parmi les professeurs généraux en exercice dans les écoles primaires supérieures de la ville de Paris avant le décret du 3 août 1890, n'ont droit à être versés dans le cadre des professeurs, sans avoir à justifier des titres dorénavant requis, que ceux qui, antérieurement au décret susvisé, étaient déjà chargés d'un enseignement dans une école primaire supérieure de la ville de Paris. Ceux-là seuls peuvent, s'ils sont versés dans le cadre des professeurs, être considérés comme continuant l'emploi qu'ils conservaient et, par suite, bénéficier de la dispense prévue à l'article 18 du dit décret.

Avis (A. G.), 30 avril 1891.

Traitement des instituteurs.

Aux termes de l'article 2 de la loi du 19 juillet 1889, le traitement des instituteurs et institutrices doit être payé par l'État ; il ne peut y être pourvu par un vote du conseil municipal le prenant à sa charge.

Avis, 14 mai 1895. — Ville du Mans, (Construction d'une école de filles.)

Pour le calcul du traitement garanti par les article 32 et 34 de la loi du 19 juillet 1889, on ne doit faire entrer en ligne de compte ni l'allocation pour inscription sur la liste de mérite, ni l'éventuel touché par les instituteurs postérieurement à la loi du 16 juin 1881.

Avis (A. G.), 23 janvier 1890.

Les traitements et indemnités afférents au personnel des écoles normales primaires fixés par la loi du 19 juillet 1889 sont applicables à toutes les écoles normales primaires de France, et il n'a été fait exception que pour celles du département de la Seine.

Avis, 6 août 1890.

Indemnités de résidence et allocations diverses.

L'indemnité de résidence est due par les communes pour tous les postes occupés par des instituteurs publics, qu'ils soient laïques ou congréganistes; en ce qui concerne spécialement les congréganistes, cette indemnité doit entrer intégralement dans la composition du traitement qui leur est maintenu par l'article 5 et elle vient en déduction des charges de l'État.

Avis (A. G.), 30 janvier 1890.

Le Gouvernement a le droit, sans attendre le recensement quinquennal, de modifier, par décret en Conseil d'État, le tableau des indemnités de résidence, lorsque des décrets rendus sur le rapport du Ministre de l'Intérieur ont officiellement constaté des erreurs matérielles commises dans le recensement; cette modification doit immédiatement produire son effet.

Avis (A. G.), 8 mai 1890.

Il résulte des dispositions de la loi du 19 juillet 1889 et notamment des articles 27, 28, 30 que le législateur a entendu rendre cette loi applicable à partir du 1er janvier 1890. Si le législateur a délégué au règlement d'administration publique la détermination du taux des indemnités représentatives de logement, cette délégation n'a pu avoir pour conséquence de suspendre le droit des instituteurs et l'obligation des communes jusqu'au moment de la promulgation du règlement; elle n'a eu d'autre effet que d'ajourner jusqu'à cette époque le compte définitif des indemnités.

Avis, 23 mars 1892.

La médaille d'argent, instituée par l'article 34 de la loi du 30 octobre 1886 en faveur des instituteurs et institutrices des écoles primaires élémentaires publiques, peut être accordée:

1° Aux institutrices actuellement en fonctions dans les écoles communales facultatives;

2° A celles qui ont été ou seront ultérieurement détachées par les Préfets, du cadre de l'enseignement primaire public, pour diriger les écoles communales facultatives. Les dispositions de l'article 30 de la loi du 26 décembre 1890 qui admettent les institutrices des écoles facultatives à verser des retenues à la caisse des pensions civiles en vue de conserver leurs droits à des pensions payées sur les fonds du Trésor, permettent en effet de les considérer comme des fonctionnaires d'État.

Avis (S. réun. I. et F.), 29 avril 1891.

Les professeurs d'écoles normales pourvus de certificats d'aptitude à l'enseignement des langues vivantes, du travail manuel, du chant et de la gymnastique, peuvent cumuler plusieurs indemnités pour les enseignements accessoires qu'ils donnent en dehors de l'enseignement général dont ils sont chargés. Le cumul était, il est vrai, interdit par l'article 2 de l'arrêté ministériel du 13 mai 1888, mais cette disposition, n'ayant pas été reproduite dans le décret du 19 juillet 1890 qui a réglé à nouveau la matière, n'est plus susceptible de recevoir son effet.

Avis, 24 mars 1891.

Les maîtres et maîtresses des écoles primaires élémentaires de la ville de Paris, délégués dans les fonctions de directeur ou de directrice d'une école annexe dans une des écoles normales du département de la Seine, peuvent recevoir l'indemnité de direction prévue par l'article 5 du décret du 25 mai 1895.

Avis, 28 juillet 1896.

Les directeurs et les directrices des écoles primaires élémentaires de la ville de Paris, nommés directeurs ou directrices d'une école annexe dans une des écoles normales du département de la Seine, peuvent recevoir, outre l'allocation de 600 francs, allouée par l'article 7 du décret du 25 mai 1895, le supplément égal à l'indemnité de direction, accordé par le § 2 du dit article 7.

Même avis.

Retenues et mises à la retraite.

Dans les villes de plus de 100.000 âmes et dans les communes du département de la Seine, l'État doit continuer à faire subir la retenue à tous les instituteurs en exercice sur le chiffre des émoluments jusqu'ici soumis à retenue, tel qu'il résulte de la moyenne des trois années antérieures à l'exercice 1889 ; mais il ne doit pas faire subir la retenue aux instituteurs entrant en exercice sur la partie de l'indemnité de résidence nécessaire pour parfaire, avec le traitement légal nouveau, les émoluments régulièrement soumis à retenue dont les prédécesseurs ont joui pendant les trois années antérieures à 1889. L'État doit faire subir la retenue aux instituteurs entrant en exercice sur la partie du traitement légal qui est acquittée par la commune, en sus des 4 centimes représentant la part contributive de l'État.

Avis (A. G.), 1er mai 1890.

Les augmentations de traitement attribuées par le Ministre aux professeurs généraux en exercice dans les écoles primaires supérieures de la ville de Paris avant le décret du 3 août 1890, par application des anciens arrêtés municipaux, ne doivent pas être soumises à retenue. Ces augmentations ne rentrent pas parmi les traitements, indemnités et allocations sur lesquels doit, suivant l'article 19 du décret précité, s'exercer la retenue.

Avis (A. G.), 30 avril 1891.

Doivent être considérées, à raison de la généralité de leurs termes, comme applicables aux maîtres auxiliaires des écoles normales et des écoles primaires supérieures de Paris, au même titre qu'aux maîtres auxiliaires des départements, les dispositions de l'article 30 de la loi de finances du 26 décembre 1890, qui autorise à verser des retenues à la caisse des pensions civiles, « les institutrices des écoles facultatives de filles dans les communes de moins de 400 habitants et des écoles maternelles dans les communes de moins de 2.000 habitants, les maîtres auxiliaires des écoles normales primaires et des écoles primaires supérieures qui, lors de la loi du 19 juillet 1889, étaient régulièrement nommés et comptaient cinq ans d'exercice et trente-cinq ans d'âge ».

Avis (S. réun. I. et F.), 30 juin 1891.

La rétribution attribuée aux maîtres auxiliaires et les indemnités supplémentaires allouées aux professeurs, maîtres spéciaux, maîtres délégués et auxiliaires dans les écoles normales primaires supérieures de Fontenay et de Saint-Cloud, dans les écoles normales primaires de la Seine, dans les écoles primaires supérieures et professionnelles de la ville de Paris, dans les écoles primaires supérieures où est donné l'enseignement agricole, dans les écoles normales de France, constituent de simples allocations n'entrant pas en compte pour le calcul de la pension de retraite.

Avis (S. réun. I. et F.), 17 mai 1890.

Conditions auxquelles les directeurs peuvent être
déchargés de classe.

Il résulte de l'article 48-5° de la loi du 19 juillet 1889 et du règlement d'administration publique du 1er août 1890 qu'un directeur d'école primaire publique ne pourra à l'avenir être dispensé de tenir une classe que lorsque l'école aura plus de cinq classes et comptera au minimum 300 élèves inscrits ; mais cette prescription ne saurait avoir pour effet de porter rétroactivement atteinte à des situations régulièrement établies. Dès lors, il appartient au Ministre d'apprécier, dans l'intérêt de l'enseignement, quels sont, parmi les directeurs qui ont été déchargés de classe dans des conditions différentes de celles prescrites par la loi du 19 juillet 1889 et le décret du 1er août 1890, ceux qui pourront continuer à jouir de cette dispense.

Avis, 8 août 1890.

Question relative aux incompatibilités parlementaires.

Le mandat de député est incompatible avec les fonctions de professeur dans une école primaire supérieure de la ville de Paris. La loi du 19 juillet 1889 a eu pour but de faire des instituteurs publics des fonctionnaires de l'État ; si, dans les villes de plus de 100.000 âmes la part contributive de l'État dans le traitement des instituteurs ne doit pas excéder le produit des 4 centimes, cette disposition n'a pas dérogé au principe général de la loi ; dans ces villes comme dans les autres communes, les instituteurs sont des fonctionnaires relevant de l'autorité supérieure et, dès lors, on doit leur appliquer la règle générale d'incompatibilité édictée par l'article 8 de la loi du 30 novembre 1875.

Avis, 22 octobre 1890.

Frais d'imprimés.

Les frais des imprimés nécessaires au mandatement des traitements du personnel enseignant de l'instruction primaire doivent être répartis entre l'État et les départements d'après la distinction suivante : aux départements incombe le paiement des imprimés qui sont employés par l'administration académique pour constater les droits du personnel enseignant; tous les autres sont à la charge de l'État.

Avis (A. G.), 22 mai 1890.

§ 2 : ENSEIGNEMENT PRIVÉ

(Loi du 30 octobre 1886.)

Les étrangers admis à jouir des droits civils en France et remplissant d'ailleurs les conditions imposées par l'article 4 de la loi du 30 octobre 1886 peuvent, sous l'empire de cette loi, comme ils le pouvaient sous le régime antérieur, être autorisés à diriger des établissements d'enseignement primaire privés qui ne sont pas exclusivement destinés à recevoir des enfants étrangers.

Mais l'autorisation d'enseigner qui leur est accordée n'est pas, de plein droit, valable dans tous les établissements scolaires et sur tout le territoire de la France; elle a un caractère spécial et limitatif, et elle n'est accordée qu'en vue d'une fonction déterminée à remplir dans un établissement nommément désigné.

Avis (S. réun. I. et L.), 30 octobre 1888.

En cas de refus de la part du directeur d'un établissement privé de produire les pièces exigées par l'article 63 de la loi du 30 octobre 1886, il y a lieu de poursuivre le directeur devant le tribunal correctionnel par application de l'article 42 de la dite loi.

Avis, 15 mars 1887.

DEUXIÈME SECTION

Enseignement secondaire (1).

Il ne saurait appartenir au Ministre de déclarer le proviseur d'un lycée débiteur envers l'État du montant d'un détournement

---

(1) À cette matière se rattachent les projets de décret portant règlement d'administration publique sur les sujets ci-après :

Fixation des conditions d'âge et des droits à percevoir pour l'examen du baccalauréat de l'enseignement secondaire spécial (9 août 1882); — classement des fonctionnaires et professeurs des lycées (13 juillet 1887); — classement des professeurs des collèges communaux de garçons (4 août 1887); — classement des principaux de collèges communaux (30 décembre 1891).

N. B. En ce qui touche les dates des décrets susvisés, il y a lieu de rappeler les observations qui ont été présentées en note à la page 7.

commis au préjudice du lycée par un employé d'économat, alors même que ce détournement serait imputable à la négligence du proviseur, s'il résulte des circonstances que ce dernier n'est pas sorti de ses fonctions d'administrateur. En l'absence de tout texte législatif, il n'appartient pas à l'autorité administrative de prononcer sur la responsabilité pécuniaire des administrateurs.

Avis (S. réun. I. et F.), 17 février 1891.

TROISIÈME SECTION

Enseignement supérieur (1).

Retrait du titre de professeur honoraire de faculté.

En l'absence d'un texte spécial, le droit de conférer le titre de professeur honoraire rentre dans les attributions du chef de l'État. Il suit de là que le retrait de l'honorariat peut également être prononcé par décret. Aucune disposition législative ou réglementaire n'assujettit cette mesure à des conditions préalables. Mais il appartient au Gouvernement de rechercher s'il n'y aurait pas lieu de subordonner l'exercice d'un tel droit à des garanties spéciales.

Avis, 11 février 1891.

---

(1) A cette matière se rattachent les projets de décret portant règlement d'administration publique sur les sujets suivants : Constitution du conseil académique d'Alger (29 juin 1880); — droits à percevoir des élèves en pharmacie (15 juillet 1880); — conditions dans lesquelles peuvent être décernés par l'école préparatoire d'Alger les certificats d'aptitude permettant d'exercer la médecine en territoire indigène et fixant les droits à percevoir pour chaque examen (15 juillet 1880); — élection des membres du conseil supérieur et des conseils académiques (10 mars 1880); — droits à percevoir pour les examens de licence en droit (6 janvier 1880); — institution pour l'Algérie: 1° d'un certificat d'études de droit administratif et de coutumes indigènes, 2° d'un certificat spécial d'études de législation algérienne et de coutumes indigènes (6 janvier 1881) ; — fixation des droits à percevoir par l'école préparatoire d'Alger pour le brevet et le diplôme de langue arabe (30 mars 1882); — répartition des droits à percevoir pour le diplôme de docteur en droit (7 septembre 1882); — fixation des conditions d'âge et des droits à percevoir pour l'obtention du certificat d'études de droit administratif et de coutumes indigènes près l'école d'enseignement supérieur d'Alger (7 septembre 1882); — versement des droits d'inscription dans les facultés et écoles d'enseignement supérieur de l'Etat (3 octobre 1889); — comptabilité des facultés et des établissements d'enseignement supérieur assimilés (20 février 1890); — fixation des conditions d'âge à remplir et du tarif des droits à percevoir pour l'obtention du baccalauréat de l'enseignement secondaire classique (15 janvier 1891); — fixation des conditions d'âge à remplir et du tarif des droits à payer pour l'admission au baccalauréat moderne

Facultés de théologie protestante.

Lorsqu'une chaire de professeur vient à vaquer dans une faculté de théologie protestante par suite de décès, démission, admission à la retraite ou révocation du titulaire, il ne peut appartenir qu'au Ministre, par application de la loi du 27 février 1880 et des décrets des 26 mars 1852 et 21 décembre 1885, d'apprécier les circonstances de fait et de droit qui permettent de déclarer la vacance de la chaire. Il suit de là que les consistoires ne peuvent user de leur droit de présentation qu'après avoir été saisis régulièrement par le Ministre des Cultes, à la suite de la déclaration de vacance émanée du Ministre de l'Instruction publique.

Avis, 17 février 1892.

Lorsqu'une chaire vient à vaquer, le Ministre de l'Instruction publique peut, pour éviter l'interruption de l'enseignement, désigner un chargé de cours ou un maître de conférences, sans prendre l'avis des consistoires, mais cette délégation ne peut être faite qu'à titre provisoire, et elle perdrait ce caractère, si elle excédait le temps nécessaire pour remplir, dans les conditions prévues par les textes ci-dessus rappelés, les formalités qui doivent précéder toute nomination définitive.

Même avis.

Inscriptions pour l'obtention du diplôme de chirurgien-dentiste.

Un établissement libre d'enseignement supérieur peut délivrer des inscriptions en vue de l'obtention du diplôme de chirurgien-dentiste, mais il appartient au Gouvernement de déterminer, en

(30 juillet 1891); régime financier et comptabilité des corps de facultés (3 août 1893); — régime financier et comptabilité des facultés (3 août 1893); — licence en droit (11 juillet 1895); — doctorat en droit (25 juillet 1895); — établissement d'un droit pour les élèves désirant assister, à titre facultatif, aux travaux pratiques du certificat d'études physiques, chimiques et naturelles (11 juillet 1895); — acceptation et emploi des dons et legs faits en faveur des universités, des facultés et des écoles d'enseignement supérieur (1er juillet 1897); — régime financier et comptabilité des universités (1er juillet 1897); — régime financier et comptabilité des facultés (1er juillet 1897); — droits à percevoir au profit des universités (29 juillet 1897).

N. B. En ce qui touche les dates des décrets susvisés, il y a lieu de rappeler les observations qui ont été présentées en note, à la page 7.

vertu de la loi du 30 novembre 1892 (art. 2), les conditions aux-quelles le dit établissement doit satisfaire pour délivrer ces inscriptions.

Avis, 23 octobre 1894.

Refus de ratification de diplôme.
(Décret du 17 mars 1808, art. 58).

La ratification d'un diplôme de sage-femme a été refusée :

a) A une personne contre laquelle avait été prononcé un juge-ment établissant son immoralité;

P. de décret, 26 juillet 1887, S...

b) A une personne condamnée à trois ans de prison pour avoir procuré un avortement suivi de mort ;

P. de décret (A. G.), 7 août 1890, G...

La ratification d'un diplôme a été refusée à un pharmacien qui avait été condamné à quinze jours d'emprisonnement pour contra-vention aux règlements sur la vente des substances vénéneuses, homicide par imprudence et blessures par imprudence.

P. de décret (A. G.), 27 février 1890, D...

Question relative aux incompatibilités parlementaires.
(Loi du 30 novembre 1875, art. 8).

Le mandat de député n'est pas incompatible avec l'emploi de chargé des fonctions de maître de conférences à l'École pra-tique des hautes études, recevant à ce titre une indemnité non soumise à retenue. Aucun texte réglementaire ne détermine la situation des savants chargés des dites fonctions ; la mission qui leur est confiée a un caractère tout spécial et purement tempo-raire; ils ne reçoivent point à raison de leurs services un traitement, mais une simple indemnité; ils ne sauraient dès lors être consi-dérés comme exerçant des fonctions publiques dans le sens de l'article 8 de la loi du 30 novembre 1875.

Avis, 11 novembre 1890.

CONSEIL D'ÉTAT   2

QUATRIÈME SECTION

Règles communes.

Pensions.

Les dispositions de l'article 10, § 4, de la loi du 9 juin 1853, et de l'article 16, § 11, du décret du 9 novembre suivant, qui font bénéficier les fonctionnaires de l'enseignement du traitement d'inactivité, ne sont pas applicables à ceux appartenant à des catégories qui ne jouissaient pas du droit à pension avant la loi précitée.

Avis (S. Réun. I. et F.), 11 décembre 1895.

Si, conformément à l'avis précité, le temps d'inactivité avec traitement ne peut être compté comme service effectif qu'au profit des fonctionnaires de l'enseignement rangés dans les catégories en faveur desquelles existait ce droit à pension, ces fonctionnaires continuent à jouir du bénéfice dont il s'agit, alors même que la dénomination de ces catégories a été modifiée.

Avis (S. Réun. I. et F.), 5 août 1896.

Le deuxième paragraphe de l'article 40 de la loi de finances du 28 décembre 1895, portant exemption du versement de la retenue sur le traitement d'activité, ne s'applique qu'aux seuls congés pour cause de maladie, visés par l'article 16, § 7, du décret du 9 novembre 1853.

Avis (A. G.), 1er avril 1897.

Mesures disciplinaires. — Droit de grâce.

Les mesures disciplinaires prononcées par application des lois sur l'enseignement ne sont pas susceptibles d'être remises par l'exercice du droit de grâce; d'une part, en effet, la grâce est la rémission des peines établies par la loi et prononcées par les tribunaux chargés de les appliquer; d'autre part, les mesures disciplinaires édictées pour la répression des fautes professionnelles, à raison de leur nature et de leur objet, ne constituent pas des peines et les décisions qui interviennent en cette matière n'ont pas le caractère de jugements.

Avis (A. G.), 4 août 1892.

CHAPITRE QUATRIÈME

CULTES[1]

PREMIÈRE SECTION

Lieux de culte desservant une circonscription ecclésiastique.

§ 1ᵉʳ : CRÉATION OU MODIFICATION DE CIRCONSCRIPTIONS
ECCLÉSIASTIQUES.

A. — Règles spéciales au culte catholique.

A. — *Cures et succursales.*

Loi du 18 germinal an X, art. 61 et 62. — Décret du 11 prairial
an XII. — Décret du 30 septembre 1807.)

La création de nouvelles succursales, la modification des limites
des circonscriptions ecclésiastiques existantes peuvent être pro-
voquées :

a) Par l'Évêque de concert avec le Préfet;

P. de décret, 2 mars 1880. Modification de la circonscription des paroisses de
Canteleu, Lambersart, Lomme et Saint-Martin de la ville de Lille. — Nombreuses
décisions conformes.

---

(1) A cette matière se rattachent diverses affaires sur lesquelles le Conseil d'État a
statué par voie de règlements d'administration publique dans ses séances en date des :

4 mars 1880. — P. de décret portant règlement d'administration publique pour
l'exécution de la loi du 1ᵉʳ août 1879 sur l'organisation de l'église de la Confession
d'Augsbourg.

18 mars 1880. — P. de décret portant règlement d'administration publique sur
les inscriptions et opérations électorales dans les églises réformées de France.

23 mars 1882. — P. de décret portant règlement d'administration publique pour
la réorganisation de l'église réformée de Paris.

23 avril 1891. — P. de décret tendant à la modification de l'article 27 du décret
du 12 mars 1880, portant règlement d'administration publique pour l'exécution de
la loi du 1ᵉʳ août 1879, sur l'organisation de l'église de la Confession d'Augsbourg.

16 décembre 1897. — P. de décret portant règlement d'administration publique
pour l'organisation de l'administration des Cultes.

b) Par le conseil de fabrique ;

P. de décret, 8 février 1881. Modification des circonscriptions des paroisses du Boulay et de Château-Renault. — Nombreuses décisions conformes.

c) Par le conseil municipal ;

P. de décret, 26 novembre 1879. Modification des circonscriptions des paroisses de Sarrogna et d'Onoz.

d) Par un groupe d'habitants ;

P. de décret, 6 avril 1880. Modification des circonscriptions des paroisses de Petite-Synthe et de Saint-Pol.

Il n'y a pas lieu d'autoriser la création d'une nouvelle succursale :

a) Si les ressources présumées de la nouvelle fabrique ne doivent pas permettre de subvenir aux dépenses du culte, et s'il y a lieu de craindre que les ressources de l'ancienne deviennent insuffisantes ;

Avis, 9 novembre 1880. Érection en succursale de l'église de Goulens. — Note, 1er février 1881. Érection en succursale de l'église Saint-Joseph, à Roubaix. — Avis, 7 juin 1887. Création d'une nouvelle paroisse dans la ville d'Argentan.

b) S'il existe déjà une église possédant un titre légal, et permettant de satisfaire aux nécessités du service du culte ;

Avis, 9 novembre 1880. Érection en succursale de l'église de Goulens.

c) S'il existe déjà une chapelle qui assure à la commune son autonomie religieuse, et si la mesure projetée a pour but unique d'affranchir cette commune de la charge résultant pour elle du traitement du vicaire, exonération qui ne serait pas justifiée par sa situation financière ;

Avis (A. G.), 24 juillet 1884. Érection en succursale de la chapelle vicariale de Lée

Lorsqu'il s'agit de la création de nouvelles paroisses, l'instruction doit porter notamment sur le point de savoir si les fondations existantes seront partagées entre les futures fabriques et quelle sera la proportion de ce partage ;

Note, 1er février 1881. Érection en succursale de l'église Saint-Joseph, à Roubaix.

La modification des circonscriptions paroissiales catholiques doit faire l'objet d'un décret ;

P. de décret, 28 octobre 1891. Modification de la circonscription des paroisses de Saint-Epvre et de Saint-Vincent-Saint-Fiacre à Nancy.

En cas de modification de circonscriptions paroissiales, l'instruction doit faire connaître dans quelle proportion les fabriques intéressées resteront respectivement chargées de la célébration des fondations existantes ;

Notes, 6 novembre 1894. Modification des circonscriptions paroissiales de Douelle et de Caillac. Modification des circonscriptions paroissiales de Saint-Loup et de Lamairé.

Le décret autorisant une commune à accepter la donation d'une église et de ses dépendances n'entraîne pas par lui-même la création d'un lieu de culte ; cette création ne peut résulter que d'une décision spéciale ;

P. de décret et note, 8 novembre 1893. Commune de Saint-Just-en-Chevalet.

En cas de transfert du titre d'une cure, la nouvelle église curiale doit prendre, comme conséquence de ce transfert, le nom de la paroisse dont elle devient le chef-lieu ;

P. de décret et note, 26 janvier 1892, ville d'Agen: désaffectation de l'église Sainte-Foy.

B. — *Chapelles paroissiales* (1).

Loi du 18 germinal, an X, art. 61, 62. —
Décret du 30 septembre 1807, art. 8 et 9.)

La création d'une chapelle est provoquée par le conseil municipal qui doit prendre, à l'appui de sa demande, l'engagement de pourvoir au traitement du chapelain et aux dépenses de la future église en cas d'insuffisance des ressources de la fabrique.

Note, 20 octobre 1880. Érection en chapelle communale de l'église de Sauterre. — Note, 30 janvier 1884. Érection en chapelle de l'église de Saint-Mansuy, à Nancy. — Avis (A. G.), 8 juillet 1886. Érection en chapelle paroissiale de la chapelle de secours de Saint-Marc, à Saint-Nazaire.

---

(1) L'expression « chapelle paroissiale » comprend: la chapelle *communale* qui est desservie par un chapelain particulier, et la chapelle *vicariale* qui est desservie par un vicaire de la cure ou succursale, autorisé à desservir spécialement la chapelle.

En conséquence, il convient d'insérer dans les visas la délibé-ration par laquelle le conseil municipal a pris l'engagement ci-dessus rapporté.

P. de décret, 28 octobre 1879. Érection en chapelle de l'église de Vaux-sous-Corbie. — P. de décret (A. G.), 2 août 1883. Érection en chapelle de l'église de Cazarilh-Montréjean.

Toutefois cet engagement n'a pas été exigé, lorsqu'il résultait de l'instruction que la future fabrique aurait des ressources suffi-santes pour assurer les dépenses du culte et notamment le traite-ment du chapelain.

P. de décret (A. G.), 9 juin 1887. Érection de la chapelle de Saint-Joseph à Rouen. P. de décret (A. G.), 28 janvier 1892. Érection d'une chapelle à Alfortville. P. de décret (A. G.) 1er juillet 1897. Érection d'une chapelle au Havre.

Mais la création d'une chapelle paroissiale n'a pas été autorisée alors qu'il devait être pourvu directement par un hospice au trai-tement du chapelain.

Note, 31 mars 1896. Création d'une chapelle à Nohant-en-Gout.

L'engagement pris par un certain nombre d'habitants de pour-voir au traitement du chapelain pourrait justifier la création d'une simple annexe, mais non celle d'une chapelle communale.

Note, 20 octobre 1880. Érection en chapelle communale de l'église de Sauterre. — *Contra* : P. de décret, 12 novembre 1879. Érection en chapelle de l'église de Berny. — P. de décret et note (A. G.), 9 août 1882, Bignicourt (Ardennes).

Cependant la création d'une chapelle au moyen de souscriptions des habitants peut être autorisée, pourvu que la commune se soit obligée subsidiairement pour le cas où la promesse faite par les habitants ne recevrait pas son exécution.

Note, 20 octobre 1880. — P. de décret, 3 mai 1881. Érection en chapelle commu-nale de l'église de Sauterre.

Il est nécessaire que les conseils de fabrique des paroisses dont il s'agit de distraire une portion de territoire pour ériger de nouvelles chapelles aient été préalablement consultés.

Note, 19 novembre 1879. Érection en chapelle de l'église d'Escondeaux.

Il n'y a lieu de fixer la circonscription d'une chapelle paroissiale que lorsque cette chapelle ayant été effectivement construite, les paroissiens peuvent y remplir leurs devoirs religieux.

Note, 7 août 1895. Chapelle de Nîmes. — P. de décret et note (A. G.) 28 no-vembre 1895. Chapelle de Nîmes

Il n'y a pas lieu de créer une chapelle :

a) Si la population des communes qu'il s'agit de séparer au point de vue du service du culte est par trop faible ;

Avis (A. G.), 5 avril 1882. Érection en chapelle vicariale de l'église d'Escondeaux.

b) Si les communes qu'il s'agit de séparer sont trop proches les unes des autres ;

Avis (A. G.), 9 août 1882. Érection en chapelle vicariale de l'église Saint-Alban.

c) Si la mesure doit avoir pour effet d'obliger la commune à recourir à des ressources extraordinaires pour faire face aux dépenses occasionnées par la création de la chapelle.

Avis (A. G.), 15 mai 1884. Érection en chapelle de l'église de la commune d'Éparcy.

La rédaction d'un projet de décret concernant l'échange de titres entre deux églises dont l'une est une succursale et l'autre une chapelle paroissiale doit être la suivante :

ARTICLE PREMIER. — *Le titre de succursale attaché à l'église de   par décret du   est transformé en titre de chapelle paroissiale.*

ART. 2. — *Le titre de chapelle paroissiale attaché à l'église de   par décret du   est transformé en titre d'église succursale.*

P. de décret et note, 18 mai 1892. Translation du titre de succursale de l'église des îles Glénans.

B. — Règles spéciales aux cultes protestants.
(Décret du 19 mars 1859.)

On ne peut, pour l'exercice du culte protestant, créer, à côté de l'église paroissiale, des églises d'ordre secondaire en dépendant ; tous les temples protestants doivent jouir d'un titre égal.

P. de décret et note (A. G.), 7 mars 1895. Ouverture d'un lieu de culte à Argenteuil.

Il résulte des dispositions combinées de l'article 4 du décret du 16 mars 1852 et du décret du 10 brumaire an XIV, qu'un lieu de culte peut être créé sous la dénomination d'oratoire dans un département où il n'existe pas de temple protestant, et que ce lieu de culte doit être rattaché à l'église consistoriale la plus voisine.

P. de décret et note, 18 décembre 1895. Ouverture d'un lieu de culte protestant à Chaumont.

Un lieu de culte protestant ne peut être ouvert au public dans un immeuble appartenant à un particulier. L'édifice doit être la propriété du consistoire, du conseil presbytéral ou de la commune.

Note, 28 octobre 1891. Ouverture d'un lieu de culte protestant aux Mathes.

Avant d'autoriser l'ouverture d'un lieu de culte protestant, il convient d'examiner s'il y a un nombre d'adhérents à ce culte assez important pour justifier une pareille mesure et si le conseil presbytéral aura des ressources suffisantes pour couvrir les frais du culte.

Note, 14 mars 1883. Ouverture d'un lieu de culte protestant à Sanglier.

L'autorisation pour l'ouverture de nouveaux temples destinés à l'exercice d'un culte protestant prévue par le décret du 19 mars 1859, ne peut s'appliquer qu'à de véritables lieux de culte et non à des locaux qui doivent seulement servir de salles de conférences religieuses.

Note, 1er février 1890. Ouverture de deux lieux de culte protestant à Reims.

Comme conséquence du dédoublement d'une paroisse protestante, il y a lieu de fixer par un décret, si des difficultés sur ce point se sont élevées entre les conseils presbytéraux des deux nouvelles paroisses, le lieu où seront déposés les registres, actes et autres documents composant les archives de l'ancienne paroisse.

P. de décret (A. G.), 9 avril 1884. Paroisse de Saint-Antoine-la-Forêt.

La modification des circonscriptions paroissiales protestantes doit faire l'objet d'un décret.

P. de décret, 18 juin 1890. Modification des circonscriptions des paroisses protestantes de la Mothe-Saint-Héraye et de Soudan.

Lorsqu'il s'agit d'autoriser l'ouverture d'un temple qui a déjà une existence de fait, mais qui est dépourvu de titre légal, la formule du projet de décret est la suivante :

L'exercice public du culte est autorisé dans le temple protestant de....

P. de décret et note, 12 juillet 1894. Conseil presbytéral de Nantes. Ouverture d'un temple à Saint-Nazaire. (Emprunt).

C. — Règles spéciales au culte israélite.

Pendant la période qui s'écoule entre le 1ᵉʳ juillet 1879 et le 31 décembre 1897 la section n'a pas eu à examiner d'affaires concernant les circonscriptions ecclésiastiques du culte israélite.

§ 2 : Suppression de circonscriptions ecclésiastiques.

(Loi du 18 germinal an X, art. 61 et 62. — Décret du 11 prairial an XII. — Décret du 30 septembre 1807.)

Le Gouvernement a le droit, malgré l'avis contraire de l'autorité diocésaine, de supprimer une succursale par un décret rendu en Conseil d'État.

Avis (A. G.), 21 décembre 1882, succursale de l'Orbehaye.

La suppression d'une succursale a été décidée :

a) Lorsque les engagements pris lors de sa création et concernant la construction de l'église et du presbytère, n'ont pas été tenus, que la fabrique n'a pas les ressources suffisantes pour assurer les frais du culte, et que les conseils municipaux des communes de la circonscription paroissiale ont refusé de venir en aide à la fabrique ;

P. de décret(A. G.), 4 décembre 1879. Suppression de la succursale de Sainte-Marthe.

b) Lorsqu'il n'a pas été satisfait à l'engagement pris par l'autorité diocésaine, lors de la création, d'assurer le service régulier du culte au moyen d'un prêtre résident.

P. de décret et note (A. G.), 28 juin 1882, Suppression de la succursale d'Ozières

Un projet de décret supprimant une succursale ne doit pas se borner à rapporter le décret qui avait érigé la dite succursale, mais doit être rédigé de la manière suivante :

La succursale de   érigée par un décret en date du est supprimée.

En conséquence la paroisse de   comprendra à l'avenir tout le territoire de la commune de   .

P. de décret et note (A. G.), 7 décembre 1882. Suppression de la succursale de Saint-Albert.

Il n'y a pas lieu de prescrire par un article spécial dans un projet de décret qui supprime une succursale, la fermeture de l'église à laquelle le titre de succursale est enlevé, attendu que cette mesure constitue un acte d'exécution rentrant dans les pouvoirs généraux du Gouvernement en ce qui concerne les lieux de culte dépourvus de titre légal.

P. de décret et note (A. G.), 27 février 1890. Suppression de la succursale de Notre-Dame-de-Lorette, à Saint-Michel-la-Pujade.

Une chapelle vicariale peut être supprimée par décret en Conseil d'État. La suppression d'une chapelle a été notamment décidée lorsque l'instruction qui a précédé son ouverture a été irrégulière et que la chapelle a été soustraite à la surveillance du curé.

P. de décret, 16 novembre 1880. Suppression de la chapelle vicariale de Brasse.

DEUXIÈME SECTION

Lieux de culte ne desservant pas une circonscription ecclésiastique (1).

§ 1ᵉʳ : CHAPELLES DE SECOURS.

La demande d'ouverture d'une chapelle de secours doit être accompagnée de la preuve que les frais du culte sont assurés.

Note, 21 juillet 1886. Érection en chapelle de secours de l'église d'Armancourt.
Note, 5 août 1896. Donation Millet.

---

(1) L'article 11 du décret du 10 septembre 1807 prévoit la création d'annexes; mais il n'existe aucun texte de loi relatif aux chapelles de secours qui sont une création de la jurisprudence. Leur caractère a été nettement déterminé par l'avis du 5 janvier 1869 dont le texte suit :

« La Section,

« Vu l'article 18 (titre Iᵉʳ) de la loi des 12 juillet et 24 août 1790, et l'article premier du décret des 6 et 15 mai 1791.

A la différence de l'annexe qui n'est entretenue que par les habitants, la chapelle de secours est entretenue sur les fonds de la fabrique ou au moyen d'allocations communales.

P. de décret et note, 13 novembre 1895. Chapelle de l'Orbehaye. — P. de décret et note, 14 novembre 1895. Chapelle du hameau du Marais.

Mais les particuliers peuvent concourir aussi à l'entretien d'une chapelle de secours, et, dans ce cas, il convient de viser les engagements pris par eux.

P. de décret et note, 11 juillet 1893. Érection d'une chapelle de secours au hameau des Petites-Dalles.

« Vu la loi du 18 germinal an X, le décret du 30 décembre 1809 et la loi du 18 juillet 1837 ;

« Vu l'avis du Comité de législation du 29 octobre 1839 (chapelle de Beauchemin);

« Considérant qu'avant tout, il est nécessaire de rechercher quel est le caractère des chapelles de secours et spécialement si le décret qui les autorise emporte, pour la fabrique et pour la commune, l'obligation légale de subvenir à leurs dépenses dans le cas où leurs ressources propres ne seraient pas suffisantes;

« Considérant en ce qui concerne la fabrique :

« Que le décret réglementaire du 30 décembre 1809 et la loi du 18 juillet 1837, lorsqu'ils imposent aux fabriques l'obligation principale de supporter les dépenses du culte, n'ont en vue que les églises faisant partie nécessaire du service public des cultes, c'est-à-dire celles qui ont une circonscription et la personnalité civile (cures, succursales et chapelles paroissiales, qu'elles soient simples ou vicariales); que ce décret et cette loi ne s'occupent point des autres lieux consacrés au culte, notamment des annexes;

« Que les chapelles de secours établies dès 1803, par la jurisprudence sous le nom de chapelles de commodité (voyez par exemple les décrets des 7 prairial, 17 et 24 messidor an XI, 7 et 25 germinal an XIII) doivent être assimilées aux annexes, en ce que, ouvertes au public et répondant souvent en fait à de véritables besoins, elles n'ont cependant été rangées par aucun acte législatif ni réglementaire parmi les édifices qui appartiennent à l'organisation territoriale et nécessaire des cultes;

« Que le décret qui autorise une chapelle de secours, aussi bien qu'une annexe, a pour objet d'appliquer ce principe général contenu dans l'article 44 de la loi du 18 germinal an X;

« Que le culte ne peut être exercé même chez un particulier, sans la permission du Gouvernement;

« Qu'ainsi la dépense pour établir et entretenir une chapelle de secours n'est pas obligatoire pour la fabrique;

« Que la fabrique en demandant à être chargée de l'administration temporelle d'une chapelle de secours fait un acte volontaire qui l'oblige simplement à gérer les ressources actuelles et futures de la chapelle;

« Que, si elle veut subvenir sur l'excédent de ses propres recettes, elle doit le promettre expressément et pour un temps déterminé, que, dans tous les cas, elle doit séparer dans son budget les recettes et dépenses de la chapelle, et celles de l'église paroissiale;

« Considérant en ce qui concerne la commune :

« Que l'article 49 du décret de 1809, et l'article 30, § 14, de la loi de 1837 n'imposent aux communes composant une paroisse qu'une obligation subsidiaire à l'obligation principale de la fabrique;

« Que les fabriques n'étant tenues ainsi qu'il a été dit ci-dessus d'aucune obligation envers les chapelles de secours, il n'en peut exister aucune à la charge des communes;

« Considérant que dans les cas où les conseils municipaux croiraient devoir

Lorsque les délibérations du conseil de fabrique ou du conseil municipal ont assuré, au moins pour partie, les frais du culte, il convient de les viser dans le projet de décret qui autorise l'érection d'une église en chapelle de secours.

P. de décret et note, 16 novembre 1881. Érection en chapelle de secours de l'église du Sacré-Cœur à Tourcoing. — P. de décret et note, 28 juillet 1886. Érection en chapelle de secours de l'église d'Ansost. — P. de décret et note, 6 août 1894. Fabrique de Gujan-Mestras.

Il convient également de viser les engagements analogues pris par des particuliers.

P. de décret et note, 11 juillet 1893. Érection d'une chapelle de secours au hameau des Petites-Dalles.

L'érection ne saurait être autorisée si elle doit entraîner pour la fabrique des charges pécuniaires trop considérables eu égard à sa situation financière.

Avis, 6 juillet 1880. Érection en chapelle de secours de l'église de Saint-Paterne.

Avant d'autoriser la création d'une chapelle de secours, il convient d'examiner à quelle distance est situé le chef-lieu paroissial et quel est le nombre des habitants qui fréquenteront la nouvelle église. Il n'y a pas lieu d'autoriser l'érection d'une église en chapelle de secours quand le chef-lieu paroissial paraît trop rapproché et que le nombre des habitants du hameau est trop peu élevé.

Avis, 10 novembre 1880. Érection en chapelle de secours de l'église de Rozières-en-Blois.

---

prendre des engagements pour l'établissement ou l'entretien des chapelles de secours, ces engagements purement volontaires devraient exprimer formellement les conditions dans lesquelles ils seraient consentis, et qu'ils devraient être mentionnés dans les visas du projet de décret,

Est d'avis :

« 1° Que les chapelles de secours n'ayant point de circonscription territoriale, ni la personnalité civile, l'autorisation qui leur est accordée par décret est une simple permission ne pouvant grever d'aucune charge légale ni les fabriques ni les communes ;

« 2° Qu'il y a lieu dans le projet de décret de viser l'article 44 de la loi du 18 germinal an X;

« De remplacer la formule actuelle par cette rédaction plus précise et anciennement usitée : « l'exercice public du culte autorisé dans l'église de   qui « prendra le titre de chapelle de secours »;

« D'énoncer formellement que les ressources propres de la chapelle seront administrées par le conseil de fabrique, qui les comprendra dans un état annexé au budget de la paroisse, sans que ni la fabrique, ni la commune soient obligées légalement de suppléer à l'insuffisance de ces ressources.»

Il faut aussi que la demande soit justifiée par la nécessité de faciliter aux habitants la satisfaction de leurs besoins religieux. Cette condition ne serait pas remplie s'il s'agissait d'ouvrir une église où l'on ne dirait la messe qu'une fois par an.

Avis, 6 juillet 1880. Érection en chapelle de secours de l'église de Saint-Paterne.

Une chapelle de secours ne peut être ouverte dans un immeuble appartenant à un particulier. L'édifice doit être la propriété de la fabrique ou de la commune.

Jurisprudence constante, notamment: Avis, 30 janvier 1884. Érection en chapelle de secours de l'église dite « des Oblats » à Nancy. — Avis, 16 mai 1888. Érection en chapelle de secours de l'église du hameau de Lavaleresse. — Note, 29 janvier 1889. Érection en chapelle de secours de l'église du quartier de Mouleau à Arcachon. — Note, 31 mai 1893. Érection d'une chapelle de secours au hameau de Magenta.

Si, à la suite de la translation à une chapelle de secours du titre de succursale qui reposait sur une autre église, l'administration propose de donner à cette dernière le titre légal de l'ancienne chapelle, l'autorisation ne peut être accordée que sur la demande de l'autorité diocésaine après une instruction régulière dans les formes habituelles.

P. de décret et note, 21 novembre 1883. Translation du titre de succursale dans la commune de Pouyloubrin.

Lorsqu'il s'agit d'ériger en chapelle de secours une église qui a déjà une existence de fait, mais qui est dépourvue du titre légal, la formule du projet de décret est la suivante:

L'exercice public du culte est autorisé dans l'église de *Cette église prendra la dénomination de chapelle de secours.*

Si, au contraire, il s'agit d'ériger en chapelle de secours une église qui n'est pas encore construite, la formule à employer doit être:

Est autorisée la création d'une chapelle de secours à

Note, 16 janvier 1889. Érection d'une chapelle de secours à la Lande.

Il est contraire aux règles d'une bonne administration d'autoriser l'érection d'une chapelle de secours malgré l'opposition formelle du conseil municipal.

Avis, 11 janvier 1893. Lievin.

§ 2 : ANNEXES

(Décret du 30 septembre 1807.)

Lorsque les dépenses du culte doivent être couvertes au moyen de souscriptions des habitants, l'église dont l'ouverture est sollicitée ne peut pas recevoir le titre de chapelle de secours, mais seulement celui d'annexe.

P. de décret et note, 9 mai 1882. Érection en chapelle de secours de l'église de Châtel-Aillon. — Note, 8 janvier 1884. Érection en chapelle de secours de l'église dite de Saint-Cloud à Cambrai.

Lorsqu'un conseil municipal s'est formellement opposé à l'ouverture d'une chapelle de secours, il appartient aux habitants de réclamer l'ouverture d'une annexe.

Avis, 20 juin 1882. Érection en chapelle de secours de l'église de la Perrière.

§ 3 : ORATOIRES PARTICULIERS ET CHAPELLES DOMESTIQUES (1)

(Décret du 22 décembre 1812.)

Règles générales.

L'ouverture d'un oratoire particulier ou d'une chapelle domestique ne pouvant être autorisée que sur la demande de l'évêque, il convient de viser celle-ci dans le projet de décret.

P. de décret et note, 3 août 1887. Ouverture d'un oratoire particulier à l'établissement de Vittel.

---

(1) Aux termes des articles 2 et 3 du décret du 22 décembre 1812, l'expression « oratoire particulier » désigne les chapelles légalement ouvertes dans les hospices prisons, maisons de détention et de travail, écoles secondaires ecclésiastiques, établissements des congrégations religieuses, pensionnats, lycées et collèges ; l'expression « oratoire ou chapelle domestique » désigne les chapelles ouvertes en faveur d'individus ou de grands établissements, de fabriques ou manufactures. La distinction entre ces deux expressions n'a pas toujours été observée dans les espèces relatées au texte.

Il n'y a pas lieu d'autoriser l'ouverture d'un oratoire particulier ou d'une chapelle domestique, lorsque l'église paroissiale est à proximité et que le nombre de personnes à qui il doit servir est trop peu considérable.

Avis, 3 novembre 1886. Asile pour l'enfance à Saint-Nazaire (Var). — Avis, 3 novembre 1886. Demande d'ouverture d'une chapelle domestique à Fourmies par le sieur Mulat. — Avis, 6 mars 1888. Ouverture d'un oratoire particulier dans un pensionnat de jeunes filles dirigé par les sœurs de la Charité à Mirande.

L'accès d'une chapelle domestique ou d'un oratoire particulier ne saurait être permis qu'aux personnes pour l'usage desquelles il a été ouvert.

Note, 5 janvier 1887. Ouverture d'une chapelle domestique à la compagnie des mines de Courrières. — Note, 2 février 1887. Ouverture d'un oratoire particulier à Balagny-sur-Thérain (Oise). — Note, 7 juin 1894. Ouverture d'une chapelle domestique à Laverdines (Cher).

L'autorisation d'ouvrir un oratoire particulier ou une chapelle domestique peut n'être accordée que pour un délai déterminé.

Nombreuses décisions en ce sens, notamment: P. de décret, 1er mars 1881. Ouverture d'un oratoire particulier dans l'institution Saint-François de Sales à Gien (Loiret).

Il y a lieu de rapporter le décret autorisant l'ouverture d'un oratoire particulier ou d'une chapelle domestique lorsque l'accès de ce lieu de culte a été permis à d'autres personnes qu'à celles en faveur desquelles l'ouverture avait été accordée.

P. de décret, 3 avril 1882. Fermeture de la chapelle de Saint-Pierre-du-Canon.

Règles spéciales aux oratoires particuliers.

L'ouverture régulière au culte d'un oratoire particulier dans un établissement d'utilité publique ne saurait résulter implicitement du décret de reconnaissance de l'établissement.

Note, 18 janvier 1888. Legs du sieur Fouque à l'orphelinat Notre-Dame, à Aix.

L'instruction concernant la demande d'ouverture d'un oratoire particulier doit contenir des renseignements sur l'éloignement de l'église paroissiale, l'organisation de l'établissement dans lequel il s'agit de l'ouvrir, le nombre des personnes qui y résident, leur âge, afin de savoir si ces personnes ne peuvent se rendre sans difficulté à l'église paroissiale.

Note, 23 juin 1886. Ouverture d'un oratoire particulier à Saint-Nazaire (Var).

L'ouverture d'un oratoire particulier ne peut être autorisée que sur l'avis motivé des administrateurs de l'établissement où il doit être situé.

Note, 18 juillet 1883. Ouverture d'un oratoire particulier dans la maison départementale de secours de Nancy.

Et seulement si cet établissement a été régulièrement constitué, et sur la production des statuts.

Note, 7 mai 1884. Ouverture d'un oratoire particulier dans la maison départementale de secours de Nancy. — Note, 3 juin 1891. Ouverture d'un oratoire particulier dans l'hospice de Nancy.

Règles spéciales aux chapelles domestiques.

Il y a lieu, avant d'autoriser l'ouverture d'une chapelle domestique, de demander l'avis du desservant de l'église de la circonscription paroissiale.

Note, 3 juin 1891. Ouverture d'une chapelle domestique dans la propriété de la dame Paris, section de Chesnoy.

L'ouverture d'une chapelle domestique ne peut être autorisée que sur la demande ou avec le consentement du propriétaire de l'immeuble où elle sera installée.

Note, 7 août 1883. Demande d'ouverture d'une chapelle domestique par le sieur de Redon-Lapujade.

L'instruction concernant la demande d'ouverture d'une chapelle domestique dans un centre industriel doit contenir des renseignements sur les conditions d'habitation et de logement des ouvriers.

Note, 16 mai 1888, la Motte-d'Aveillans.

La chapelle domestique perd son titre légal lorsque la personne qui a sollicité l'autorisation de l'ouvrir est décédée.

Avis, 23 octobre 1888. Legs du sieur de Préaulx.

TROISIÈME SECTION

Tarifs d'oblations.

(Loi du 18 germinal an X, art. 69. — Décret du 30 décembre 1809, art. 36, 9° et 10°.)

Il y a lieu de produire, à l'appui d'un projet de décret tendant à approuver un tarif d'oblations, les anciens tarifs en usage et l'avis de l'autorité préfectorale.

Note, 8 mars 1880. Tarifs d'oblations des diocèses de Laval et de la Rochelle.

Il convient de rapprocher autant que possible le prix des messes d'un diocèse du tarif en usage dans les diocèses voisins.

Note, 22 septembre 1880. — P. de décret, 13 décembre 1880. Tarif d'oblations du diocèse de Versailles.

Un tarif d'oblations ne peut contenir une disposition assurant des honoraires à des prêtres qui n'auraient pas assisté à une cérémonie religieuse.

Note, 20 septembre 1882. Tarif d'oblations du diocèse de Bayeux.

Il y a lieu d'insérer dans un tarif d'oblations une disposition établissant la gratuité des services religieux pour les indigents.

Note, 25 juillet 1883. Tarif d'oblations du diocèse d'Évreux.

La modification d'un tarif d'oblations ne peut porter sur le prix des messes de fondations déjà existantes.

P. de décret et note, 1er décembre 1880. Tarif d'oblations du diocèse de Meaux.

Un tarif d'oblations ne doit-il pas fixer les mêmes prix pour les services célébrés dans les églises cathédrales que pour ceux qui seront célébrés dans les autres églises?

Rép. aff. Avis, 3 novembre 1885. Tarif d'oblations de l'église cathédrale de Saint-Brieuc. — Rép. négat. P. de décret, 23 novembre 1880. Tarif d'oblations de l'église cathédrale de Laval.

CONSEIL D'ÉTAT

3

QUATRIÈME SECTION

Enregistrement de bulles, brefs, etc. (1).

(Loi du 10 germinal an X, art. 1er. — Décret du 7 janvier 1808.)

Rectification de diocèses.

Lorsque l'institution d'un évêque coïncide avec une modification des limites du diocèse, il y a lieu de viser dans le décret relatif à la réception de la bulle d'institution canonique la décision pontificale qui prévoit la nouvelle délimitation et d'insérer dans le décret un article spécial déclarant que cette décision est reçue et sera publiée en France.

P. de décret (A. G.), 8 juillet 1886, Oury.

Collation d'un évêché in partibus.

Le bref portant institution d'un évêque *in partibus* ne peut être reçu et publié en France que lorsque l'ecclésiastique qui en fait l'objet a obtenu du Gouvernement français l'autorisation requise par l'article premier du décret du 7 janvier 1808; en conséquence il y a lieu de surseoir à statuer sur le projet de décret tendant à la réception d'un bref de cette nature jusqu'à ce qu'il ait été justifié du décret qui accorde cette autorisation.

Note, 20 décembre 1887, Jourdan de la Passardière. — Avis (A. G.), 31 octobre 1889, Potron.

L'autorisation d'accepter le titre d'évêque *in partibus* est par sa nature un acte essentiellement politique, que le Gouvernement doit accomplir dans la plénitude de ses attributions. Les considérations tirées de la conduite antérieure du prêtre, de son attitude actuelle, des services qu'il peut être appelé à rendre soit en France, soit à l'étranger, ne sauraient être appréciées et discutées

---

(1) La bulle désigne habituellement une lettre patente ou un rescrit du pape, qui s'expédie toujours sur parchemin et est scellé de plomb ou de cire. Le bref est une lettre close, sans préface ni préambule, et est relatif à des affaires moins importantes.

par le Conseil d'État. En conséquence cette autorisation ne peut être accordée par une disposition spéciale du décret portant réception du bref en France. C'est seulement lorsque le Gouvernement a accordé l'autorisation, que le Conseil d'État doit intervenir pour statuer sur la demande de réception et d'enregistrement du bref, et la décision qui l'accorde est ensuite visée dans le décret relatif à la réception du bref.

Note, 20 décembre 1887, Jourdan de la Passardière.

CINQUIÈME SECTION

Recours pour abus.
(Loi du 18 germinal an X, art. 6, 7 et 8.)

§ 1er : DÉTERMINATION DES CAS D'ABUS

Usurpation ou *excès de pouvoir*. — Il y a abus :

a) Dans l'instruction pastorale par laquelle un évêque critique et censure certains actes de l'autorité publique, notamment la loi du 28 mars 1882 sur l'instruction primaire, excite les parents à la désobéissance à cette loi en les déclarant affranchis de l'obligation d'envoyer leurs enfants à l'école; un pareil écrit renferme un double excès de pouvoir;

P. de décret (A. G.), 26 avril 1883, évêque de Valence.

b) Dans une lettre, rendue publique par la voie de la *Semaine religieuse*, et par laquelle un évêque, s'adressant à plusieurs établissements religieux de son diocèse, attaque des jugements rendus par les tribunaux, incite ces établissements à résister aux injonctions de l'autorité et appelle les excommunications de l'Église sur les représentants des pouvoirs publics, qualifiés par lui de spoliateurs. Cette lettre contient à la fois une usurpation et un excès de pouvoirs, une contravention aux lois de la République et un procédé pouvant troubler arbitrairement les consciences;

P. de décret (A. G.), 24 juin 1897, évêque de Clermont.

c) Dans l'ordonnance épiscopale rendue publique, et dans les circulaires adressées par un évêque aux présidents de fabrique, aux curés et desservants de son diocèse, pour s'opposer à l'exécution des mesures prescrites par le pouvoir civil à l'effet de contrôler la situation financière de la caisse de secours du dit diocèse, et dans lesquelles l'évêque menace de refuser son approbation aux comptes et budgets des fabriques qui ne s'associeraient pas à sa résistance;

P. de décret (A. G.), 27 mars 1884, évêque d'Angers.

d) Dans la lettre pastorale adressée par un évêque au clergé de son diocèse et par laquelle il discute les termes d'une déclaration ministérielle lue aux Chambres, et critique la politique suivie par le Gouvernement;

P. de décret (A. G.), 11 mars 1886, évêque de Grenoble.

e) Dans la lettre de félicitations adressée par un évêque à un ecclésiastique à la suite d'un jugement condamnant celui-ci à deux jours de prison pour infraction à un arrêté municipal interdisant les processions sur le territoire de la commune: cette lettre contient à la fois un excès de pouvoir, une contravention aux lois de la République et un procédé pouvant troubler arbitrairement les consciences ;

P. de décret (A. G.), 29 juillet 1897, évêque de Nevers.

f) Dans la lettre pastorale, publiée dans le diocèse et lue en chaire, et par laquelle l'évêque déclare aux électeurs que «si un candidat était nommé par eux sans avoir pris l'engagement de soutenir en tout dans le conseil municipal les intérêts de la religion, ils seraient responsables de toute mesure antireligieuse devant Dieu, devant l'Église, devant leur conscience et qu'ils devraient s'accuser en confession d'avoir porté au pouvoir un persécuteur de l'Église». Une pareille lettre, qui n'est pas destinée à instruire les fidèles de leurs devoirs religieux, mais a uniquement pour but d'exercer une pression sur les consciences en vue des élections, constitue notamment un excès de pouvoir;

P. de décret (A. G.), 26 avril 1892, évêque de Mende.

g) Dans l'*imprimatur* donné par un évêque à une brochure dans laquelle un auteur anonyme fait une obligation aux familles de retirer leurs enfants des écoles publiques, sous peine de refus des sacrements, et dans laquelle il provoque en même temps la division parmi les citoyens des différents cultes et excite ceux appartenant à la religion catholique au mépris des lois ; si le décret du 7 germinal an XIII a réservé aux évêques un droit de surveillance sur l'impression des livres d'église, des heures et prières, il ne saurait leur appartenir d'user de ce pouvoir pour couvrir de leur autorité une publication de cette nature. En détournant de son véritable objet l'autorité qui lui a été conférée par le décret précité, l'évêque commet un excès de pouvoir ;

P. de décret (A. G.), 26 avril 1892, évêque de Mende.

h) Dans l'addition, faite par un archevêque au catéchisme approuvé par lui, d'articles relatifs soit au devoir électoral, soit aux écoles laïques, soit au mariage civil, et destinés à tracer aux fidèles du diocèse, au sujet de devoirs civiques ou civils, une ligne de conduite sous une sanction religieuse ;

P. de décret (A. G.), 1er juin 1892, archevêque d'Aix ; — 4 août 1892, archevêque de Rennes et évêque de Luçon.

i) Dans la lettre pastorale reproduisant les mêmes articles et dont l'évêque ordonne la lecture au prône dans toutes les églises et chapelles de son diocèse en vue des élections municipales ;

P. de décret (A. G.), 1er juin 1892, archevêque d'Aix.

j) Dans l'addition faite par un évêque au catéchisme de son diocèse d'un passage déclarant « fausse, criminelle et scandaleuse » l'union simplement civile des époux. En qualifiant ainsi le mariage civil, l'évêque s'est livré à des attaques injurieuses contre une des institutions civiles de l'État ;

P. de décret (A. G.), 4 août 1892, évêque de Luçon.

k) Dans l'addition par un évêque, au catéchisme de son diocèse, d'articles donnant, sur l'institution et la répartition du personnel ecclésiastique, un enseignement qui induit les fidèles en erreur sur les rôles respectifs de l'autorité civile et de l'autorité ecclésiastique, tels qu'ils résultent de la législation concordataire.

P. de décret (A. G.), 4 août 1892, archevêque de Rennes et évêque de Luçon.

l) Dans des déclarations, rendues publiques, émanant de prêtres réunis en assemblées délibérantes, et provoquant au refus de payer les droits d'accroissement. De semblables écrits, qui émanent de prêtres se prévalant des titres qu'ils tiennent de leurs fonctions, constituent à la fois un excès de pouvoir et un procédé de nature à troubler les consciences ;

P. de décret (A. G.), 25 juillet 1895, prêtres des diocèses de Cambrai, Coutances et Poitiers.

m) Dans le fait du desservant qui adresse aux habitants d'une ville une proclamation pour approuver des manifestations contre un arrêté municipal interdisant les processions, manifestations qui ont donné lieu à des scènes de désordre et des actes de violence ;

P. de décret (A. G.), 30 juillet 1896, Berteaux, Évrard et autres.

n) Dans le fait de l'archevêque, qui adresse à un desservant une lettre, rendue publique, en vue de donner son approbation à ces mêmes manifestations ;

P. de décret (A. G.), 30 juillet 1896, archevêque de Cambrai.

o) Dans le refus opposé par un desservant de célébrer un service religieux au prix du tarif des oblations. L'article 69 des organiques, en prévoyant pour chaque diocèse la rédaction d'un tarif d'obla- tions, a eu pour but de prévenir, sur des choses placées en dehors du commerce, toute discussion pécuniaire de nature à compromettre la religion et la dignité de ses ministres, et le desservant qui subordonne la célébration des services demandés à la remise d'une somme supérieure à celle fixée par le tarif commet un excès de pouvoir ;

P. de décret (A. G.), 20 janvier 1887, desservant de Moulin.

p) Dans le fait du desservant qui a refusé de remettre au maire, malgré une réquisition écrite, la clef du clocher en vue de faire sonner les cloches le jour de la Fête nationale, et qui a fait barricader l'intérieur du clocher pour empêcher qu'on y pût pénétrer du dehors. En mettant obstacle à l'exercice de l'autorité municipale, le desservant a excédé ses pouvoirs et contrevenu aux lois de la République ;

P. de décret (A.G.), 8 février 1883, Préfet du Gard contre l'abbé Michel.

q) Il n'y a pas abus dans la décision épiscopale révoquant de ses fonctions un desservant. Aux termes de l'article 31 de la loi du 18 germinal an X, les desservants sont nommés par l'évêque diocésain et révocables par lui ;

P. de décret (A. G.), 4 février 1892, Labbé.

r) Il n'y a pas abus dans l'ordonnance par laquelle un évêque, prenant acte de la démission du titulaire d'une cure, le relève, en ce qui le concerne, de ses fonctions ; cette ordonnance n'a pas pour effet de mettre obstacle aux pouvoirs qui appartiennent au Gouvernement en vertu des articles 10 de la convention du 26 messidor an IX et 19 de la loi du 18 germinal an X (1) ;

P. de décret (A. G.), 22 juillet 1897, abbé Trichard contre évêque de Poitiers.
P. de décret (A. G.), 29 juillet 1897, abbé Trichard.

s) Il n'y a pas abus dans le fait d'avoir procédé, sans prévenir le père de famille, à la cérémonie du baptême d'un enfant qui avait été antérieurement ondoyé conformément à la volonté de son père, ni dans le fait d'avoir inscrit dans l'acte de baptême des prénoms différents de ceux qui figurent à l'acte de naissance.

P. de décret (A. G.), 17 avril 1886, Dumas contre abbé Colomer.

Contravention aux lois et règlements de la République. — Il y a abus :

a) Dans le mandement pastoral publiant des encycliques qui n'ont pas été préalablement vues et vérifiées par le Gouvernement. Une semblable publication constitue une contravention à l'article premier des organiques ;

P. de décret (A. G.), 18 mars 1886, évêque de Saint-Dié.

b) Dans l'exécution non autorisée d'un décret de la cour de Rome érigeant l'église de la Salette en basilique mineure et autorisant le couronnement de la statue de Notre-Dame de la Salette. En vain l'évêque qui a procédé à cette exécution alléguerait-il avoir

---

(1) Un évêque ayant, en ce qui le concerne, relevé de ses fonctions le titulaire d'une cure, un décret doit, si le Gouvernement est d'avis d'approuver cette révocation, intervenir pour rapporter le décret portant agrément de la nomination.

renvoyé ce décret à la cour de Rome; s'il a, pour échapper à l'obligation de soumettre au Gouvernement un acte écrit, sollicité du Saint-Siège la permission d'agir en vertu d'autorisations verbales qui lui auraient été données à Rome, il n'en a pas moins exécuté la double décision que contenait le décret, et il a ainsi contrevenu à l'article premier des organiques ;

P. de décret (A. G.), 11 décembre 1879, évêque de Grenoble.

c) Dans la publication et la mise à exécution d'un décret de la congrégation de l'Index ;

P. de décret (A. G.), 26 avril 1883, archevêque d'Albi, évêque d'Annecy.

d) Dans la lettre pastorale collective adressée par un archevêque et ses évêques suffragants au clergé et aux fidèles de leurs diocèses, laquelle a été lue en chaire et avait pour objet non d'instruire les fidèles de leurs devoirs religieux, mais de les inciter à « parler, écrire, agir » contre les lois de l'État et spécialement à former des comités électoraux en vue d'acquérir, au moyen des élections, « la possession du pouvoir ». Aux termes de l'article 9 de la loi du 18 germinal an X, chaque évêque ne peut exercer son autorité que dans les limites de sa circonscription diocésaine, et d'après l'article 4 de la même loi, les archevêques et leurs suffragants ne peuvent délibérer ensemble et prendre des résolutions communes sans la permission expresse du Gouvernement. En adressant au clergé et aux fidèles une lettre pastorale qui est une œuvre collective et qui a été écrite dans le but de censurer publiquement une législation à laquelle ils doivent obéissance et respect, les auteurs de cette lettre ont commis une double contravention aux lois de la République et un excès de pouvoir ;

P. de décret (A. G.), 5 mai 1892, archevêque d'Avignon et évêques de Montpellier, Valence, Viviers et Nimes.

e) De la part du desservant qui, par des paroles prononcées dans l'église, a provoqué à la désobéissance à un acte de l'autorité publique, délit prévu et puni par l'article 202 du Code pénal ;

P. de décret (A. G.), 5 août 1880, Préfet de Maine-et-Loire contre abbé Pineau.

f) De la part du desservant qui laisse une manifestation, ayant pour objet de protester contre un arrêté municipal interdisant les processions, s'organiser dans son église et monte en chaire pour exhorter ses paroissiens à y prendre part ;

P. de décret (A. G.), 30 juillet 1896, Berteaux, Évrard et autres.

g) De la part du desservant qui, nonobstant un arrêté de police municipale portant interdiction des processions sur la voie publique, a fait sortir une procession de l'église, tenté de s'avancer sur la voie publique, et n'a cédé qu'aux injonctions de l'autorité et à la menace d'employer la force ;

P. de décret (A. G.), 5 août 1880, Préfet de Maine-et-Loire contre abbé Pineau; le même contre abbé Humeau.

h) De la part du desservant qui, nonobstant un arrêté interdisant les processions, fait sortir une procession de l'église, et, au lieu de se retirer après le roulement du tambour qui a précédé la dernière sommation, a prononcé un discours contenant la censure d'un acte de l'autorité publique, délits prévus et punis par l'article 5 de la loi du 7 juin 1848 et par l'article 202 du Code pénal ;

P. de décret (A. G.), 5 août 1880, abbé Pineau.

i) De la part d'un curé qui, dans une ville où il y a des temples destinés à différents cultes, s'est montré à l'entrée de son église, revêtu des habits sacerdotaux, se tenant sous un dais, portant en mains l'ostensoir, et a, du porche, donné la bénédiction à la foule rangée sur la voie publique.

P. de décret (A. G.), 30 juillet 1896, archevêque de Cambrai, abbés Berteaux, Évrard et autres.

Infraction aux règles consacrées par les canons reçus en France. — Il n'y a pas abus :

a) Dans la décision épiscopale interdisant l'exercice des fonctions sacerdotales à un prêtre étranger au diocèse, qui n'y a point été incorporé et n'y a exercé le ministère sacerdotal qu'en qualité de vicaire et de prêtre habitué ; ces fonctions temporaires et révocables n'équivalent pas à un acte d'incorporation ; elles n'avaient pu être remplies qu'avec une autorisation spéciale de l'évêque qui pouvait la retirer à sa volonté et par simple lettre ;

P. de décret (A. G.), 1er mai 1883, abbé Estève ; (A. G.), 2 mai 1883, abbé Martin.

b) Dans la décision épiscopale interdisant le port du costume ecclésiastique à un prêtre à qui est retirée l'autorisation d'exercer le ministère sacerdotal. Cette mesure disciplinaire rentre dans les attributions de l'autorité épiscopale.

P. de décret (A. G.), 1er mai 1883, abbé Estève.

A été rejeté le recours formé par un curé contre une sentence
épiscopale prononçant sa destitution canonique par le motif que
cette décision ne présentait aucun des cas d'abus prévus par la loi
de germinal an X.

P. de décret (A. G.), 5 avril 1882, abbé Reynaud.

Lorsque le Conseil d'État appelé à se prononcer sur un recours
pour abus introduit par un curé contre la sentence épiscopale qui
a prononcé sa destitution canonique est, en même temps, saisi
d'une demande de l'évêque tendant à obtenir que cette sentence
soit rendue exécutoire quant à ses effets civils, il convient d'examiner séparément chacune de ces demandes et de statuer par un
premier décret sur le recours du curé; si ce recours est rejeté, il
y a lieu, par un second décret, de rapporter l'acte par lequel le
Gouvernement avait agréé la nomination du curé.

Même décision.

Attentat aux libertés, franchises et coutumes de l'église gallicane.
— Il y a abus dans la lettre pastorale par laquelle un évêque
dénonce certains livres d'enseignement moral et civique comme
condamnés par la congrégation de l'Index. L'autorité et la juridiction des congrégations qui se tiennent à Rome n'ont été reconnues
en France à aucune époque et sous aucun régime; par suite l'évêque
qui donne autorité dans son diocèse à un acte de cette nature,
porte atteinte aux franchises, libertés et coutumes de l'église
gallicane.

P. de décret (A. G.), 26 avril 1883, archevêque d'Albi.

*Entreprises ou procédés qui peuvent compromettre l'honneur des
citoyens, troubler arbitrairement leur conscience, etc.* — Il y a
abus:

a) Dans la lettre pastorale par laquelle un évêque, à l'occasion
de la décision prise par le Ministre des Cultes pour supprimer le
traitement d'un certain nombre de prêtres du diocèse, déclare que
cette décision « prive officiellement de leurs pasteurs 30.000 catholiques » et que « ceux-ci n'auront plus de prêtres obligés de faire
parmi eux les offices religieux ». En faisant naître dans l'esprit

des fidèles la crainte de la suspension du service religieux, et en dénaturant le caractère de la décision ministérielle, l'évêque a fait usage d'un procédé pouvant troubler arbitrairement les consciences;

P. de décret (A. G.), 4 février 1886, évêque de Pamiers.

b) Dans la lettre pastorale menaçant du refus des sacrements les instituteurs, les élèves et leurs parents pour le cas où il serait fait usage dans les écoles de livres condamnés par la congrégation de l'Index, et pour le cas aussi où l'enseignement serait imprégné de leur esprit;

P. de décret (A. G.), 26 avril 1883, archevêque d'Albi, évêques de Langres, Viviers et Valence.

c) Dans le refus public fait par un desservant de donner la première communion à des jeunes filles qui avaient reçu la préparation religieuse en vue de ce sacrement, refus uniquement motivé sur ce que leurs parents n'avaient point voulu se conformer à l'obligation, imposée par le desservant, de les envoyer après la cérémonie au presbytère pour y prendre part à un repas moyennant une cotisation payée par la famille et y séjourner jusqu'aux vêpres.

P. de décret (A. G.), 30 décembre 1891, Hérisset et consorts.

Atteinte à l'exercice public du culte, et à la liberté que les lois et règlements garantissent à ses ministres. — Il n'y a pas abus:

a) Dans l'arrêté pris par un maire pour interdire les processions sur la voie publique alors même qu'ils n'existerait pas dans la commune de temple affecté à un autre culte. En prenant cet arrêté le maire agit dans la limite des attributions de police qui lui sont conférées par la loi; si l'article 45 de la loi du 18 germinal an X autorise implicitement les processions publiques dans les communes où il n'existe pas de temple affecté à un autre culte, cette disposition ne fait pas obstacle aux mesures que les maires croient devoir prendre pour assurer la circulation ou prévenir les désordres; le droit de police de l'administration a d'ailleurs été expressément réservé par l'article premier de la convention du 26 messidor an IX;

P. de décret (A. G.), 5 août 1880, Préfet de Maine-et-Loire contre abbé Pineau. — P. de décret (A. G.), 30 janvier 1896, abbé Charbonneau. — P. de décret (A. G.), 20 février 1896, abbé Martin. — P. de décret (A. G.), 20 février 1896, abbé Laforge. — P. de décret (A. G.), 5 mars 1896, abbé Couffy. — P. de décret (A. G.), 7 janvier 1897, abbé Mœris. — P. de décret (A. G.), 7 janvier 1897, abbé Caudron. — P. de décret (A. G.), 18 mars 1897, abbé Bailly. — P. de décret (A. G.), 18 mars 1897, abbé Blanchard. — P. de décret (A. G.), 20 mai 1897; abbés Verrière et autres. — P. de décret (A. G.), 1er juillet 1897, abbé Dauphin.

b) Dans l'arrêté municipal interdisant les processions sur tout le territoire de la commune, et non pas seulement dans l'agglomération urbaine;

P. de décret (A. G.), 5 mars 1896. Recours de l'abbé Couffy.

c) Dans l'arrêté municipal interdisant à toute société musicale de se réunir et de jouer sur la voie publique sans autorisation préalable, ni dans le fait d'appliquer les prescriptions de cet arrêté à une société musicale qui figure dans une procession publique. En prenant son arrêté, le maire n'a pas eu pour but d'intervenir dans la composition d'une procession, mais simplement d'user des pouvoirs de police qu'il tient de la loi;

P. de décret (A. G.), 5 août 1880, Préfet de l'Allier contre Ogerdias. — P. de décret, 26 novembre 1891, Borel.

d) Dans l'arrêté municipal qui interdit toute manifestation extérieure du culte, mais ne vise pas, dans les termes où il a été pris, le fait par le desservant de porter, revêtu de ses habits sacerdotaux, et sans autre cérémonial extérieur, le viatique à un mourant;

P. de décret (A. G.), 4 août 1886, desservant de Lunay.

e) Dans l'arrêté municipal qui interdit toute manifestation du culte sur la voie publique à l'occasion de l'administration des secours religieux aux malades;

P. de décret (A. G.), 7 août 1895, abbé Liénard contre maire de Lille.

f) Dans l'arrêté municipal interdisant le stationnement des convois funèbres sur la voie publique, en dehors du temps nécessaire pour relayer les porteurs.

P. de décret (A. G.), 25 juillet 1895, maire de Saint-Geoirs.

Le mot temple, dans le sens de l'article 45 de la loi du 18 germinal an X, s'entend de l'édifice ouvert publiquement au culte et non d'une église ou agrégation de fidèles.

P. de décret (A. G.), 22 février 1894, abbé Steney et consorts contre le maire de Saint-Denis.

Il n'appartient qu'à l'autorité judiciaire de décider :

a) Si un arrêté interdisant les processions a un caractère permanent ou un caractère temporaire;

P. de décret (A. G.), 30 janvier 1896, abbé Charbonneau.

b) Si un arrêté interdisant les processions était encore en vigueur au jour de la contravention ;

P. de décret (A. G.), 18 mars 1897, abbé Bailly.
P. de décret (A. G.), 20 mai 1897, abbés Verrière et autres.

c) Si un arrêté interdisant les processions a reçu la publicité prescrite par la loi ;

P. de décret (A. G.), 1er juillet 1897, abbé Dauphin.

d) Si un arrêté interdisant les processions est applicable dans les circonstances relevées au procès-verbal de contravention.

P. de décret (A. G.), 7 janvier 1897, sieurs de Finance et autres.

Il y a abus:

a) Dans l'arrêté municipal qui interdit le transport du viatique à domicile par un prêtre revêtu d'habits sacerdotaux et précédé d'un porteur de lanterne agitant une sonnette, en se fondant sur ce que cette manifestation « a pour grave inconvénient d'effrayer les habitants, qui se rendent compte de l'importance de la mortalité par cette cérémonie religieuse extérieure » : le motif ainsi donné est étranger à l'application de l'article 45 de la loi du 18 germinal an X, et le maire en prenant cet arrêté a usé de ses pouvoirs dans un but autre que celui que le législateur a eu en vue;

P. de décret (A. G.),7 août 1895, abbé Lesage contre maire de Roubaix.

b) Dans un arrêté du maire prohibant l'exhibition sur la voie publique d'emblèmes servant aux différents cultes; cette disposition est de nature, par la généralité de ses termes, à porter atteinte à la liberté de conscience et à dégénérer en oppression.

P. de décret (A. G.), 22 février 1894, abbé Steney et consorts contre maire de Saint-Denis.

§ 2 : QUALITÉ POUR SE POURVOIR. FORMES ET OBJET DU RECOURS.

La loi du 18 germinal an X dit expressément qu'à défaut de plainte particulière, le recours sera exercé d'office par les Préfets ; les termes de cette disposition ne permettent pas d'en étendre le sens à un autre fonctionnaire public.

A été rejeté comme non recevable le recours formé :

. Par un commissaire de police ;

P. de décret (A. G.), 5 août 1880, abbé Pineau.

Par un maire.

P. de décret (A. G), 8 août 1882, Magué.

A été déclaré recevable un recours pour abus formé contre un procès-verbal de contravention dressé par un commissaire de police pour infraction à un arrêté interdisant à des sociétés musicales de jouer sur la voie publique, alors qu'il résultait des termes dans lesquels le recours a été formulé qu'il tendait en réalité, moins à incriminer le procès-verbal en lui-même qu'à faire déclarer que l'arrêté du maire n'avait pu, sans porter atteinte au libre exercice du culte, interdire le fait reproché aux prévenus.

P. de décret (A. G.), 26 novembre 1891, Borel.

Il n'y a pas lieu de statuer sur un recours lorsqu'il tend uniquement à obtenir l'autorisation de poursuivre un ecclésiastique devant les tribunaux à raison de faits dont il se serait rendu coupable envers un particulier. La nécessité d'une semblable autorisation ne résulte d'aucun texte de loi.

P. de décret (A. G.), 10 mars 1881, Bertheley.

Lorsqu'un recours pour abus formé par un desservant contre la décision épiscopale prononçant son interdiction de toutes fonctions ecclésiastiques dans le diocèse, tend à faire décider que, dans l'exercice de ses pouvoirs de discipline ecclésiastique, l'évêque aurait méconnu les règles canoniques, ce recours n'est recevable que si la décision a été préalablement déférée au métropolitain.

P. de décret (A. G.), 4 février 1892, Labbé.

Le ministre du culte qui contrevient aux dispositions d'un arrêté de police légalement pris peut être poursuivi devant le tribunal de simple police à la requête du ministère public, et il n'est pas besoin pour que le juge statue sur l'action ainsi intentée d'une déclaration préalable d'abus.

P. de décret (A. G.), 5 août 1880, Préfet de Maine-et-Loire contre Pineau et Humeau.

Le juge de paix ne serait fondé à surseoir jusqu'à ce que l'abus ait été déclaré, que si le contrevenant soutenait que l'arrêté du maire est illégal comme ayant été pris en violation des dispositions qui assurent la liberté des cultes. Il y aurait là une question préjudicielle d'abus à soumettre au Conseil d'État (1).

Mais si le contrevenant, sans contester la légalité de l'arrêté, se borne à invoquer le bénéfice des articles 6, 7 et 8 des organiques, le juge de simple police peut statuer sur la poursuite sans qu'il soit nécessaire qu'au préalable le Conseil d'État ait déclaré que les faits imputés au curé constituaient un abus.

P. de décret (A. G.), 5 juillet 1883, Alquier.

§ 3 : PÉNALITÉ

Il n'appartient pas au Conseil d'Etat de prononcer, comme sanction de la déclaration d'abus, la suppression du traitement de l'ecclésiastique incriminé. Le Conseil d'État, dans l'état actuel de la législation, n'a pas compétence pour ajouter une sanction pénale à ses décisions (2).

P. de décret (A. G.), 8 février 1883, Préfet du Gard contre abbé Michel.

---

(1) Comme, en pareil cas, le contrevenant, à l'abri de toute condamnation tant que la question préjudicielle n'a pas été tranchée, n'a aucun intérêt à la soumettre au Conseil d'Etat, celui-ci est ordinairement saisi par un recours du Préfet tendant à faire déclarer qu'il n'y a pas abus dans l'arrêté du maire.

(2) Le Gouvernement a le droit de suspendre ou de supprimer les traitements ecclésiastiques par mesure disciplinaire. Voir l'avis du Conseil d'État du 26 avril 1883 rapporté *infra*, section 6, p. 49.

§ 4 : Des recours tendant a obtenir l'autorisation
de poursuivre un ecclésiastique.

Il n'y a lieu de statuer sur les recours présentés par les particuliers à l'effet d'être autorisés à poursuivre un ecclésiastique pour crimes ou délits commis dans l'exercice de ses fonctions. Les particuliers lésés ont aussi bien que le ministère public le droit de le poursuivre directement devant le tribunal de droit commun ; aucun texte ne les oblige à se pourvoir au préalable de l'autorisation du Conseil d'État (1).

P. de décret (A. G.), 10 mars 1881, Bertheley. — P. de décret (A.G.), 11 janvier 1883, Gourmelon.

Mais si le recours de la partie lésée tendait non à obtenir une autorisation de poursuites, mais à faire déclarer l'abus, il n'y aurait pas lieu de l'écarter par une fin de non-recevoir, et le Conseil ne se refuserait pas à l'examiner.

P. de décret (A. G.), 15 juillet 1886, Amblard ; 1er juillet 1886, Gros.

SIXIÈME SECTION

Suppression des traitements ecclésiastiques.

Le Gouvernement a le droit de suspendre ou de supprimer par mesure disciplinaire les traitements ecclésiastiques, et ce droit

---

(1) Pendant longtemps, la Cour de cassation affirma, au contraire, la nécessité de l'autorisation préalable du Conseil d'Etat. Cette divergence de doctrine créait une situation préjudiciable aux particuliers lésés qui se trouvaient dans l'impossibilité de poursuivre en justice les réparations auxquelles ils prétendaient avoir droit, puisque d'une part, les ecclésiastiques poursuivis devant les tribunaux opposaient avant toute défense au fond une fin de non-recevoir tirée de l'absence d'autorisation préalable — et que, d'autre part, lorsque les parties lésées s'adressaient ensuite au Conseil d'Etat pour obtenir cette autorisation, celui-ci répondait par un non-lieu à statuer. Ce conflit a pris fin, la Cour de cassation s'étant ralliée à la jurisprudence du Conseil d'Etat.

Cassation, 2 juin 1888, Cuilhé ; 3 août 1888, Chantereau.

s'applique indistinctement à tous les ministres des cultes salariés par l'État (1).

Avis (A. G.), 26 avril 1883.

SEPTIÈME SECTION

Autorisation d'exercer publiquement un culte non reconnu par l'État.

(Art. 291. C. P. — Décret du 19 mars 1859.)

L'autorisation d'exercer publiquement un culte non reconnu par l'État ne doit être accordée par décret que dans le cas de réunions permanentes. On ne saurait considérer comme existant d'une façon permanente, c'est-à-dire dans des conditions garantissant sa durée, un culte qui ne réunit qu'un petit nombre d'adhérents, lequel est resté stationnaire après trente ans de prédications, dont les ressources sont exiguës et proviennent surtout des subventions de l'étranger.

Avis (A. G.), 19 juillet 1883. Demande formée par le sieur Mabboux.

---

(1) Le Conseil d'État avait été consulté par M. le Ministre de la Justice et des Cultes sur la question de savoir si la distinction établie par la loi de finances du 30 décembre 1882 entre les allocations des vicaires généraux, chanoines, desservants et vicaires, et les traitements des évêques et curés n'avait porté aucune modification aux droits de police du Gouvernement et notamment à son pouvoir de prononcer la suppression des traitements comme des allocations par voie disciplinaire.

Nous croyons devoir reproduire ici l'arrêt du Conseil d'État, statuant au contentieux, en date du 1er février 1889, et relatif à la même question (aff. Sailhol).

« Considérant qu'il est de règle et de tradition constantes dans le droit public français que, si les membres du clergé ne relèvent que de leurs supérieurs ecclésiastiques dans les questions d'ordre purement religieux, ils n'en restent pas moins soumis à la haute discipline du Gouvernement en ce qui touche leurs rapports avec le pouvoir civil et l'observation des lois de l'Etat ;

« Considérant que cette discipline, exercée en 1789 au moyen, tant de l'appel comme d'abus que de la saisie du temporel, n'a pas cessé de l'être depuis la mise en vigueur de la législation concordataire ; que le recours pour abus a été expressément maintenu par cette législation ; que, d'autre part, le droit de saisie du temporel a été exercé par tous les gouvernements qui se sont succédé depuis le concordat, sous la forme de suspensions ou de retenues des traitements que l'Etat a alloués aux titulaires ecclésiastiques après la suppression des revenus propres du clergé ;

« Considérant que les décisions prises dans l'exercice de ce pouvoir de haute discipline par le Ministre chargé du service et de la police des cultes ne sont pas susceptibles d'être discutées devant le Conseil d'Etat par la voie contentieuse. » (Rejet.)

Des avis favorables à l'autorisation d'exercer publiquement un culte non reconnu par l'État ont été donnés dans les cas suivants :

a) Exercice public d'un culte protestant indépendant ;

P. de décret et note (A. G.), 3 août 1882. Demande formée par le sieur Janszen.

b) Culte catholique gallican ;

P. de décret (A. G.), 22 novembre 1883. Demande formée par le sieur Jules Gout.

c) Culte baptiste ;

P. de décret (A. G.), 17 juillet 1884. Demande formée par le sieur Cadot.

d) Culte évangélique non reconnu.

P. de décret, 8 septembre 1886. Demande formée par le sieur Cremer.

L'autorisation donnée en vertu de l'article 3 du décret de 1859 s'applique au culte lui-même, abstraction faite de la personne qui sollicite l'autorisation.

Le projet de décret doit donc être rédigé de la manière suivante : *Est autorisé l'exercice public du culte   non reconnu par l'État, à* (1).

P. de décret et note (A. G.), 17 juillet 1884. Demande formée par le sieur Cadot.

Les Préfets donnent l'autorisation d'exercer un culte lorsqu'il s'agit seulement de réunions accidentelles. Cette autorisation peut d'ailleurs être renouvelée.

Avis (A. G.), 19 juillet 1883. Demande formée par le sieur Mabboux.

---

(1) Pendant longtemps la rédaction des projets de décret concernant de semblables demandes a été la suivante :

Le S^r *   est autorisé à ouvrir à l'exercice d'un culte   non reconnu par l'État, à*

Mais, à la suite d'un nouvel examen, la section s'est arrêtée à la formule reproduite au texte.

CHAPITRE CINQUIÈME

BEAUX-ARTS. — MONUMENTS HISTORIQUES [1]

(Loi du 30 mars 1887. — Décret du 3 janvier 1889.)

Dans les projets de décret tendant à déclarer d'utilité publique la conservation de monuments historiques ou mégalithiques, il y a lieu de viser, outre la loi du 3 mai 1841, la loi du 30 mars 1887 qui donne au Ministre de l'Instruction publique l'autorisation de poursuivre l'expropriation.

P. de décret et note, 19 juillet 1887, monuments de Carnac.

L'expropriation prévue par la loi du 30 mars 1887 sur la conservation des monuments et objets d'art ayant un intérêt historique et artistique ne s'applique qu'aux monuments et non aux collections d'objets d'art.

En conséquence, l'article 58 de la loi du 3 mai 1841 n'est pas applicable à l'acquisition d'une collection.

Avis, 18 mars 1896, ville de Fougères.

Lorsqu'une fabrique ou une commune demande l'autorisation de contracter un emprunt destiné à pourvoir à des travaux de restauration d'une église ou de tout autre monument classé parmi les monuments historiques, il y a lieu, avant de statuer, de consulter le Ministre des Beaux-Arts sur le point de savoir si les travaux projetés ne sont pas de nature à altérer le caractère de l'édifice [2].

Note, 11 avril 1881, fabrique d'Assier.

---

(1) A cette matière se rattachent le règlement du 3 janvier 1889 sur la conservation des monuments et objets d'art ayant un intérêt historique et artistique, et celui du 26 décembre 1895 relatif à l'organisation, à l'administration et au régime financier de la réunion des musées nationaux du Louvre, de Versailles, de Saint-Germain et du Luxembourg.

(2) Cette note est antérieure à la loi du 30 mars 1887. D'après l'article 4 de cette loi « l'immeuble classé ne peut être détruit même en partie, ni être l'objet d'un travail de restauration, de réparation ou de modification quelconque, si le Ministre des Beaux-Arts n'y a donné son consentement ».

Le décret rendu en Conseil d'État, par application de l'article 9 de la loi du 30 mars 1887, au sujet d'une contestation survenue entre l'administration et une commune, a le caractère d'une décision qui tranche un litige et, dès lors, doit être motivé.

P. de décret (A. G.), 23 juillet 1896, commune de Joinville.

TITRE II

ORGANISATION ET FONCTIONNEMENT DES DÉPARTEMENTS ET SERVICES DÉPARTEMENTAUX

CHAPITRE PREMIER

CONSEILS GÉNÉRAUX ET COMMISSIONS DÉPARTEMENTALES
(Loi du 10 août 1871.)

PREMIÈRE SECTION

Tenue des séances des Conseils généraux ; durée des pouvoirs et attributions des conseillers généraux.

Le président d'un Conseil général ne peut refuser de faire délibérer sur les propositions du Préfet, spécialement sur celle qui a pour objet d'opposer la question préalable à une proposition illégale.

Avis (A. G.), 21 décembre 1882.

Lorsqu'un Conseil général se réunit extraordinairement en vertu de l'article 24 de la loi du 10 août 1871 sur la demande de deux tiers de ses membres, il ne peut mettre en délibération des matières qui ne sont pas comprises dans la demande écrite adressée au président en vue de provoquer cette réunion. Si, pendant la session extraordinaire, les deux tiers des conseillers généraux en exercice adressent au président une demande écrite tendant à ajouter à l'ordre du jour indiqué par la demande primitive, cette démarche doit être assimilée à une nouvelle demande de session extraordinaire, et ne doit produire son effet qu'après une nouvelle convocation conformément à l'article 25 de la loi du 10 août 1871.

Avis (A. G.), 8 mars 1888.

Un Conseil général, réuni en session extraordinaire, ne peut valablement, s'il ne se trouve pas en nombre suffisant pour délibérer, renvoyer la délibération à une date postérieure au surlendemain. La loi du 31 mars, portant modification de l'article 30 de la loi du 10 août 1871, prescrit, en effet, qu'en pareil cas « les délibérations seront renvoyées au surlendemain ».

Avis (S. R. I. et F.), 8 juillet 1891, Conseil général de la Réunion.

Par application du § 1er de l'article premier du décret du 1er août 1886 qui n'est que la reproduction de la loi du 31 mars 1886, si un Conseil général ne se réunit pas au jour fixé par l'arrêté de convocation, en nombre suffisant pour délibérer, la session est renvoyée de plein droit au lundi suivant; une convocation spéciale est faite d'urgence par le Directeur de l'Intérieur et les délibérations sont valables quel que soit le nombre des membres présents à cette séance et aux séances ultérieures.

Avis (A. G.), 18 mars 1897, Conseil général de la Réunion.

L'article 82 de la loi du 10 août 1871 donne à chaque conseiller général le droit de faire partie du conseil de revision d'un des cantons du département; en conséquence, la commission départementale ne peut, sans violer la loi, soit exclure systématiquement certains conseillers généraux, soit ne les désigner que comme suppléants.

Avis (A. G.), 16 novembre 1882.

La division d'un canton en deux ou plusieurs circonscriptions nouvelles et la réunion de deux ou plusieurs cantons en un seul doivent faire cesser le mandat des conseillers généraux représentant ces cantons et entraîner des élections nouvelles. On ne saurait étendre à cette hypothèse le droit d'option conféré par l'article 17 de la loi du 10 août 1871 au conseiller élu dans deux cantons.

Avis, 6 juillet 1886.

La règle qui précède n'est pas applicable dans le cas où il n'y a ni division, ni réunion de canton, mais un simple remaniement des limites respectives des circonscriptions cantonales. Aucune disposition légale n'autorise en pareil cas le Gouvernement à faire procéder à des élections nouvelles pour le Conseil général en convoquant les électeurs de tous les cantons qui ont subi, soit un démembrement, soit une augmentation de territoire.

Avis (A. G.), 3 mars 1887.

De même, il n'y a pas lieu, à la suite d'une loi qui distrait une commune d'un canton pour la rattacher à un autre canton, de convoquer les électeurs de ces deux cantons à l'effet de procéder à l'élection de leurs représentants au Conseil général et au conseil d'arrondissement.

Avis (A. G.), 5 août 1897.

DEUXIÈME SECTION

Déclaration de nullité et annulation de délibérations (1).

§ 1er : APPLICATION DE L'ARTICLE 33 DE LA LOI DU 10 AOUT 1871.

Il y a lieu de déclarer nulles par application du dit article :

Les délibérations contenant un vœu politique, les vœux de cette nature étant interdits par l'article 51 de la loi du 10 août 1871.

---

(1) D'après une jurisprudence constante, les délibérations des commissions départementales sont annulables par les mêmes motifs que celles des Conseils généraux, et les articles 33 et 47 de la loi du 10 août 1871 leur sont applicables.

Ont été considérés comme ayant un caractère politique les vœux ayant pour objet :

a) La revision des lois constitutionnelles ;

P. de décret (A. G.), 2 mai 1883, Vienne. — P. de décret (A. G.), 25 juin 1896, Hérault. — P. de décret (A. G.), 23 juillet 1896, Var. — P. de décrets (A. G.), 23 juillet 1896 et 4 février 1897, Bouches-du-Rhône.

b) Une orientation nouvelle de la politique générale ;

P. de décret (A. G.), 5 novembre 1896, Bouches-du-Rhône.

c) La modification ou le maintien des lois relatives à l'élection du Sénat ou de la Chambre des députés (1) ;

P. de décret (A. G.), 31 mai 1888, Hautes-Pyrénées. — P. de décret (A. G.), 24 octobre 1889, Haute-Loire.

d) L'examen par la Chambre des mesures pouvant amener à la solution de la question sociale ;

P. de décret (A. G.), 18 juillet 1895, Bouches-du-Rhône.

e) La mise en accusation du Ministère ;

P. de décret (A. G.), 25 juin 1885, Hérault.

f) Le remplacement du Ministère actuel ;

P. de décret (A. G.), 4 février 1897, Bouches-du-Rhône.

g) L'évacuation du Tonkin ;

P. de décret (A. G.), 25 juin 1885, Gers.

h) La politique du Gouvernement dans le conflit gréco-turc ;

P. de décrets (A. G.), 29 juillet 1897, Gers, Bouches-du-Rhône.

i) L'amnistie en faveur des condamnés politiques ;

P. de décret (A. G.), 7 août 1884, Bouches-du-Rhône.

j) L'abrogation de la loi du 28 juillet 1894, tendant à réprimer les menées anarchistes ;

P. de décrets (A. G.) 5 novembre 1896 et 4 février 1897, Bouches-du-Rhône.

---

(1) Voir dans le même sens : Décret (A. G.), 10 juin 1873, Ardennes; 28 mai 1874, Pyrénées-Orientales.

k) La consécration du 1ᵉʳ mai comme fête nationale ;

P. de décret (A. G.), 18 juillet 1895, Bouches-du-Rhône.

l) L'abrogation ou l'exécution des lois et décrets relatifs aux congrégations religieuses ;

P. de décret (A. G.), 10 février 1881, Aude. — P. de décret (A. G.), 4 février 1897, Bouches-du-Rhône.

m) L'abrogation des dispositions relatives au droit d'accroissement ;

P. de décret (A. G.), 12 décembre 1895, Maine-et-Loire.

n) La séparation des Églises et de l'État ;

P. de décret (A. G.), 12 décembre 1895, Var. — P. de décret (A. G.), 28 janvier 1897, Var. — P. de décret (A. G.), 4 février 1897, Bouches-du-Rhône.

o) La suppression du budget des cultes ;

P. de décret (A. G.), 4 novembre 1880, Rhône. — P. de décret (A. G.), 4 février 1897, Bouches du-Rhône.

p) La suppression de l'ambassade près du Saint-Siège ;

P. de décret (A. G.), 12 décembre 1895, Var.

q) La suppression des fonds secrets ;

P. de décret (A. G.), 21 juillet 1887, Bouches-du-Rhône.

r) Le maintien ou la suppression de l'inamovibilité de la magistrature, la réduction du nombre des tribunaux et de leur personnel, l'élection des juges par le suffrage universel ;

P. de décret (A. G.), 10 février 1881, Côtes-du-Nord. — P. de décret (A. G.) 3 novembre 1881, Rhône.

s) La rétribution de toutes les fonctions électives ;

P. de décret (A. G.), 12 décembre 1895, Var.

t) L'épuration du personnel administratif ou judiciaire ;

P. de décret (A. G.), 4 novembre 1886, Allier et Hérault. — P. de décret (A. G.) 17 avril 1890, Allier. — P. de décret (A. G.), 12 décembre 1895, Var.

u) La direction politique à donner par le Gouvernement aux fonctionnaires ;

P. de décret (A. G.), 29 juillet 1897, Gers.

v) L'expulsion des membres des familles ayant régné sur la France ou le retour à la nation de leurs biens apanagés ;

P. de décret (A. G.), 4 novembre 1886, Seine-et-Marne, Hérault.

w) Le maintien, au nom de la liberté d'enseignement, d'établissements religieux non autorisés existant dans le département ;

P. de décret (A. G.), 22 avril 1880, Tarn.

x) La critique, au nom du même principe, de mesures qui seraient prises par le Gouvernement ;

P. de décret (A. G.), 22 avril 1880, Morbihan.

y) La liberté de l'enseignement et le respect des droits des pères de famille ;

P. de décret (A. G.), 22 avril 1880, Vaucluse. — Nombreuses décisions conformes.

z) Le maintien des congréganistes dans les écoles publiques ;

P. de décret (A. G.), 23 octobre 1890, Morbihan.

La critique de l'affrètement de navires étrangers à l'occasion de la guerre de Madagascar.

P. de décret (A. G.), 25 juillet 1895, Bouches-du-Rhône.

Une délibération, relative à un vœu qui n'est point politique par son objet, peut néanmoins être annulée lorsqu'il résulte soit des circonstances qui l'accompagnent, soit des termes dans lesquels il est conçu, soit des considérations développées au cours de la discussion à laquelle il a donné lieu, que ce vœu a un caractère politique.

a) Ainsi décidé à l'occasion de délibérations émettant le vœu que les lois sur l'instruction primaire soit abrogées ou revisées.

P. de décret (A. G.), 24 juin 1886 et 24 février 1887, Vendée. — P. de décret (A. G.), 20 novembre 1890, Maine-et-Loire. — P. de décret (A. G.), 22 octobre 1891, Maine-et-Loire.

b) Ont été de même déclarées nulles des délibérations par lesquelles un Conseil général, après avoir émis des vœux politiques, a voté des allocations en faveur de chambres syndicales d'ouvriers mineurs. Ces allocations, outre qu'elles empruntent à leur connexité avec les vœux qui les ont accompagnés un caractère politique, constituent une intervention dans les conflits d'intérêt privé, et n'ont pas le caractère d'utilité départementale prévu par le § 5 de l'article 60 de la loi du 10 août 1871.

P. de décret (A. G.), 8 décembre 1892, Hérault.

c) Les délibérations contenant une appréciation d'actes émanant du Gouvernement, de l'autorité préfectorale, ou de leurs agents. Si l'article 51 de la loi du 10 août 1871 autorise les Conseils généraux à saisir le Ministre de l'Intérieur des réclamations qu'ils auront à présenter dans l'intérêt du département, ainsi que de leur opinion sur l'état et les besoins des différents services publics, en ce qui touche le département, il ne résulte ni de ce texte, ni d'aucune autre disposition législative, que ces assemblées aient le droit d'apprécier la politique suivie par le Gouvernement ainsi que les mesures prises par lui, ou de critiquer par une délibération spéciale l'attitude ou les décisions des Préfets dans l'exercice des pouvoirs qui leur sont conférés par la loi.

Par application de ce qui précède ont été déclarées nulles des délibérations portant :

a) Vote d'une adresse de félicitations au Président du Conseil des Ministres ou au Gouvernement et d'adhésion à leur programme ;

P. de décret (A. G.), 4 novembre 1886, Seine-et-Marne (1). — P. de décret (A. G.), 12 juillet 1888, Aude. — Nombreuses décisions conformes.

b) Insertion au procès-verbal de la lettre de démission d'un membre dans laquelle était critiqué un acte du Gouvernement;

P. de décret (A. G.), 12 janvier 1882, commission départementale de la Haute-Garonne.

_____

(1) Le Conseil général de Seine-et-Marne avait voté une adresse félicitant le Gouvernement pour les mesures prises par lui à l'égard des familles ayant régné en France. Le projet de décret proposé pour prononcer l'annulation de cette délibération visait, outre l'article 33, l'article 51 de la loi du 10 août 1871, et il était ainsi motivé : « Considérant que cette motion a un caractère politique; que dès lors le Conseil général a violé l'article 51 de la loi du 10 août 1871, etc...» Mais le Conseil d'Etat a substitué à cette rédaction le texte suivant : « Considérant que la dite adresse est relative à un objet qui n'est pas légalement compris dans les attributions des Conseils généraux, etc..,»

c) Protestation contre les paroles prononcées par un Ministre à la préfecture relativement au choix du président du Conseil général ;

P. de décret (A. G.), 7 novembre 1889, commission départementale des Basses-Alpes.

d) Déclaration d'une manière générale et directe que l'administration préfectorale n'a pas la confiance du Conseil général ;

P. de décret (A. G.), 4 novembre 1886, Nièvre.

e) Blâme à l'égard du Préfet pour son attitude politique à l'occasion des élections sénatoriales ;

P. de décret (A. G.), 29 juillet 1897, Gers.

f) Expression de regrets de ce que le Préfet ait choisi en dehors du département un agent voyer inspecteur ;

P. de décret (A. G.), 8 août 1883, Loire-Inférieure.

g) Blâme à l'égard du Préfet pour avoir, sans motif grave, retiré leurs fonctions à deux agents du service vicinal ;

P. de décret (A. G.), 16 juillet 1885, Loire-Inférieure.

h) Blâme à l'égard du Préfet pour s'être substitué au maire d'une commune en vue de prendre les mesures de police destinées à prévenir des troubles sur le territoire de cette commune ;

P. de décret (A. G.), 29 décembre 1897, Alger.

i) Protestation contre les laïcisations d'écoles opérées dans le département ;

P. de décrets (A. G.), 17 juillet 1884 et 24 juin 1886, Vendée. — P. de décret (A. G.), 5 novembre 1896, Côtes-du-Nord.

j) Blâme au sujet de l'attitude prise par le Préfet à l'égard d'une municipalité ;

P. de décret (A. G.), 26 mars 1885, Vendée.

k) Blâme d'un discours prononcé par le Préfet à l'occasion de l'installation d'une municipalité ;

P. de décret (A. G.), 13 juillet 1881, Côtes-du-Nord.

l) Expression de regrets au sujet de l'exclusion du Conseil départemental de l'instruction publique de trois membres du Conseil général ;

P. de décret (A. G.), 13 juillet 1881, Côtes-du-Nord.

m) Protestation contre les mesures prises par le Préfet pour imposer certaines obligations aux concessionnaires de cabines sur une plage ;

P. de décret (A. G.), 22 juillet 1886, commission départementale de la Vendée.

n) Expression de regrets au sujet d'une manifestation faite par des instituteurs et un inspecteur primaire ;

P. de décret (A.G.), 10 février 1881, Maine-et-Loire. (La manifestation incriminée consistait dans le vote d'une adresse au rapporteur de la loi sur l'enseignement primaire à la Chambre des députés.)

o) Vote d'une allocation en faveur d'employés d'un service départemental révoqués par le Préfet ; ce vote, dans les circonstances où il est intervenu, revêtant le caractère d'une protestation contre la mesure prise par le Préfet ;

P. de décret (A. G.), 30 octobre 1879, Vendée.

p) Expression de confiance dans les déclarations du Préfet et dans sa fermeté à l'égard des fonctionnaires hostiles à la République ;

P. de décret (A. G.), 4 novembre 1886, Drôme.

q) Vote de félicitations au Préfet en faisant précéder ce vote de considérations politiques ;

P. de décret (A. G.), 4 novembre 1886, Loire.

r) Expression d'un blâme contre une décision d'un conseil de revision ;

P. de décret (A. G.), 18 juillet 1889, Gers.

s) A été déclarée nulle une délibération par laquelle un Conseil général « félicite la commission départementale de son attitude à l'égard du Préfet et accepte sa démission, en déclarant qu'il ne procédera à la nomination d'une nouvelle commission qu'autant que le Préfet aura rapporté l'arrêté nommant l'ingénieur des ponts et chaussées agent voyer en chef intérimaire ». Cette délibération contient un blâme à l'égard du Préfet à l'occasion d'un acte accompli dans l'exercice de ses attributions légales. En effet, en nommant aux fonctions d'agent voyer en chef par intérim l'ingénieur en chef des ponts et chaussées du département, le Préfet n'a fait qu'user des pouvoirs qu'il tient de l'article 11 de la loi du 21 mai 1836, rendue applicable à l'Algérie par les décrets des 5 juillet 1854 et 16 août 1886.

P. de décret (A. G.), 9 août 1892, Oran.

Il n'y a pas lieu de déclarer nulle une délibération par laquelle le Conseil général déclare s'associer aux critiques articulées par un de ses membres contre diverses décisions du conseil de revision du département, et charge son président d'appeler sur elles l'attention de l'administration supérieure, lorsqu'il ne résulte ni de la dite délibération, ni de la discussion qui l'a précédée que le Conseil général ait blâmé des actes, soit de l'administration, soit des conseils de revision du département, et qu'au surplus cette délibération ne contient au fond que l'expression d'un vœu tendant à faire réformer la législation relative à l'organisation et à la compétence des conseils de revision, question qui rentre dans les matières d'administration générale sur lesquelles l'article 51 de la loi du 10 août 1871 permet aux Conseils généraux d'exprimer des vœux et de les transmettre par l'intermédiaire de leur président.

Avis (A. G.), 13 juillet 1887, Maine-et-Loire.

Les délibérations déléguant à la commission départementale toute une catégorie d'affaires non spécifiées. En faisant une pareille délégation, le Conseil général s'attribue une sorte d'autorité législative et réglementaire pour donner à la commission des attributions que la loi ne lui a pas conférées (1).

a) Par application de ce qui précède a été déclarée nulle une délibération donnant délégation à la commission départementale à

_____

(1) Voir dans le même sens : Avis (A. G.), 13 mars 1873.

l'effet de délibérer sur toutes les questions d'octroi dont l'instruction n'était pas complète et sur celles qui pourraient surgir jusqu'à la première session du Conseil général.

Avis (A. G.), 30 novembre 1880, Haute-Vienne; 13 janvier 1881, Bouches-du-Rhône.

b) A été déclarée nulle également une délibération donnant délégation à la commission départementale à l'effet de liquider les pensions actuellement en instance et celles dont la liquidation serait ultérieurement demandée.

P. de décret (A. G.), 16 janvier 1896, Isère.

Les délibérations ayant pour objet la nomination d'une commission chargée soit d'instruire une catégorie d'affaires, ou même une affaire déterminée, avec ou sans le concours de l'administration, soit d'étudier l'ensemble d'un service départemental. L'article 3 de la loi du 10 août 1871 réserve en effet au Préfet l'instruction préalable des affaires qui intéressent le département.

Par application de ce qui précède ont été déclarées nulles :

a) Une délibération portant nomination d'une commission de trois conseillers généraux par arrondissement, avec mission « de faire, à la session d'avril, un rapport sur l'achèvement et l'extension du réseau de grande vicinalité et sur les voies et moyens à réaliser dans ce but » ;

P. de décret (A. G.), 20 mai 1880, Landes.

b) Une délibération déléguant à une commission de trois membres, à l'occasion d'un litige existant entre le département et une compagnie concessionnaire de chemins de fer d'intérêt local, le soin d'entendre les propositions de la compagnie, et de présenter, d'accord avec le Préfet, un rapport à la session d'août ;

P. de décret (A. G.), 4 août 1890, Sarthe.

c) Des délibérations portant institution d'une commission permanente composée de membres nommés en partie par le Conseil général, en partie par le Préfet et chargée de procéder à l'achat d'étalons reproducteurs et de distribuer des primes aux éleveurs. Si, depuis sa création, cette commission a pu, sans soulever de protestations, s'organiser au moyen d'un règlement élaboré par ses membres et fonctionner au moyen d'un budget propre et de ressources distinctes de celles du département, ces circonstances, qui peuvent avoir eu pour effet de constituer cette commission à l'état de société de fait et de placer ses opérations sous l'empire du droit commun, ne sauraient avoir pour conséquence de valider les délibérations qui l'ont instituée ;

P. de décret (A. G.), 30 décembre 1891, Jura.

Les délibérations constituant un acte d'exécution relatif à une décision prise par le Conseil général. En se substituant au Préfet pour exécuter ses décisions, le Conseil général excède les limites de ses attributions ;

a) Par application de ce qui précède a été déclarée nulle une délibération par laquelle un Conseil général, après avoir décidé le maintien d'un laboratoire agricole entretenu aux frais du département, a désigné la personne chargée de le diriger ;

P. de décret (A. G.), 3 juillet 1890, Vendée. (La délibération ne fut annulée que dans la partie qui avait trait à la désignation du directeur du laboratoire.)

b) Une délibération par laquelle le Conseil général a décidé qu'aucun employé ne sera mis à la retraite qu'après que le Conseil général aura voté les ressources nécessaires au paiement de la dépense.

Si, aux termes de l'article 46, n° 21, de la loi du 10 août 1871, le Conseil général statue définitivement sur l'établissement et l'organisation des caisses de retraite en faveur des employés des préfectures et des sous-préfectures et des agents salariés sur les fonds départementaux, il appartient au Préfet ou au Ministre, selon les cas, de nommer ou de révoquer les agents tributaires de ces caisses et, par suite, de les admettre à la retraite. En subordonnant l'exercice de ce droit au vote préalable par le Conseil général des ressources nécessaires au paiement de la pension, cette assemblée est sortie des limites de ses attributions ;

P. de décret (A. G.), 24 décembre 1891, Jura.

c) Les délibérations portant transaction sur une réclamation formée par un héritier naturel au sujet d'un legs fait au département, alors qu'il avait été statué définitivement sur cette réclamation par le décret autorisant le Préfet à accepter le legs ;

P. de décret (A. G.), 17 juillet 1884, Vendée.

d) Les délibérations répartissant, dans des conditions différentes de celles qui avaient été imposées, les fonds provenant d'un legs fait au département en faveur des instituteurs;

P. de décret (A. G.), 31 janvier 1889, Vendée (1).

e) Les délibérations revendiquant pour le Conseil général le droit de régler l'organisation du service médical d'un asile départemental d'aliénés et de mettre au concours les différents emplois de ce service, à l'exception de l'emploi du directeur médecin en chef. L'article 46, § 17, en donnant au Conseil général compétence pour statuer sur les recettes et les dépenses des asiles départementaux d'aliénés, a laissé intacts les pouvoirs et les attributions conférés à l'autorité publique par la loi du 30 juin 1838 et l'ordonnance du 18 décembre 1839.

P. de décret (A. G.), 20 mai 1880, Rhône.

Les délibérations par lesquelles le Conseil général délègue à la commission départementale la mission de répartir un crédit dont la distribution ou l'emploi appartient au Préfet, en vertu de l'article 3 de la loi du 10 août 1871.

Par application de cette règle ont été déclarées nulles:

a) Une délibération déléguant à la commission départementale le soin de répartir le crédit pour « traitement à domicile ou dans les hospices de malades incurables ou indigents », alors même que le Conseil général pour justifier cette délégation aurait modifié l'intitulé du crédit et l'aurait inscrit au budget sous le titre de « subventions aux communes qui n'ont pas d'hospices pour les aider à faire traiter à domicile ou dans les hospices leurs malades et incurables indigents », cette modification de rédaction ne pouvant avoir pour effet de dénaturer le caractère de l'allocation qui est celui d'un secours individuel et non d'une subvention collective;

P. de décret (A. G.), 4 juin 1891, Sarthe.

---

(1) Dans l'espèce, la répartition des fonds légués devait être opérée chaque année par le Conseil général sur la proposition de l'Inspecteur d'académie. Le Conseil général avait cru devoir ajouter à la liste d'instituteurs proposée deux noms nouveaux. Le décret d'annulation motivé sur ce que le Conseil général, en ajoutant dans sa délibération à la liste proposée des noms nouveaux, était sorti de ses attributions, ramena la décision de cette assemblée aux termes dans lesquels elle était susceptible de recevoir légalement son exécution, en annulant cette délibération en tant qu'elle avait compris dans la répartition des instituteurs non portés sur la liste de présentation.

b) Une délibération par laquelle le Conseil général a décidé que les propositions de secours aux anciens cantonniers et à leurs familles seront soumises à la commission départementale et que ces secours seront accordés avec son approbation. En subordonnant à l'approbation de la commission départementale la distribution d'un de ces secours, le Conseil général a imposé au Préfet une condition qu'il ne lui appartient pas de prescrire;

P. de décret (A. G.), 22 octobre 1891, Indre.

c) Une délibération par laquelle le Conseil général a décidé qu'un crédit de 1.000 francs serait ouvert au budget départemental et employé par la commission départementale à répartir entre les écoles primaires laïques ou congréganistes des communes, dont les maires en auront fait la demande, un certain nombre de cartes murales du département, mais seulement en tant qu'elle réservait à la commission départementale le droit de faire la répartition.

P. de décret (A. G.), 6 mai 1891, Sarthe.

Les délibérations portant allocation de crédits pour des dépenses qui n'ont pas un caractère d'utilité départementale.

Par application de cette règle, a été déclarée nulle :

a) Une délibération portant allocation d'une somme pour faciliter la tenue, à Marseille, d'un congrès des conseils d'arrondissement;

P. de décret (A. G.) 4 février 1897, Bouches-du-Rhône.

b) La délibération portant allocation d'une somme pour secourir des grévistes; cette délibération constitue, à raison des circonstances dans lesquelles elle est intervenue, une intervention dans un conflit entre patrons et ouvriers;

P. de décret (A. G.), 4 février 1897, Bouches-du-Rhône. — P. de décret (A. G.), 29 juillet 1897, Hérault.

c) La délibération par laquelle un Conseil général inscrit au budget départemental un crédit pour remboursement des frais de déplacement et de séjour de ses membres.

P. de décret (A. G.), 20 février 1896, Bouches-du-Rhône.

La délibération par laquelle une commission départementale déclare s'approprier une circulaire envoyée par certains de ses membres aux maires du département pour inviter les conseils municipaux à délibérer sur le relèvement des taxes douanières, les conseils municipaux ne pouvant être légalement saisis d'une pareille question que par le Gouvernement.

P. de décret (A. G.), 30 avril 1885, commission départementale de la Loire-Inférieure.

La délibération par laquelle un Conseil général a décidé que la valeur des centimes additionnels départementaux serait déterminée d'après le principal afférent à chaque arrondissement sur des bases différentes de celles qui étaient inscrites aux rôles de 1890. Si aux termes de la loi du 10 août 1871, le Conseil général a qualité pour répartir les contributions directes entre chacun des arrondissements et pour voter, dans les limites fixées par les lois, les centimes additionnels départementaux tant ordinaires qu'extraordinaires, il ne lui appartient pas de fixer les bases du calcul ou de l'assiette de ces centimes. Dès lors en déterminant les bases de la perception des centimes départementaux contrairement aux dispositions formelles de l'article 26 de la loi du 8 août 1890, le Conseil général a usurpé sur le pouvoir législatif et statué sur un objet qui n'est pas compris dans ses attributions légales.

P. de décret (A. G.), 8 décembre 1892, Aude.

La délibération par laquelle un Conseil général a réparti, en 1896, entre les divers arrondissements, le montant du principal de 1890 destiné à servir de base au calcul des centimes départementaux sur la contribution foncière des propriétés bâties et non bâties. Si, d'après la loi du 10 août 1871, le Conseil général a qualité pour répartir le principal des contributions directes, tel qu'il est annuellement fixé par la loi de finances, il résulte des termes de l'article 26 de la loi du 8 août 1890 qu'il ne lui appartient pas, jusqu'à ce qu'il en ait été autrement ordonné par une disposition législative spéciale, de modifier chaque année la base de répartition des centimes départementaux adoptée en 1890.

P. de décret (A. G.), 30 décembre 1896, Aude.

§ 2 : APPLICATION DE L'ARTICLE 47 DE LA LOI DU 10 AOUT 1871.

Il n'est pas nécessaire que la notification du recours prescrite par l'article 47 indique les motifs sur lesquels il est fondé. La même notification peut viser en bloc plusieurs délibérations.

Ainsi décidé par suite du rejet d'une double fin de non-recevoir opposée au recours du Préfet et tirée de ce que : 1° la notification ne faisait pas connaître les motifs pour lesquels les délibérations étaient attaquées ; 2° la notification au lieu d'être faite séparément, visait plusieurs délibérations.

P. de décret (A. G.), 18 novembre 1884, Hérault.

Il y a lieu d'annuler comme entachées d'excès de pouvoir (1) :

a) La délibération par laquelle un Conseil général s'est réservé pour lui-même ou a délégué à la commission départementale le droit de répartir un crédit pour « secours aux instituteurs ». Aucune loi n'a donné aux Conseils généraux le pouvoir de statuer sur les besoins et les mérites des fonctionnaires et agents de l'administration. En s'attribuant une mission qui n'appartient qu'au Préfet, le Conseil général a commis un excès de pouvoir ;

P. de décret (A. G.), 30 octobre 1879, Maine-et-Loire.

b) La délibération décidant que le crédit inscrit au budget départemental pour secours individuels en cas d'extrême misère serait distribué sur la proposition du Préfet après avis conforme de la commission départementale. L'article 81 de la loi du 10 août 1871 n'est pas applicable aux secours de cette nature et la répartition doit être faite par le Préfet. D'autre part, obliger le Préfet à obtenir l'avis préalable et conforme de la commission départementale équivaudrait à remettre à celle-ci la répartition directe ;

P. de décret (A. G.), 3 novembre 1881, Vendée (2).

c) La délibération par laquelle un Conseil général décide qu'il sera procédé immédiatement au remplacement de la commission départementale par le motif que celle-ci n'a admis que les chemins ruraux reconnus dans la répartition des crédits inscrits au budget

---

(1) Ces délibérations seraient aujourd'hui déclarées nulles par application de l'article 33. En effet, le Conseil d'Etat a décidé postérieurement que les délibérations déléguant à la commission départementale le soin de répartir le crédit pour « secours individuels » devaient être annulées par application de l'article 33, comme portant sur un objet qui n'est pas légalement compris dans les attributions des Conseils généraux.

P. de décret (A. G.), 9 février 1882, Loire-Inférieure. — Plusieurs décisions conformes.

(2) Voir dans le même sens : P. de décrets (A. G.), 4 novembre 1873, Rhône 5 mars 1874, Pyrénées-Orientales.

départemental au titre de subventions aux chemins ruraux. La commission départementale a pu légalement, en l'absence de décision contraire du Conseil général, procéder de la sorte;

P. de décret (A. G.), 8 juillet 1897, Gers.

d) La délibération par laquelle un Conseil général délègue à un tiers la répartition d'un crédit inscrit au budget départemental;

Ainsi décidé à l'occasion d'une délibération portant vote d'une allocation à l'évêque pour subventions aux écoles libres du département;

P. de décret (A. G.), 6 novembre 1879, Nièvre (1).

e) La délibération par laquelle un Conseil général s'attribue le droit de nommer la majorité des membres de la commission administrative d'un asile départemental ou subordonne à l'avis conforme de cette commission l'admission et le renvoi des pensionnaires.

P. de décret (A. G.), 3 avril 1884, Aude.

Il y a lieu d'annuler comme prises en violation de la loi:

Les délibérations par lesquelles un Conseil général statue sur une affaire qui n'a pas fait l'objet d'une instruction préalable par le Préfet (violation de l'art. 3 de la loi du 10 août 1871).

Par application de ce qui précède ont été annulées:

a) Une délibération décidant, malgré la demande d'ajournement formulée par le Préfet, la remise du service vicinal à l'administration des ponts et chaussées, sans que la proposition sur laquelle ce vote a été émis ait pu être l'objet d'une instruction préalable par les soins du Préfet;

P. de décret (A. G.), 10 mars 1881, Corse. — P. de décret (A. G.), 3 novembre 1881, Tarn.

---

(1) Le Conseil général de la Nièvre avait voté 5.000 francs à l'évêque pour les écoles libres du département en décidant que cette allocation devrait profiter à deux de ces écoles spécialement désignées jusqu'à concurrence d'une somme déterminée. Le Conseil d'Etat, considérant que cette disposition finale constituait une répartition partielle opérée par le Conseil général lui-même, adopta un dispositif portant que cette délibération était maintenue en la partie qui concerne les deux allocations attribuées à des écoles déterminées, et annulée pour le surplus. — Nous ajouterons qu'une pareille délibération devrait être annulée pour le tout aujourd'hui; sous l'empire de la loi du 30 octobre 1886, les Conseils généraux ne peuvent, sans excéder leurs pouvoirs et violer la loi, voter une subvention en faveur d'une école primaire privée.

Voir, P. de décret (A. G.), 8 novembre 1888, Morbihan. — Nombreuses décisions conformes.

b) Des délibérations portant répartition de fonds de subvention entre diverses communes du département sans qu'aucune demande de subvention ait été adressée au Préfet par les communes intéressées;

Projets de décrets (A. G.), 18 juillet 1895, Corse.

c) Une délibération portant concession de lignes de chemins de fer d'intérêt local sur un projet nouveau présenté en cours de session et différant sensiblement des projets qui avaient été primitivement soumis à l'administration et instruits par elle (1);

P. de décret (A. G.), 24 juin 1880, Meuse.

d) Mais il a été décidé que la délibération par laquelle un Conseil général avait réduit les crédits du service vicinal d'une somme équivalente au traitement de l'agent voyer en chef, par le motif que ce poste pouvait être considéré comme inutile, ne devait pas être annulée en vertu de l'article 47 comme prise en violation de l'article 3, attendu que le Préfet, en préparant le budget départemental où figure la somme sur laquelle porte la réduction opérée par le Conseil général, avait usé du droit d'instruction que lui confère cet article;

Avis (A. G.), 25 novembre 1886, Nièvre.

e) La délibération portant classement d'un chemin vicinal sans que les formalités légales aient été remplies (violation des lois des 21 mai 1836, art. 6, et 10 août 1871, art. 46, 7°);

P. de décret (A. G.), 26 novembre 1882, Manche.

f) La délibération par laquelle un Conseil général après avoir, au cours d'une session, homologué régulièrement et définitivement de nouveaux plans d'alignements d'un chemin de grande communication dans la traverse d'une commune, décide à la session suivante, sur la proposition d'un de ses membres, que les anciens plans seront maintenus. Ce vote a pour conséquence de modifier les droits et obligations résultant pour les particuliers de la première délibération; il constitue dès lors une décision

(1) Voir dans le même sens: P. de décret (A. G.), 14 janvier 1875, Isère.

nouvelle, qui ne peut intervenir qu'après l'accomplissement des formalités réglementaires (violation de l'art. 10 de la loi du 28 juillet 1824);

P. de décret (A. G.), 22 octobre 1891, Vienne.

g) La délibération d'une commission départementale désignant les membres appelés à former le jury d'examen pour les candidats aux bourses entretenues par le département dans les établissements publics ou libres (violation du décret du 19 janvier 1881).

P. de décret (A. G.), 4 août 1881, Maine-et-Loire.

La délibération contenant un vote de subventions en faveur d'établissements d'enseignement primaire privés. La loi du 30 octobre 1886 ne reconnaît que deux groupes d'écoles primaires : les écoles publiques fondées et entretenues par l'État, les départements et les communes; les écoles privées fondées et entretenues par les particuliers et les associations. La délibération précitée aurait pour conséquence de constituer un troisième groupe d'écoles fondées et entretenues par les départements, les associations et les particuliers avec la mission expresse de faire échec aux intentions du législateur.

Par application de ce qui précède ont été annulées (1):

a) Une délibération votant un crédit pour subventions à des écoles privées à désigner par la commission départementale ;

P. de décret (A. G.), 8 novembre 1888, Morbihan. — P. de décret (A. G.), 31 octobre 1889, Gers (2).

b) Une délibération votant une subvention à un institut de frères qui dirige et entretient dans le département un certain nombre d'écoles privées ;

P. de décret (A. G.), 7 novembre 1889, Vendée. — P. de décret (A. G.),30 octobre 890, Loire-Inférieure. — P. de décret (A. G.), 22 octobre 1891, Loire-Inférieure.

---

(1) L'annulation de ces diverses délibérations a été prononcée tout à la fois pour violation de la loi et pour excès de pouvoir.

2) Le Conseil général du Gers prétendait qu'il y avait lieu de distinguer entre la fondation, l'entretien et la subvention — l'allocation de secours de peu d'importance et non périodiques ne lui paraissant pas constituer une atteinte à la loi. Mais le Conseil d'Etat repoussa cette distinction.

c) Une délibération votant une subvention pour fournitures d'imprimés aux écoles libres;

P. de décret (A. G.), 23 octobre 1890, Côtes-du-Nord.

d) Il a été également décidé qu'une délibération votant une subvention pour fournitures de livres aux élèves indigents des écoles publiques et privées du département devait être annulée lorsque le mode de répartition adopté constitue une subvention indirecte au profit des écoles privées;

P. de décret (A. G.), 31 octobre 1889, Ille-et-Vilaine (1).

e) La délibération portant vote d'une indemnité en faveur de l'évêque peut être annulée, lorsqu'il résulte soit de la discussion, soit des circonstances qui ont précédé le vote, que l'évêque est une personne interposée, et qu'en lui allouant une prétendue indemnité, le Conseil général a voulu subventionner indirectement les écoles privées;

P. de décrets (A. G.), 24 octobre 1889 et 30 octobre 1890, Morbihan.

f) La délibération par laquelle un Conseil général vote la création, au moyen de ressources léguées dans ce but au département par un particulier, d'une ferme école donnant, avec l'enseignement agricole, un complément d'enseignement primaire, et décide que cette ferme école sera desservie par une congrégation religieuse d'hommes: cette délibération a été prise en violation de l'article 17 de la loi du 30 octobre 1886, qui impose la laïcité du personnel enseignant.

P. de décret (A. G.), 23 novembre 1897, Maine-et-Loire.

Les délibérations établissant des sections électorales contrairement aux prescriptions des articles 11 et 12 de la loi du 5 avril 1884 (2).

---

(1) Le Conseil général avait décidé que la subvention votée devait être répartie par moitié entre les écoles publiques et les écoles privées. Le Conseil d'État a pensé qu'en raison du plus grand nombre d'élèves à secourir dans les écoles publiques la somme réservée aux écoles privées constituait en leur faveur une subvention indirecte.

2) Il a paru inutile de relever les décisions antérieures à la loi du 5 avril 1884, ces décisions ayant perdu leur intérêt en présence des règles nouvelles édictées sur la matière par la loi précitée.

Il y a lieu d'annuler comme prises en violation de ces articles :

a) La délibération divisant une commune en sections électorales, alors que la proposition de sectionnement présentée à la session d'avril et soumise à l'instruction réglementaire n'indiquait ni le nombre de sections à établir, ni leurs lignes séparatives ;

P. de décret (A. G.), 29 octobre 1891, Indre.

b) La délibération par laquelle un Conseil général a opéré, dans une commune comptant une population agglomérée supérieure à 10.000 habitants, un sectionnement qui comporte nécessairement l'élection dans une des sections d'un nombre de conseillers inférieur à quatre ;

P. de décret (A. G.), 7 novembre 1895, Côtes-du-Nord, commune de Saint-Brieuc.

c) La délibération maintenant, pour une commune comptant plusieurs agglomérations d'habitants, un sectionnement devenu irrégulier par le motif que le nombre des électeurs inscrits dans l'une des sections a diminué et n'est plus suffisant pour donner droit au minimum de deux conseillers exigé par la loi ;

P. de décret (A. G.), 28 octobre 1897, Lot.

d) La délibération divisant en deux sections électorales une commune dont la population n'excède pas 10.000 habitants et qui ne renferme qu'une seule agglomération ;

P. de décret (A. G.), 18 novembre 1884, Hérault, commune de Boisseron.

e) La délibération divisant en deux sections électorales composées : la première, de la partie du bourg située sur la rive gauche d'un cours d'eau, la seconde, de l'autre partie du bourg et des habitations éparses, une commune qui ne contient d'autre agglomération que le bourg chef-lieu situé sur les deux rives du cours d'eau ;

P. de décret (A. G.), 18 novembre 1884, Hérault, commune de Servian.

f) La délibération divisant en deux sections électorales une commune dans laquelle il n'existe en dehors de l'agglomération que des groupes épars d'habitations qui ne sauraient être considérés comme des agglomérations au sens de la loi.

P. de décret, 10 novembre 1887, Hérault, commune des Plans.

On ne saurait considérer comme constituant une agglomération distincte au sens de la loi du 5 avril 1884 :

a) Un séminaire renfermant un certain nombre d'électeurs ;

P. de décret (A. G.), 13 novembre 1884, Vaucluse, commune de Saint-Didier.

b) Une colonie agricole ;

P. de décret (A. G.), 10 novembre 1887, Rhône, commune de Brignais.

c) Un hameau composé de 34 habitants ;

P. de décret (A. G.), 3 novembre 1887, Hérault, commune de Castries.

d) Un château comptant 36 habitants et 16 électeurs ;

P. de décret (A. G.), 20 octobre 1887, Hérault, commune de Montagnac.

e) Un faubourg qui n'est séparé de l'agglomération que par la rivière.

P. de décret (A. G.), 27 octobre 1887, Landes, commune de Saint-Sever.

La délibération doit être également annulée :

a) Lorsque les sections établies par le Conseil général, au lieu de former des circonscriptions d'un seul tenant et conformes à la situation des lieux, sont enclavées l'une dans l'autre et ne sont pas formées de territoires contigus ;

P. de décret (A. G.), 13 novembre 1884, Bouches-du-Rhône, commune de Barbentane.

b) Lorsqu'une partie de la première section est totalement enclavée dans le territoire de la seconde ;

P. de décret (A. G.), 13 novembre 1884, Bouches-du-Rhône, commune de Boulbon. — P. de décret (A. G.), 4 novembre 1886, Hérault, commune de Ceyras.

c) Lorsque la ligne de division établie par le sectionnement, au lieu de respecter la limite naturelle des agglomérations, coupe l'une d'elles en deux ;

P. de décret (A. G.), 30 octobre 1890, Loire-Inférieure, commune de Bouguenais.

d) Lorsque dans une commune divisée en deux sections, une partie du territoire de la première section est séparée de la seconde et que l'agglomération du chef-lieu a été elle-même divisée en deux parties, dont l'une forme la première section et dont l'autre a été attribuée à la deuxième section;

P. de décret (A. G.), 10 novembre 1887, Hérault, commune de Saint-Bauzille.

e) Lorsque la ligne séparative des deux sections a été tracée de façon à ce que les agglomérations distinctes et séparées soient toutes comprises en totalité ou en partie dans une des sections, l'autre ne renfermant que des groupes d'habitations éparses;

P. de décret (A.G.), 10 novembre 1887, Hérault, commune de Vailhan.

f) Lorsque des deux hameaux qui doivent composer une section, le premier est situé dans une partie du territoire de la commune, le second dans une autre partie, et sont séparés par deux autres hameaux qui formeraient la seconde section;

P. de décret (A. G.), 18 novembre 1884, Hérault, commune de Dio-et-Valquières.

g) Lorsque le Conseil général a divisé en trois sections électorales une commune qui ne contient que deux agglomérations;

P. de décret (A. G.), 13 novembre 1884, Vaucluse, commune de Monteux (1).

h) Lorsque le sectionnement n'est pas suffisamment précis et ne permet pas au Préfet de déterminer le nombre de conseillers municipaux qui doit être attribué à chaque section.

P. de décret (A.G.), 31 octobre 1895, Loire-Inférieure, commune de Chantenay-sur-Loire.

Il y a lieu d'annuler la délibération établissant un sectionnement différant essentiellement du projet qui a été mis à l'enquête.

A été annulée, par application de cette règle, une délibération divisant une commune en cinq sections, alors que la demande de sectionnement présentée à la session d'avril divisait cette commune en six sections électorales et que l'enquête avait porté exclusivement sur ce projet.

P. de décret (A. G.), 30 octobre 1890, Mayenne, commune de Laval.

---

(1) La délibération n'a été annulée qu'en tant qu'elle portait sur la création de la troisième section.

L'annulation de la délibération du Conseil général qui maintient un sectionnement antérieur irrégulier et devenu définitif, mais qui avait été remis en question par le conseil municipal, a pour effet de faire tomber ce sectionnement.

P. de décret (A. G.), 28 octobre 1897, Hérault, commune de Montagnac.

On ne saurait annuler, en vertu de l'article 47 de la loi du 10 août 1871, les délibérations des Conseils généraux relatives aux baux pour le casernement de la gendarmerie, pour ce motif que les délibérations précitées, étant soumises à l'approbation du Ministre de la Guerre, n'ont pas le caractère définitif.

Avis (A. G.), 10 janvier 1895, Corse.

§ 3 : FORME DE L'ANNULATION

Il n'y a pas lieu d'insérer dans les projets de décret d'annulation une disposition ordonnant l'inscription du décret en marge de la délibération annulée. Une telle mesure se rattache à l'exécution du décret à laquelle le Ministre de l'Intérieur est spécialement chargé de pourvoir, et il n'est pas besoin de l'y autoriser par une disposition spéciale.

Note (A. G.), 14 juin 1883, Constantine.

CHAPITRE SECOND

DÉPENSES OBLIGATOIRES. — INSCRIPTION D'OFFICE

(Loi du 10 août 1871.)

Le casernement ordinaire de la gendarmerie, mis par la loi du 10 août 1871 au nombre des dépenses obligatoires des départements, ne comprend que l'indemnité de literie attribuée aux militaires nouvellement admis dans la gendarmerie ; par suite l'indemnité de literie allouée indistinctement à tous les hommes détachés comme force supplétive doit être rangée parmi les dépenses que le Conseil général a la faculté d'inscrire au sous-chapitre XIII du budget départemental, s'il le juge convenable (1).

Avis (A. G.), 29 novembre 1888.

En cas d'interruption d'exploitation d'un chemin de fer d'intérêt local, les départements intéressés ne sont pas tenus, en droit, de prendre les mesures pour assurer provisoirement le service et, par suite, les avances nécessaires à l'organisation de ce service ne sauraient être regardées comme une dépense obligatoire au sens de l'article 61 de la loi du 10 août 1871.

Avis (A. G.), 13 décembre 1888.

Ne saurait être établie, au cours d'une année, une imposition d'office destinée à accroître les recettes du budget départemental de l'année précédente.

P. de décret et note (A. G.), 10 avril 1897, Constantine et Oran.

Peuvent être inscrits d'office au budget départemental les frais de bureau de l'inspection académique et la fourniture des imprimés obligatoires à l'usage des délégations cantonales et de l'administration académique.

P. de décret (A. G.), 9 janvier 1890, Gers. — P. de décret et note (A. G.), 9 janvier 1890, Morbihan.

---

(1) Le Conseil d'État, par un avis du 11 mars 1875, avait décidé que le casernement mis par la loi du 10 août 1871 à la charge des départements comprend l'indemnité de literie à payer aux militaires nouvellement admis dans la gendarmerie.

Le Gouvernement a le droit d'intervenir par voie d'inscription d'office, pour maintenir le crédit destiné à pourvoir à une dépense obligatoire, lorsque le Conseil général, sans contester le caractère obligatoire de la dépense, a cru devoir en réduire le montant.

P. de décret (A. G.), 3 mars 1892, département d'Alger.

Les départements sont tenus d'installer, même dans les écoles normales comptant moins de soixante élèves, un logement destiné, soit à l'économe titulaire, soit au professeur chargé de l'économat, et il appartient au Gouvernement, dans le cas où un Conseil général refuserait de pourvoir à cette dépense, de l'inscrire d'office au budget départemental et d'établir, le cas échéant, une imposition d'office sur le département, conformément aux dispositions de l'article 61 de la loi du 10 août 1871.

Mais aucune disposition de loi n'oblige les départements à allouer aux fonctionnaires de l'économat, à défaut de logement, une indemnité représentative ; cette dépense ne saurait, dès lors, être considérée comme obligatoire et comme pouvant donner lieu à une inscription d'office au budget départemental.

Avis (A. G.), 4 juin 1891.

Bien que le service d'assistance médicale gratuite ait le caractère départemental, cependant ne peuvent être inscrites d'office au budget du département que les dépenses spécialement mises à sa charge par la loi du 15 juillet 1893.

P. de décret et note (A. G.), 3 décembre 1896, Mayenne.

Une loi ayant mis à la charge de plusieurs départements un contingent collectif dans une catégorie de dépenses, sans indiquer les bases de répartition de ce contingent entre eux, il est impossible, en pareil cas, d'opérer des inscriptions d'office. Mais il appartient au Gouvernement de déterminer lui-même, au préalable, et par décret, les bases de répartition.

Avis (A. G.), 22 octobre 1896, Constantine et Oran.

Certains décrets tendant à l'inscription d'office ont été adoptés dans la forme suivante : *la somme de   nécessaire au paiement de   sera prélevée sur le crédit de inscrit au budget pour dépenses imprévues.*

P. de décret (A. G.), 6 mars 1884, Oran.

Mais cette rédaction n'a pas été maintenue. Le Conseil d'État a pensé qu'il était indispensable d'insérer en premier lieu un article portant que la dépense sera inscrite d'office, et, dans un second article, d'établir l'imposition nécessaire au paiement de la dépense, pour le cas où le Conseil général n'y pourvoirait pas. L'inscription d'office n'a pas en effet pour conséquence forcée l'imposition d'une contribution spéciale, et, avant de recourir à cette mesure coercitive, il convient de laisser au Conseil général la faculté de voter les fonds destinés à acquitter la dépense. Le décret a été ainsi libellé :

ARTICLE PREMIER. — *La somme de* etc. *sera inscrite d'office au budget...*

ART. 2. — *Faute par le Conseil général de voter les fonds nécessaires à l'acquittement de cette dépense, il y sera pourvu par une contribution spéciale de* (si la contribution spéciale est dans le maximum de la loi de finances) *ou par une contribution spéciale établie dans les formes prescrites par l'article 61 de la loi du 10 août 1871* (si elle excède ce maximum).

P. de décret et note (A. G.), 3 mars 1887, Oran. — P. de décret et note (A. G.), 29 novembre 1888, Haute-Savoie et Meurthe-et-Moselle. — P. de décret et note (A. G.), 9 janvier 1890, Morbihan. — P. de décret et note (A. G.), 3 décembre 1896, Mayenne.

CHAPITRE TROISIÈME

ÉTABLISSEMENTS ET SERVICES DÉPARTEMENTAUX

Asiles d'aliénés (1)

(Loi du 30 juin 1838).

La commission de surveillance des asiles départementaux d'aliénés de la Seine peut être autorisée à désigner deux administrateurs provisoires des biens des aliénés non interdits, dont l'un à titre de suppléant.

Avis (A. G.), 6 mars 1890.

Il n'y a pas lieu d'étendre, au moyen de dispositions analogues à celles de l'ordonnance du 28 juin 1833, le concours] des percepteurs au recouvrement des créances appartenant aux aliénés non interdits qui sont internés dans les asiles publics. Une pareille extension aurait le double inconvénient d'assimiler des opérations d'un ordre tout à fait différent et de faire sortir les percepteurs de leur mission qui consiste avant tout à recouvrer l'impôt. D'ailleurs, l'application stricte de l'article 31 de la loi du 30 juin 1838 est de nature à prévenir toute difficulté dans le recouvrement de ces créances. Cet article n'impose en effet au comptable de l'établissement d'autre obligation que celle de recevoir les deniers qui lui sont remis pour le compte de l'aliéné; c'est aux débiteurs qui veulent se libérer qu'il appartient de verser à la caisse du receveur, et de choisir le moyen qu'ils jugent le plus convenable pour réaliser ce versement.

Avis (S. réun. I. et F.), 29 octobre 1890.

---

(1) A cette matière se rattachent diverses questions sur lesquelles le Conseil d'État a été appelé à statuer à l'occasion d'un projet de décret portant création d'un receveur des asiles publics du département de la Seine (séance du 21 juin 1888).

La loi du 10 août 1871 a enlevé aux Préfets pour le conférer aux Conseils généraux le droit de fixer définitivement la quote-part des frais d'entretien des aliénés indigents à la charge des familles. Si, en vertu du décret du 25 mars 1852, § 22, le Préfet avait compétence pour accorder les dispenses de concours à l'entretien des aliénés réclamées par les familles, cette disposition doit être considérée comme abrogée par l'article 46, § 17 de la loi du 10 août 1871 qui a conféré au Conseil général le pouvoir de statuer « sur les recettes de toute nature et les dépenses des établissements d'aliénés appartenant au département. »

Avis, 23 février 1892.

Les communes n'étant tenues de concourir aux dépenses d'entretien des aliénés que lorsque les personnes placées ou leur famille n'ont pas de ressources ou n'ont que des ressources insuffisantes, il s'en suit que si un Conseil général fait remise à l'aliéné ou à sa famille reconnue solvable et dûment taxée, de la somme due à l'asile départemental, cette libéralité ne saurait imposer aucune charge à la commune, et les conséquences de cette mesure doivent être supportées exclusivement par le département à qui incombent principalement, en vertu de l'article premier de la loi du 30 juin 1838, les frais du service des aliénés.

Même avis.

Dépôts de mendicité (1)

(Décret du 5 juillet 1808).

En autorisant l'institution d'un dépôt de mendicité départemental, il y a lieu de décider que cet établissement sera assimilé, quant à son administration et à sa comptabilité, aux établissements départementaux d'aliénés.

P. de décret (A. G.), 9 avril 1884. Création d'un dépôt de mendicité à Saint-Sauveur, Isère. — P. de décret (A. G.), 27 mars 1886. Création d'un dépôt de mendicité à Besançon.

_____

(1) La question de savoir si les dépôts de mendicité institués en vertu du décret du 5 juillet 1808 constituent des personnes morales a été généralement résolue par les auteurs dans le sens de l'affirmative. Mais les récents décrets d'institution, en assimilant ces dépôts aux asiles d'aliénés, paraissent en faire de simples établissements départementaux sans personnalité propre.

Les fonctions de directeur d'un dépôt de mendicité et celles de
receveur économe peuvent être réunies ; en cas de réunion, il
convient de confier les fonctions d'ordonnateur non à un délégué
désigné par le Préfet, mais à un délégué désigné par la commission de surveillance de l'établissement.

P. de décret et note (A. G.), 20 décembre 1888. Dépôt de mendicité de Saint-
Sauveur (Isère).

Le décret autorisant l'institution d'un dépôt de mendicité ne
doit pas contenir la mention qu'un asile de vieillards y sera annexé.
En effet, si le Gouvernement doit, en vertu du décret du 5 juillet
1808, intervenir pour autoriser la création d'un dépôt de mendicité, le Conseil général puise dans la loi du 10 août 1871
(art. 46, § 20), le pouvoir d'établir lui-même un asile de vieillards
annexe.

P. de décret et note, 2 août 1897. Création d'un dépôt de mendicité à Cour-
ville.

Avant de statuer sur un projet de décret tendant à supprimer
un dépôt de mendicité, il convient : 1° de provoquer l'avis de la
commission de surveillance et du Préfet, relativement à la suppression proposée et à la dévolution éventuelle des biens de l'établissement à un autre établissement ; 2° de savoir quelles mesures
l'administration compte prendre à l'égard des reclus reçus dans
l'établissement qu'il s'agit de supprimer ; 3° de consulter le
Ministre de la Justice sur le projet de suppression, à raison des
conséquences qu'elle entraînerait au point de vue pénal (art. 274
du C. P.).

Note, 25 janvier 1882. Dépôt de mendicité de Nevers.

Assistance médicale gratuite.

Une contestation survenue entre deux départements au sujet
du remboursement des frais de traitement d'un malade privé de
ressources doit être portée devant le Conseil d'État statuant au
contentieux.

Avis, 16 mars 1897.

Caisse d'assurance.

Un Conseil général ne peut créer légalement une caisse départementale d'assurance contre l'incendie (1).

Avis (A. G.) 21 mai 1896, Oran.

---

(1) Le Conseil d'État a émis à ce sujet l'avis suivant :

Le Conseil d'État qui, sur le renvoi ordonné par le Ministre de l'Intérieur, a été consulté sur un projet de création d'une *Caisse départementale d'assurance contre l'incendie*.

Vu la dépêche du Ministre en date du 28 mars 1895, ensemble le projet de règlement d'une caisse départementale d'assurance contre l'incendie y annexé ;

Vu la loi du 10 août 1871 relative aux Conseils généraux ;

Considérant que, si les départements peuvent faire partie d'une société d'assurances mutuelles dans le but d'assurer les bâtiments départementaux, en exécution du § 14 de l'article 46 de la loi du 10 août 1871, la *Caisse départementale d'assurance contre l'incendie*, telle qu'elle est prévue par le projet de règlement susvisé, n'a aucun des caractères d'une société d'assurances mutuelles ; qu'en effet, cette caisse a pour objet d'assurer tout venant contre le risque de l'incendie, moyennant le payement des sommes ne variant que suivant le risque, et qui, sous le nom de « collectes », constituent de véritables primes d'assurances fixes ; que les indemnités qu'elle attribuerait aux sinistrés ne seraient soumises à aucune réduction en cas d'insuffisance de ses ressources, et que les bénéfices qu'elle recueillerait lui seraient entièrement acquis ;

Considérant, d'autre part, que si la dite caisse se propose de pourvoir aux dépenses d'un service municipal de secours en cas d'incendie, de venir en aide aux personnes victimes de leur dévouement, elle ne saurait être considérée comme une « institution départementale d'assistance publique » dans le sens du § 20 de l'article 46 de la loi du 10 août 1871 précité, puisqu'elle a pour but principal de réaliser des opérations d'assurances rémunérées par une prime ;

Considérant que de ce qui précède il résulte qu'un Conseil général ne pourrait se fonder sur aucune des dispositions précitées pour créer légalement une *Caisse départementale d'assurance contre l'incendie*, telle qu'elle est prévue par le règlement soumis à l'examen du Conseil d'État ;

Considérant que cette caisse constituerait, en réalité, un service d'assurances contre l'incendie aux risques et périls du département ; que la création d'une entreprise de cette nature est étrangère aux attributions légales des assemblées départementales ;

EST D'AVIS :

De répondre dans le sens des observations qui précèdent.

TITRE III

ORGANISATION ET FONCTIONNEMENT

DES COMMUNES ET SERVICES COMMUNAUX

CHAPITRE PREMIER

CIRCONSCRIPTIONS COMMUNALES

PREMIÈRE SECTION

Changement de circonscriptions.

§ 1er : MESURES D'INSTRUCTION (1)

(Loi du 5 avril 1884, art. 3 et 4.)

Lorsque l'enquête prescrite par la loi a été ordonnée par un arrêté du Sous-Préfet, l'instruction ainsi commencée est entachée d'irrégularité.

Avis, 13 février 1884, section de Saint-Palavy.

L'instruction doit faire connaître les modifications qu'entraîneront les changements de circonscriptions dans la situation financière des communes intéressées. Spécialement, lorsqu'il s'agit de la création d'une commune nouvelle, il doit être fourni un projet de budget approximatif de la commune à créer.

Note, 14 février 1882, sections de Vermelle et de Nivelas. — Note, 13 juillet 1886, commune de Chapdeuil-Saint-Just.

(1) La plupart des décisions rapportées dans le présent paragraphe ont été rendues sous le régime de la loi du 18 juillet 1837, mais la loi du 5 avril 1884 n'a pas modifié sur ces points les règles de la législation antérieure.

Il y a lieu également de rechercher quelles seront les conséquences de la séparation au point de vue scolaire, et de consulter,
dans ce but, l'administration de l'instruction publique.

Note, 5 décembre 1882, commune de Villeperdrix.

Lorsqu'au cours de l'instruction et depuis l'enquête un projet
a été modifié, et que des agglomérations, qui, d'après le nouveau
projet, restent en dehors de l'annexion ou de la distraction, ont
pris part à la nomination de la commission syndicale, il y a lieu
de procéder à une nouvelle enquête et à la nomination d'une nouvelle commission.

Note, 24 mai 1890, communes de Montaigu et de Saint-Hilaire-de-Loulay.

§ 2 : CIRCONSTANCES DE NATURE A MOTIVER LES CHANGEMENTS DE CIRCONSCRIPTIONS

A. — *Création de communes.*
(Loi du 5 avril 1884, art. 5.)

Les créations de communes nouvelles ne doivent être autorisées
que dans les cas de nécessité impérieuse. Il importe, en effet, de
s'opposer à un fractionnement excessif des agglomérations communales qui présente le double inconvénient d'augmenter les
charges des contribuables et de préjudicier à la bonne administration des communes.

Avis (A. G.), 12 février 1880, commune de la Tour-en-Jarret. — Avis (A. G.),
10 février 1881, section d'Ussel. — Avis (A. G.), 12 décembre 1889, section de
Villedaigne.

La division d'une commune en deux communes distinctes peut
être motivée :

Par un antagonisme persistant entre deux sections de cette
commune, mettant obstacle à la bonne gestion de leurs intérêts ;

Plusieurs décisions en ce sens, notamment: P. de loi (A. G.), 12 mars 1885,
commune de Sainte-Foy-lès-Lyon. — P. de loi (A. G.), 3 mai 1888, section de
Cerbère.

Par la circonstance que la commune se compose de deux agglomérations séparées par des enclaves dépendant d'autres communes ;

P. de loi (A. G.), 5 novembre 1885, commune de Lucé.

Par les difficultés de communications entre deux sections ;

Nombreuses décisions en ce sens, notamment: P. de loi (A. G.), 30 juillet 1885 section de Pont-Trambouze. — P. de loi (A. G.), 10 mars 1887, section de Sainte-Croix.

Par le fait que l'une des agglomérations a un caractère urbain, tandis que l'autre est essentiellement rurale.

P. de loi (A. G.), 3 décembre 1885, commune de Saint-Céré. — P. de loi (A. G.), 29 juillet 1886, section de Saint-Fons.

L'accord intervenu entre une municipalité et la commission syndicale d'une section, qui demande à former une commune distincte, ne saurait constituer une raison suffisante pour justifier la création d'une nouvelle commune.

Avis (A. G.), 28 janvier 1897. — Commune d'Eauze.

Il n'y a pas lieu d'ériger en commune distincte une section peuplée de moins de 500 habitants, ne possédant aucun revenu; où la valeur du centime est très faible, bien qu'elle soit très éloignée du chef-lieu, alors surtout que les inconvénients qui résultent de la distance sont considérablement atténués par ce fait qu'une église et une école existent sur son territoire.

Avis (A. G.), 15 décembre 1881, commune d'Ytrac.

B. — *Réunion de communes.*
(Loi du 5 avril 1884, art. 6.)

La réunion de deux communes en une seule doit être prononcée lorsqu'elle a pour but de mettre fin aux inconvénients qui résultent tant au point de vue administratif qu'au point de vue financier de l'existence séparée de communes d'une trop faible importance.

Nombreuses décisions en ce sens, notamment: P. de décret (A. G.), 8 décembre 1887, communes de Lagremuse et du Chaffaut.

N'a pas paru suffisamment justifiée la suppression, par voie de réunion, d'une commune qui possède le nombre d'électeurs nécessaire pour constituer régulièrement un conseil municipal, dont le territoire et les ressources sont suffisants pour subvenir aux besoins de la vie communale, et qui, grâce à ses excédents de recettes, a les moyens de faire face aux éventualités imprévues.

Avis, 15 novembre 1882, commune de Bricot-la-Ville.

Un projet de réunion d'une commune à une autre a été également rejeté par ce motif que le passif de l'une était de beaucoup supérieur au passif de l'autre.

Avis (A. G.), 22 juillet 1886, communes d'Aubigny-Ville et d'Aubigny-Village.

C. — *Modification de limites.*
(Loi du 5 avril 1884, art 6.)

D'une manière générale, il y a lieu d'examiner, quand il s'agit d'une modification de limites entre communes, la distance qui sépare des chefs-lieux des communes intéressées le hameau à distraire, les facilités plus ou moins grandes des communications et le caractère naturel ou artificiel des limites des circonscriptions.

Avis (A. G.), 24 février 1881, communes de Carsac et de Solignac.

En conséquence, la modification de limites entre communes peut être justifiée par l'intérêt qu'il y a notamment :

A substituer une limite naturelle à une limite arbitraire ;

P. de loi (A. G.), 8 novembre 1888, communes de Lyon et de Villeurbanne.

A supprimer une enclave, alors surtout que les propriétés qu'elle comprend appartiennent presque toutes aux habitants de la commune dans laquelle elles sont enclavées et que d'ailleurs elles sont très rapprochées du chef-lieu de cette commune ;

P. de loi (A. G.), 8 mars 1888, communes de Lisse et de Bassuet.

A réunir à une commune une section qui est en relations continuelles avec elle et qui est d'ailleurs beaucoup plus rapprochée du chef-lieu de cette commune que de celui dont elle dépend ;

Nombreuses décisions en ce sens, notamment: P. de décret (A. G.), 30 avril 1885, communes de Gueltas, de Saint-Gérand et de Saint-Gonnery.

A réunir à une ville, où un port est établi, des parcelles dépendant de communes suburbaines, et sur lesquelles ont été créés des établissements accessoires de ce port, tels que des formes de radoub, des bassins à pétrole et à bois ;

P. de loi (A. G.), 23 février 1888, commune de Rouen.

À réunir à une ville des agglomérations qui touchent à cette ville et sont éloignées du chef-lieu de la commune dont elles dépendent. Le maintien de cette situation a pour inconvénient de permettre à ces agglomérations de profiter du voisinage de la ville sans participer à ses charges, de rendre l'exercice de la police plus difficile et d'être une source de conflits entre les deux municipalités.

P. de décret (A. G.), 30 avril 1885, communes de Bressuire, de Terves et de Saint-Porchaire. — P. de décret (A. G.), 28 juillet 1887, communes de Châlons-sur-Marne et de Fagnières.

Une modification de limites peut être fondée sur la circonstance que le lit d'un fleuve qui séparait jadis les deux communes a subi un déplacement naturel ou artificiel.

P. de décret (A. G.), 3 avril 1884, communes d'Anzin et de Valenciennes. — P. de décret (A. G.), 6 octobre 1887, communes de Firminy et de Fraises. — P. de loi (A. G.), 21 mars 1889, communes de Domme et de Carsac.

Des motifs d'intérêt purement financier ne sont pas de nature à justifier l'extension d'une circonscription communale aux dépens d'une autre commune, alors surtout que le conseil municipal de cette commune et la commission représentant les habitants de la partie distraite déclarent protester contre cette modification.

Avis (A. G.), 25 février 1897, commune de Plœmeur.

L'intérêt que peut avoir une commune à annexer à son territoire la gare du chemin de fer ne saurait suffire à justifier une modification de limites.

Avis (A. G.), 6 mars 1890, communes de la Haye-du-Puits, de Montgardon et de Saint-Symphorien.

Toutefois il peut y avoir lieu de réunir à une ville le territoire sur lequel est située la gare qui la dessert et qui en porte le nom, lorsque la ville ne peut s'étendre que dans la direction de cette gare, et qu'il s'est formé aux alentours de celle-ci des agglomérations nouvelles dont l'existence rend difficiles la surveillance de l'octroi et la répression de la fraude.

P. de décret (A. G.), 13 mai 1885, communes des Hameaux, de Thouars et autres.

Même solution, lorsque la gare située sur le territoire d'une autre commune est très éloignée du chef-lieu de celle-ci, et que par suite de cet éloignement l'autorité municipale ne peut facilement en surveiller les abords.

P. de décret (A. G.), 29 janvier 1891, communes de Montaigu et Saint-Hilaire-de-Loulay.

En l'absence de circonstances exceptionnelles il y a lieu de rejeter une modification qui aurait pour effet d'augmenter notablement les charges des contribuables.

Avis (A. G.), 26 juillet 1883, communes de Breuillet et de Mornac. — Avis, même date, communes de Marennes et de Chaponnay.

§ 3 : CONDITIONS ET CONSÉQUENCES DES CHANGEMENTS DE CIRCONSCRIPTIONS
(Loi du 5 avril 1884, art. 7.)

A. — *Réserve des questions de propriété à la compétence judiciaire.*

Les questions de propriété relevant de la compétence de l'autorité judiciaire, il n'y a pas lieu de faire la répartition, même provisoire, d'une rente dont la propriété est litigieuse.

Note (A. G.), 5 novembre 1885, commune de Lucé.

Pour le même motif, il y a lieu de réserver aux intéressés leur recours devant l'autorité judiciaire pour se faire maintenir en possession des droits privatifs qui résulteraient des actes de fondation.

Note (A. G.), 3 décembre 1885, commune de Saint-Céré.

B. — *Partage des biens* (1).

a) Biens communaux. — Les conditions du partage des biens sont considérées comme des conséquences de la séparation qui, aux termes de l'article 7 de la loi municipale, doivent être déter-

---

(1) Il y a lieu de distinguer le partage qui est la conséquence d'un changement opéré dans la circonscription communale et celui qui serait la conséquence d'un état d'indivision existant entre deux communes ou sections de communes. Les solutions rapportées au texte ne concernent que les partages de la première catégorie.

minées par l'acte même qui prononce la distraction. Mais, tout en déterminant les conditions du partage, le projet de loi peut le subordonner à la demande qui en serait faite par l'une des communes.

Jurisprudence constante, voir notamment: P. de loi (A. G.), 29 juillet 1886, communes de Saint-Fons et de Vénissieux.

Si, aux termes des avis du Conseil d'État des 20 juillet 1807 et 12 avril 1808, les partages des biens communaux indivis doivent être faits en raison du nombre de feux de chaque commune, il a parfois été dérogé à cette règle ; ainsi, il a été admis, soit que les biens seront partagés par moitié entre chacune des nouvelles communes ;

P. de décret (A. G.), 26 juillet 1888, communes de Mazeau et de Saint-Sigismond.

Soit que les biens mobiliers seront attribués en totalité à l'une des communes ;

P. de loi (A. G.), 11 février 1886, communes de Clérimois, de Foissy et de Chigy.

Soit que les biens immobiliers appartiendront à la commune sur le territoire de laquelle ils se trouvent.

P. de loi (A. G.), 11 février 1886, communes des Clérimois, de Foissy et de Chigy. — P. de loi (A. G.), 19 mars 1891, communes de Lacam d'Ourcet et de Lentillac.

Dans ces derniers cas, il a été décidé parfois, pour compenser l'inégalité du partage, qu'une somme d'argent serait versée à la commune la moins favorisée.

P. de décret (A. G.), 9 août 1882, communes de Claix et de Pont-de-Claix.

b) *Biens des pauvres.* — Les biens des pauvres sont partagés proportionnellement à la population municipale des nouvelles communes, sous réserve des droits privatifs qui résulteraient d'actes de fondation.

Il en est ainsi que la commune démembrée ait ou non un bureau de bienfaisance.

Jurisprudence constante: P. de loi (A. G.), 3 mai 1888, communes de Glandon et de Saint-Yrieix. — P. de loi (A. G.), 20 juin 1889, communes de Crevin et de Poligné. — P. de décret et note (A. G.), 5 mars 1891, communes de Condat et de Monboudif.

Il en est de même des droits aux lits fondés dans un hospice.

P. de loi (A. G.), 29 juillet 1886, communes de Bourgneuf et de Vierzon-Village.

Il peut y avoir lieu d'opérer exceptionnellement le partage en tenant compte, non de la population municipale, mais bien du nombre de feux. — Ainsi décidé dans une espèce à raison de l'existence, sur le territoire de la nouvelle commune à créer, d'un hospice comptant une population de 3.400 personnes.

P. de loi et note (A. G.), 7 mai 1896. Érection en commune distincte de la section du Kremlin-Bicêtre.

Dans un projet de décret tendant à modifier les limites de deux communes, il peut y avoir lieu, en raison des circonstances de l'espèce, de décider que les bureaux de bienfaisance conserveront leurs biens actuels.

P. de décret et note (A. G.), 21 janvier 1892, communes de Valmondois, Joux-le-Comte et Nesles-la-Vallée.

c) *Biens de la caisse des écoles.* — Si en principe ces biens doivent être partagés proportionnellement à la population, il peut y avoir lieu, à raison des circonstances de l'espèce, d'opérer le partage proportionnellement au nombre de feux.

P. de loi et note (A. G.), 7 mai 1896. Érection en commune distincte de la section du Kremlin-Bicêtre.

C. — *Allocation d'indemnités pour les démembrements de territoire.*

Les divisions territoriales ayant été établies par la loi dans un but d'ordre public et de bonne administration, et les communes n'étant pas propriétaires des territoires compris dans leurs limites, la distraction d'une partie du territoire d'une commune ne saurait justifier l'allocation d'une indemnité. Il en est ainsi alors même que l'allocation de cette indemnité aurait obtenu l'assentiment des deux municipalités.

Avis (A. G.), 17 avril 1886, et note, 29 juin 1887, communes d'Armentières, d'Erquinghem-Lys et de la Chapelle-d'Armentières. — Note (A. G.), 8 mars 1888, communes de Lisse et de Bassuet. — P. de décret et note (A. G.), 3 décembre 1896, commune de Kérity.

Toutefois, en sens contraire, la diminution du rendement des impôts, résultant de la distraction, a été considérée comme de nature à justifier l'allocation d'une indemnité au profit de la commune démembrée:

P. de décret (A. G.), 9 avril 1884, communes de Grenoble et de Saint-Martin-le-Vinoux.

De même, le préjudice résultant de la perte du droit à la récolte du goémon pour une commune qui, par suite d'un changement de circonscription, cesse d'être riveraine de la mer, a paru de nature à justifier l'allocation d'une indemnité.

P. de décret (A. G.), 25 juillet 1889, communes de Saint-Léonard, d'Yport et de Criquebeuf.

En règle générale, il n'est pas dû d'indemnité à raison de la perte de propriété ou de jouissance des immeubles affectés à un usage ou à un service publics.

Note (A. G.), 11 février 1886, section des Clérimois.

Néanmoins, la distraction qui entraîne pour une commune la nécessité d'établir une école, un cimetière ou une église peut donner lieu à indemnité.

P. de décret (A. G.), 18 juillet 1889, communes de la Ferté-Bernard et autres.

De même, il peut y avoir lieu d'allouer une indemnité à une nouvelle commune pour la perte de jouissance des édifices publics qui demeurent la propriété des communes démembrées.

P. de décret (A. G.), 11 juin 1885, communes du Vésinet et autres.

D. — *Création d'un nouveau bureau de bienfaisance.*

Lorsqu'un projet de loi, soumis à l'examen du Conseil d'État, crée une nouvelle commune et qu'il résulte des pièces du dossier que cette nouvelle commune aura des ressources suffisantes pour le fonctionnement d'un bureau de bienfaisance, il y a lieu d'appeler l'attention du Gouvernement sur l'utilité qu'il y aurait à présenter, après le vote de la loi, un projet de décret portant création de ce dernier établissement.

P. de loi et note (A. G.), 30 janvier 1896, commune du Rejet-de-Beaulieu. — P. de loi et note (A. G.), 12 mars 1896, commune de Guipavas.

E. — *Mesures provisoires.*

Lorsque le cimetière d'une commune est situé dans la partie distraite, il convient d'insérer dans le décret une disposition auto_risant cette commune à faire inhumer ses morts dans ce cimetière jusqu'à ce qu'elle ait ouvert sur son territoire un nouveau lieu de sépulture.

P. de décret et note (A. G.), 18 juillet 1889, communes de la Ferté-Bernard et autres.

F. — *Règlement des dettes.*

Au cas de réunion de deux communes, le passif de chacune de ces communes doit être confondu, afin de sauvegarder le principe de l'unité du rôle de perception.

P. de décret et note (A. G.), 16 avril 1896, commune de Saint-Symphorien.

Dans le cas de division d'une commune en deux communes distinctes, chacune d'elles doit prendre à sa charge le remboursement des emprunts antérieurement contractés dans son intérêt exclusif.

Note (A. G.), 29 juillet 1886, section de Saint-Fons. — P. de loi et note (A. G.), 19 mars 1891, commune de Lentillac et section de Lacam-d'Ourcet.

Même solution lorsqu'une section est distraite d'une commune pour être rattachée à une autre.

P. de décret (A. G.), 9 juillet 1885, communes de Lay et de Régny. — P. de décret (A. G.), 28 juillet 1887, communes de Châlons et de Fagnières. — P. de loi et note (A. G.), 3 juillet 1890, communes de la Chaussère et de la Regrippière.

Lorsqu'il s'agit d'un emprunt contracté dans l'intérêt de la commune entière (par exemple, pour l'ensemble des chemins vicinaux de cette commune), il est juste de laisser à la charge du territoire détaché une quote-part de l'imposition destinée au remboursement de cet emprunt et la participation de chacune des parties détachées doit être établie au prorata des quatre contributions directes.

P. de loi et note (A. G.), 8 mars 1888, communes de Lisse et de Bassuet.

Il n'y a pas lieu de distinguer si les chemins vicinaux qui ont fait l'objet de l'emprunt sont situés sur le territoire de la section distraite ou sur le reste du territoire de la commune, quand ils intéressent la généralité des habitants de la commune démembrée.

P. de loi et note (A. G.), 3 juillet 1890, communes de la Chaussère et de la Regrippière.

La quote-part d'imposition à supporter par la section distraite dans le remboursement de l'emprunt contracté par la commune démembrée ne doit pas rester exclusivement à la charge de la section distraite, mais elle doit au contraire être supportée par la totalité de la commune à laquelle cette section est rattachée, dans le but de maintenir l'unité du rôle.

P. de décret et note (A. G.), 17 juillet 1890, communes de Liettres et de Rély.

G. — Modifications dans l'assiette des impôts perçus au profit de l'État.

Lorsque les conseils municipaux des communes qu'il s'agit de réunir n'ont consenti à la réunion qu'à la condition que les habitants et les propriétés seraient exonérés pendant un certain nombre d'années de tout surcroît de charges et d'impôts directs et indirects qui proviendraient de l'augmentation de population résultant de cette réunion, une disposition législative peut seule sanctionner la condition que les conseils municipaux ont mise à leur consentement. Par suite, c'est au législateur qu'il appartient de prononcer par un seul et même acte tant sur la réunion des deux communes que sur l'exonération des charges et des impôts résultant de l'augmentation de population.

Avis (A. G.), 3 juillet 1884, communes de Calais et de Saint-Pierre-lès-Calais

H. — Rédaction des décrets.

Les fractions de territoire, qui n'ont aucun des droits privatifs et spéciaux pouvant constituer une section de commune, doivent être qualifiées *portions de territoire* et non pas *sections de commune*.

Note (A. G.), 23 avril 1891, communes de Saint-Gibrien et de Matougues.

DEUXIÈME SECTION

Changements de chefs-lieux.
(Loi du 5 avril 1884, art. 6.)

En principe ne peut être accueillie une demande de changement de chef-lieu, alors que le chef-lieu est situé au centre de la commune et que sa translation aurait pour effet de le placer à l'extrême limite du territoire.

Avis, 21 juillet 1885, commune de Tassin-la-demi-Lune. — Avis, 7 janvier 1896, commune de Chaudebonne.

TROISIÈME SECTION

Changements de nom de communes.
(Loi du 5 avril 1884, art. 2 et 8.)

Le changement doit être autorisé lorsqu'il a pour objet d'éviter les confusions de noms similaires.

Avis, 14 novembre 1882, commune de Châtenoy-en-Bresse. — Avis, 26 mars 1884, commune d'Épeigné-les-Bois. — Avis, 6 octobre 1886, commune de Fénay, etc.

Le vœu du conseil municipal, en dehors de tout intérêt sérieux, ne suffit pas à autoriser un changement ou même une simple interversion dans le nom de la commune.

Note, 30 mars 1887, commune de Bécourt-Bécordel. — Avis, 30 octobre 1889, commune d'Olmet-Villecun.

Il n'y a pas lieu d'autoriser un changement de nom de commune dans un intérêt commercial, tel que celui de faciliter la vente des produits de la commune, alors que ce changement serait de nature à tromper les acheteurs.

Avis, 4 novembre 1884, commune de Chevagny-les-Chevrières. — Avis, 27 juillet 1887, commune de Gilly-les-Citeaux. — Note, 10 avril 1894, commune de Saint-Lager. — Avis, 13 juillet 1897, commune de Boncourt-le-Bois.

Toutes les fois qu'un changement de nom sollicité par une commune est de nature à porter atteinte aux intérêts d'autres communes, il y a lieu de consulter les habitants de ces dernières par voie d'enquête.

— Ainsi résolu dans une espèce où une commune demandait à porter le nom d'un vignoble renommé, dont une partie seulement était située sur son territoire.

P. de décret, 21 décembre 1893, commune de Saint-Léger.

Le fait du défrichement des bois et de la plantation de vignes sur le territoire d'une commune n'a pas paru de nature à justifier le changement d'une dénomination consacrée par un usage constant.

Avis, 26 mars 1884, commune d'Épeigné-les-Bois.

A été autorisé un changement de nom fondé sur l'avantage de mettre la dénomination de la commune plus en rapport avec les institutions actuelles.

P. de décret, 15 mars 1890. Changement du nom de la commune de Donzy-le-Royal en celui de Donzy-le-National.

Une commune peut être autorisée à faire entrer dans sa dénomination le nom d'un homme célèbre, né sur son territoire.

P. de décret, 19 février 1896. Changement du nom de la commune de Châtillon-sur-Loing en celui de Châtillon-Coligny.

La substitution des départements aux provinces n'est pas un motif suffisant pour ordonner la suppression du nom d'une ancienne province à la suite de celui d'une commune qui y est située.

Avis, 14 novembre 1882, commune de Châtenoy-en-Bresse.

Une commune peut même être autorisée, dans le but d'éviter des confusions, à ajouter à son nom celui d'une ancienne province dans laquelle elle est située.

P. de décret, 17 juin 1891, commune d'Aigrefeuille.

Mais il n'y a pas lieu d'autoriser une commune à ajouter à son nom celui du département auquel elle appartient. Ce dernier nom figurant habituellement dans les adresses, l'addition sollicitée n'aurait d'autre résultat que d'en amener la répétition.

Note, 19 juillet 1887, Haute-Vienne, commune de Mézières.

Lorsque le service des postes a par erreur modifié l'orthographe véritable du nom d'une commune, ce n'est pas en recourant à un changement de nom que la commune peut remédier à cet inconvénient; il appartient au Ministre de l'Intérieur d'appeler l'attention de l'administration des postes sur l'erreur qu'elle commet.

Avis, 10 juillet 1889, commune de Saint-Martin-du-Puits.

Une erreur d'orthographe dans le nom d'une commune, mentionnée dans un tableau annexé à un décret de recensement, n'a pas pu avoir pour effet de modifier le nom de cette commune. En conséquence, il n'y a pas lieu de recourir à un décret spécial pour rétablir l'orthographe primitive.

Avis, 20 février 1895, commune de Puisgros.

CHAPITRE SECOND

FONCTIONNAIRES ET AGENTS COMMUNAUX

PREMIÈRE SECTION

Maires et adjoints.
(Loi du 5 avril 1884, art. 73, 76, 79, 80, 81, 84, 86.)

Les démissions des fonctions de maire et d'adjoint doivent être adressées au Préfet et ne sont définitives que lorsque le Préfet les a acceptées.

Avis, 20 janvier 1885.

Le maire ou l'adjoint démissionnaire conserve en principe l'exercice de ses fonctions jusqu'à l'installation de son successeur, à moins qu'il ne soit autorisé ou contraint à remettre le service à son suppléant, conformément à l'article 84.

Même avis.

En cas d'acceptation de fonctions incompatibles avec les fonctions de maire, le Préfet doit enjoindre au maire de remettre immédiatement le service à son suppléant.

Même avis.

Le maire ou l'adjoint dont l'élection, soit comme maire ou adjoint, soit comme conseiller municipal, a été annulée, doit cesser l'exercice de ses fonctions dès la notification de l'arrêt qui a définitivement prononcé l'annulation de son élection.

Même avis.

Le maire dont l'élection comme conseiller municipal a été annulée et qui vient à être réélu conseiller municipal ne reprend l'exercice des pouvoirs de maire qu'après une nouvelle élection.

Même avis.

Aucune disposition législative n'oblige les conseils municipaux, s'ils sont au complet, à pourvoir immédiatement à la vacance d'un poste d'adjoint non spécial, lorsqu'elle vient à se produire dans une municipalité composée de plus de deux membres; les conseils municipaux apprécient souverainement la question d'opportunité du remplacement de l'adjoint manquant.

De même, lorsque le conseil municipal n'est pas au complet, la convocation des électeurs n'est obligatoire que quand tous les adjoints qui complètent la municipalité viennent à manquer; dans les autres cas, la nécessité de cette convocation peut résulter de circonstances de fait dont le Gouvernement est seul juge.

Avis (A. G.), 13 juillet 1887.

Le paiement des frais, nécessités par l'exécution des mandats spéciaux qui sont confiés aux maires, ayant le caractère de remboursement, ne peut être effectué que sur la justification des sommes dépensées.

Quant aux frais de représentation qui, en réalité, constituent une indemnité, le maire ne peut être astreint à produire un état détaillé de ses dépenses. Il appartient toutefois à l'autorité, chargée de régler le budget communal, de s'assurer que le crédit voté pour frais de représentation n'a pas le caractère de rémunération des fonctions de maire.

Avis (A. G.), 30 avril 1896.

DEUXIÈME SECTION

Adjoints spéciaux.
(Loi du 5 avril 1884, art. 75.)

Il n'y a pas lieu d'autoriser la création d'un poste d'adjoint spécial lorsqu'il n'est pas justifié qu'un obstacle quelconque ou l'éloignement rend difficiles, dangereuses ou momentanément impossibles les communications entre le chef-lieu et une fraction de la commune.

Avis, 4 mars 1885, section de Flamicourt. — Avis, 5 septembre 1888, section de Guénouvry. — Avis, 18 janvier 1890, section de Saint-Malo-de-Guersac. — Avis, 7 mai 1895, commune de Bainethun. — Avis, 25 février 1896, commune de Dizy-Magenta.

Il y a lieu de viser dans les décrets relatifs à la création d'adjoints spéciaux la délibération par laquelle le conseil municipal a sollicité cette création, les postes d'adjoints spéciaux ne pouvant être institués que sur la demande des conseils municipaux.

Note, 7 septembre 1887, commune de Grignols. — P. de décret et note, 7 juillet 1897, commune des Sables-d'Olonne.

Les projets de décret concernant les adjoints spéciaux doivent porter non pas que l'adjoint spécial *est chargé*..., mais qu'il *pourra être chargé* de l'exécution des lois et règlements de police, par ce motif qu'il convient de laisser au maire le soin d'apprécier, sous l'autorité de l'administration supérieure, s'il doit déléguer à l'adjoint spécial dans la section cette partie des attributions municipales.

Plusieurs décisions en ce sens, notamment : Note, 15 juin 1887, section de Marato.

Ces projets de décret doivent toujours contenir la clause limitant les pouvoirs des adjoints spéciaux aux fonctions d'officier de l'état civil et à l'exécution des lois et règlements de police.

P. de décret et note, 6 juin 1893, commune de Castiglione, centre européen de Bérard (Algérie).

TROISIÈME SECTION

Conseillers municipaux.

La disposition de l'article 60, § 1er, de la loi du 5 avril 1884 qui permet au Préfet de déclarer démissionnaire tout membre du conseil municipal qui, sans motifs reconnus légitimes, a manqué à trois convocations successives, s'applique aux conseillers municipaux investis des fonctions de maire et d'adjoint. L'exercice des pouvoirs spéciaux conférés à l'administration supérieure sur les maires et adjoints ne fait pas obstacle à ce que le Préfet use vis-à-vis d'eux, en tant que conseillers municipaux, du droit que lui reconnaît l'article 60.

Avis, 4 juillet 1892.

QUATRIÈME SECTION

Gardes champêtres.

(Loi du 5 avril 1884, art. 102, 105, 136, 6°.)

Lorsque, à la suite de la nomination d'un garde champêtre par le maire, le Préfet ou le Sous-Préfet n'a pas fait connaître son agrément ou son refus d'agréer dans le délai d'un mois prescrit par l'article 102 de la loi du 5 avril 1884, on ne saurait inférer de ce silence un assentiment tacite à la nomination proposée; en conséquence, le garde champêtre ne doit pas être considéré comme régulièrement investi de ses fonctions, une des conditions imposées par la loi pour que cet agent puisse exercer ses pouvoirs n'ayant pas été remplie.

Avis, 6 mars 1889.

Avant d'ordonner une imposition d'office sur une commune pour le traitement du garde champêtre, il y a lieu d'inviter le conseil municipal à se prononcer sur le maintien ou la suppression de l'emploi de cet agent.

Note, 17 juin 1884, commune d'Espeluche.

Bien qu'aux termes de l'article 102 de la loi du 5 avril 1884 les communes ne soient pas tenues d'entretenir un garde champêtre, lorsque cet agent existe son traitement constitue une dépense obligatoire en vertu du § 6 de l'article 136. Lorsque le traitement du garde champêtre a été porté au budget et que le budget a été approuvé, la délibération du conseil municipal supprimant l'emploi ne peut avoir d'effet qu'après l'expiration de l'exercice pour lequel le traitement a été voté.

Avis, 30 juillet 1884.

La suppression de l'emploi de garde champêtre prononcée par le conseil municipal ne peut être motivée par des considérations qui viseraient la personne du garde et donneraient à la mesure le caractère d'une véritable révocation. La révocation déguisée du garde champêtre constituerait de la part du conseil municipal un excès de pouvoir, et, dans ce cas, il appartiendrait au Préfet de déclarer la nullité de la délibération par application des articles 63 et 65 de la loi du 5 avril 1884.

Avis, 30 juillet 1884.

CINQUIÈME SECTION

Receveurs municipaux.

(Loi du 5 avril 1884, art. 156.)

Lorsqu'une commune dont les revenus excèdent 30.000 francs demande la nomination d'un receveur municipal spécial, l'autorité supérieure ne peut la lui refuser; l'article 156 de la loi du 5 avril 1884 n'a pas modifié sur ce point la législation antérieure, bien qu'elle en diffère par les termes.

Avis (S. réun. I. et F.), 30 novembre 1886.

Les projets de décret relatifs aux remises à accorder aux comptables municipaux doivent être accompagnés de l'avis du Ministre des Finances.

Note, 2 août 1893, sr Leverdier.

CHAPITRE TROISIÈME

FINANCES COMMUNALES

PREMIÈRE SECTION

Ressources des communes.

§ 1er : TAXES MUNICIPALES

A. — *Taxe des chiens.*
(Loi du 2 mai 1855. — Décret du 4 août 1855.
— Décret du 22 décembre 1886.)

Les modifications de la taxe sur les chiens doivent être proposées par les conseils municipaux et ne peuvent être prononcées d'office.

Note, 4 mai 1881, commune de Rumilly-les-Vaudes. — P: de décret et note, 16 mars 1893, diverses communes de la Haute-Marne.

Les modifications de taxes doivent être spontanément demandées par les conseils municipaux ; ainsi, lorsque la commission départementale a décidé que les communes ne participeraient à la répartition des amendes de police correctionnelle qu'à la condition d'augmenter la taxe des chiens, les délibérations des conseils municipaux motivées sur cette décision ne peuvent être considérées comme prises en conformité de la loi du 2 mai 1855.

Avis, 27 mars et 15 mai 1889, 16 communes des Vosges.

Lorsque le conseil municipal, à la suite des observations présentées par le Ministère de l'intérieur, a modifié ses propositions primitives, les nouvelles propositions doivent être soumises au Conseil général, le Gouvernement ne pouvant statuer qu'après avis de cette assemblée.

Note, 28 juin 1887, commune de Gérardmer.

Lorsque la commune propose une élévation de la taxe, elle doit fournir des renseignements précis sur l'augmentation de ressources qu'elle pourra trouver dans cette élévation, et indiquer dans ce but le nombre des chiens de première et de deuxième catégories existant sur le territoire de la commune.

Notes, 24 mai et 19 juillet 1887, ville de Rennes.

Le tarif devant être légalement divisé en deux classes, suivant la destination des chiens, les conseils municipaux ne peuvent proposer l'établissement d'une taxe unique.

Note, 9 novembre 1887, 111 communes de la Gironde.

Il peut y avoir lieu de diminuer l'écart existant entre les deux taxes dans le but de prévenir les fausses déclarations.

Nombreuses décisions en ce sens, notamment : P. de décret, 27 juin 1888, 23 communes de l'Hérault.

Cependant, un tarif établissant un écart insignifiant entre les deux catégories n'a pas paru acceptable.

Note, 4 janvier 1888, 78 communes de l'Hérault.

Ont été admis le tarif maximum pour la première catégorie et le tarif minimum pour la deuxième.

P. de décret, 12 juin 1888, ville de Bourges.

La taxe des chiens est un impôt essentiellement municipal dont la quotité est fixée par commune. En conséquence il n'y a pas lieu de s'arrêter à la considération que les taxes ne devraient pas varier d'une commune à l'autre, ou tout au moins ne devraient pas comporter de différences trop considérables d'une commune à l'autre du même département.

Nombreuses décisions en ce sens, notamment : P. de décret et note, 4 janvier 1888, 78 communes de l'Hérault.

L'élévation du tarif peut être motivée :

Soit par la nécessité d'augmenter les ressources de la commune ;

P. de décret, 18 janvier 1888, commune de Monans-Sartoux.

Soit par l'accroissement du nombre des chiens, qui deviennent un danger pour la sécurité publique.

P. de décret, 19 juin 1888, ville de Toul.

Les décrets modifiant la taxe des chiens ne peuvent avoir d'effet rétroactif.

Note, 5 avril 1887, commune de Verzy.

B. — *Taxe de balayage*.

(Loi du 26 mars 1873. — Loi du 5 avril 1884, art. 133, § 13.)

En l'absence d'un ancien usage ou d'un arrêté municipal mettant à la charge des riverains l'obligation du balayage, la conversion de cette obligation en taxe pécuniaire manque de base légale. On ne peut donc autoriser la perception d'une taxe de balayage dans une ville où il n'est pas justifié que l'obligation du balayage ait été jusqu'à ce jour mise à la charge des riverains.

Avis (A. G.), 11 août 1885, ville de Lille.

Par application de la même règle, la perception de la taxe ne peut être autorisée lorsqu'un arrêté municipal qui avait mis le balayage à la charge des riverains a été implicitement abrogé par la décision qu'a prise le conseil municipal de faire supporter par la commune les frais de balayage.

Note, 10 juillet 1889, commune d'Ivry-sur-Seine.

Il n'y a pas lieu d'autoriser la taxe de balayage dans une commune dont les voies de communications, qui auraient le caractère de voies urbaines, ne présentent pas une importance suffisante (1).

Avis (A. G.), 27 janvier 1887, commune de Vitry.

---

(1) Les villes qui perçoivent une taxe de balayage sont :

La ville de Paris (loi du 26 mars 1873) ;

Les villes d'Alger et d'Oran où cette taxe a été établie par une loi spéciale antérieure à la loi du 5 avril 1884 ;

P. de loi (A. G.), 13 mai 1880 ;

Puis les communes suivantes qui ont obtenu l'autorisation de la percevoir par application de l'article 133, 13°, de la loi du 5 avril 1884 :

Villers-sur-Mer (Calvados),

P. de décret (A. G.), 21 mai 1885 ;

Neuilly (Seine),

P. de décret (A. G.), 25 novembre 1886 ;

Montrouge (Seine),

P. de décret (A. G.), 13 novembre 1800 ;

Malakoff (Seine).

P. de décret (A. G.), 30 avril 1891.

Il y a lieu d'insérer dans les décrets une disposition portant que la largeur qui doit servir de base à la perception de la taxe sur les riverains de chaque côté de la voie publique est égale à la moitié de la voie, sans qu'elle puisse jamais excéder 6 mètres.

P. de décret et note (A. G.), 25 novembre 1886, commune de Neuilly.

Le produit de la taxe de balayage ne pouvant jamais dépasser la dépense occasionnée par le balayage de la superficie mise à la charge des habitants, le montant de cette dépense doit être déterminé d'une façon aussi exacte que possible d'après des renseignements techniques.

Note, 7 février 1888, ville d'Alger. — Note, S. Réun. (I. et F.) 28 juillet 1896, ville d'Oran.

Dans le calcul de cette dépense, il y a lieu de défalquer de la somme payée par la ville à l'entrepreneur du balayage, non seulement les frais d'arrosage, mais encore les frais d'ébouage, de raclage, de repiquage, qui ne sont pas à la charge des riverains.

Note, 7 février 1888, ville d'Alger. — Note, S. Réun. (I. et F.), 24 mars 1896, ville d'Oran.

Il en est de même des frais d'un balayage dit « supplémentaire ».

Note, 7 février 1888, ville d'Alger.

Les décrets fixant le tarif de la taxe de balayage peuvent diviser les voies publiques en catégories suivant leur degré de fréquentation.

Plusieurs décisions en ce sens, notamment: P. de décret (A. G.), 21 mai 1885, commune de Villers-sur-Mer. — P. de décret (A. G.), 25 novembre 1886, commune de Neuilly. — P. de décret (A. G.), 13 novembre 1890, commune de Montrouge.

Comme il ne doit pas être tenu compte dans l'établissement de la taxe de la valeur des propriétés, mais seulement des nécessités de la circulation, de la salubrité et de la propreté de la voie publique, on ne peut diviser les propriétés riveraines en catégories suivant leur nature (constructions en bordure de la voie publique; propriétés bâties ne bordant pas la voie publique, closes par des murs, des grilles, etc. ; terrains vagues, clos de planches, de haies, etc., ou non clos) et autoriser une taxe différente pour chaque catégorie.

Avis (A. G.), 11 août 1885, commune de Charenton. — Note, 20 janvier 1886, ville de Lille.

Toutefois, pour la ville de Paris, cette division en catégories a été admise et maintenue lorsqu'il a été procédé à la revision du tarif.

P. de décret (A. G.), 20 décembre 1883. — P. de décret (A. G.), 24 janvier 1889.

Elle a également été admise pour la ville d'Oran.

P. de décret (A. G.), 5 mars 1891.

Les dispositions d'un décret, autorisant pour une nouvelle période la perception d'une taxe de balayage, ne sauraient être rendues exécutoires à compter d'une date antérieure à la publication du dit décret.

P. de décret et note (A. G.), 13 avril 1897, commune de Neuilly.

C. — *Taxe d'abatage.*

(Décret du 1er août 1864. — Loi du 5 avril 1884, art. 14.)

La perception d'une taxe d'abatage et le traité passé par le maire pour la construction et l'exploitation de l'abattoir communal doivent être approuvés par le même décret.

Note, 2 août 1887, et note (A. G.), 8 septembre 1887, ville de Bolbec.

La perception de la taxe ne peut être autorisée quand un traité renferme des clauses illégales, telles que celle par laquelle le maire s'engagerait à prendre des arrêtés de police à l'effet d'interdire l'abatage des bestiaux ailleurs qu'à l'abattoir communal et l'introduction ou la vente en ville de viandes dépecées qui n'auraient point été soumises à une vérification du préposé de l'abattoir ; le maire excède ses pouvoirs en s'engageant par avance et dans l'intérêt de l'entrepreneur d'un service communal à faire usage des attributions de police qu'il tient de la loi.

Note, 2 août 1887, ville de Bolbec.

La durée de la perception de la taxe doit être égale à celle de la concession de l'abattoir.

Note (A. G.), 8 septembre 1887, ville de Bolbec.

La perception d'une taxe dite « de vérification » sur les viandes provenant d'animaux abattus à l'extérieur ne peut être autorisée dans les mêmes formes que celle de la taxe d'abatage. Un tel droit n'est en réalité qu'un droit d'octroi qui ne peut être établi que suivant les formes prescrites par les lois des 5 ventôse an VII et 11 juin 1842.

Plusieurs décisions en ce sens, notamment: Note (A. G.), 6 février 1884, commune de Fontenay-le-Comte.

Les villes pourvues d'un abattoir et qui ont un octroi ne peuvent d'ailleurs frapper les viandes dépecées, à leur entrée sur le territoire de la commune, d'une taxe égale au droit d'abattoir et d'octroi que supportent les viandes des animaux tués à l'intérieur. De même, les communes où il existe un abattoir, mais qui n'ont pas d'octroi, ne peuvent établir sur les viandes provenant de l'extérieur une taxe égale à celle perçue à l'abattoir.

Avis (S. réun. I. et F.), 2 mai 1888.

D. — *Taxe d'inhumation.*
(Décret du 18 mai 1806.)

Si aux termes de l'article 11 du décret du 18 mai 1806, les prix des pompes funèbres varient suivant les fournitures faites au prix réglé par le tarif, la taxe municipale perçue pour le transport des corps en vertu des articles 10 et 11 du décret du 18 mai 1806 et dénommée à Paris *taxe d'inhumation* ne peut varier suivant les classes des convois.

Avis (A. G.), 12 décembre 1889, ville de Paris.

E. — *Taxes diverses.*

a) Droits de stationnement et de location sur le domaine public.
— Il appartient aux communes, par préférence au Trésor public, de percevoir sur les dépendances du domaine public national, fluvial ou terrestre, des redevances pour les occupations tempo-

raires autres que celles dont l'usage entraîne une incorporation
au domaine public, et sans qu'il y ait lieu de distinguer entre les
locations ayant une certaine durée et celles qui ont un caractère
intermittent et passager.

Avis (A. G.), 30 novembre 1882.

Spécialement les communes peuvent, sous la condition précitée,
percevoir des redevances pour la pose des kiosques destinés à la
vente des journaux ou à la publicité.

Avis (A. G.), 30 novembre 1882.

Peuvent également donner lieu à la perception de redevances
au profit des communes les pontons et débarcadères des bateaux-
omnibus.

P. de décret (A. G.), 11 août 1885, ville de Lyon.

b) *Perceptions à raison de l'établissement de lignes télégraphiques
ou téléphoniques.* — Les communes ne peuvent percevoir, par
application de l'article 133, § 7, de la loi du 5 avril 1884 et de la loi
du 28 juillet 1885 (art. 2, § 2), des redevances à raison de l'établissement de lignes télégraphiques ou téléphoniques construites par
l'État, quand elles n'empruntent pas les égouts; et il n'y a pas
lieu de distinguer à cet égard entre celles qui font ou non partie
du réseau d'intérêt général.

Avis (A. G.), 19 janvier 1888.

c) *Taxes sur la prostitution.* — Aucune disposition législative
n'autorise les communes à percevoir des taxes sur les maisons
de tolérance et sur les filles qui se livrent à la prostitution. De
semblables taxes sont illégales, et l'autorité supérieure ne saurait
donner son approbation même d'une façon indirecte à leur établissement. Elle ne pourrait, notamment, sanctionner une réorganisation du personnel affecté aux services de la police, comportant
la création d'un service spécial dont les frais seraient couverts au
moyen de l'établissement d'une taxe de cette nature.

Avis (A. G.), 27 novembre 1879, ville de Grenoble.

d) *Taxe de désinfection.* — L'article 37 de la loi du 21 juillet
1881 ayant prévu le mode de paiement des frais de désinfection

nécessités par les animaux amenés sur le marché, un conseil municipal ne peut légalement voter une taxe ayant pour objet une dépense de cette nature.

Avis, 18 mars 1896, ville de Paris.

§ 2 : IMPOSITIONS EXTRAORDINAIRES

(Loi du 5 avril 1884, art. 134, 1°, 141 à 143.)

Il n'y a pas lieu d'autoriser une imposition extraordinaire pour l'amortissement d'un emprunt lorsque l'annuité nécessaire à cet amortissement peut être prélevée sur les excédents de recettes.

Note (A. G.), 28 décembre 1882, ville de Château-Gontier. — Note (A. G.), 17 janvier 1884, ville de Pontoise.

Lorsqu'un emprunt remboursable sur les revenus ordinaires a été autorisé par le Préfet pour plus de trente ans, alors qu'il résulte de l'instruction qu'à l'époque où cet emprunt a été autorisé les revenus ordinaires étaient suffisants pour le gager, il n'y a pas lieu ultérieurement de se montrer favorable à une imposition extraordinaire pour une période excédant trente ans, afin de ne pas encourager une pratique ayant pour effet de rendre illusoire le droit qui appartient au Gouvernement d'autoriser les emprunts non effectivement remboursables sur ressources ordinaires.

Note, 22 janvier 1895, commune de Wassy.

Lorsqu'une commune s'est engagée à payer pendant une longue durée (dans l'espèce quatre-vingt-quatre ans), une subvention annuelle minime (dans l'espèce 25 fr.) en vue de la construction d'un chemin de fer, il n'y a pas lieu d'autoriser, pour une durée égale, une imposition extraordinaire qui, suivant les circonstances, peut être ou n'être pas nécessaire. La subvention promise par le conseil municipal n'est en réalité qu'une dépense obligatoire à laquelle la commune devra pourvoir annuellement, soit au moyen de ressources disponibles, soit au moyen d'une imposition extraordinaire autorisée pour un an par l'autorité compétente.

Note, 5 janvier 1887, commune de Pretz-en-Argonne. — Note, 12 janvier 1887, commune de Génicourt.

Lorsqu'un emprunt paraît suffisamment garanti au moyen de taxes additionnelles d'octroi et que le conseil municipal a voté en outre pour l'amortissement de cet emprunt une imposition extra-ordinaire, il y a lieu de n'autoriser le recouvrement de l'imposition extraordinaire que pour les cas où les taxes additionnelles cesseraient d'être perçues ou ne rapporteraient plus une somme suffisante pour payer l'annuité d'amortissement.

Note (A. G.), 26 avril 1883, ville de Thiers.

De même, lorsqu'une dépêche ministérielle fait entrevoir la probabilité d'une subvention de l'État destinée à concourir à l'amortissement de l'emprunt, il y a lieu d'introduire dans le projet de décret une disposition portant que, dans le cas où l'État accorderait la subvention, l'imposition sera réduite à partir de l'année où sera encaissée la première annuité versée par l'État.

P. de décret et note, 3 juillet 1888, ville de Castelsarrazin.

Les contributions extraordinaires ne peuvent être imposées que dans l'intérêt des services publics de l'État, du département et de la commune. On ne peut en établir pour subvenir aux dépenses d'une association syndicale.

Avis (A. G.), 22 novembre 1888, commune de Cuxac-d'Aude.

Lorsqu'une loi a autorisé une ville à contracter un emprunt en disposant que le remboursement de cet emprunt aurait lieu tant à l'aide de centimes additionnels qu'au moyen d'un prélèvement annuel sur les revenus ordinaires, il ne peut appartenir au Gouvernement d'autoriser par décret la substitution de nouveaux centimes au prélèvement prescrit par la loi.

Avis (A. G.), 30 octobre 1884, ville de Clermont-Ferraud.

Lorsqu'un décret approuve la perception d'une imposition extraordinaire indûment autorisée par arrêté préfectoral, il convient de ne pas faire mention de cet acte irrégulier, qui ne saurait être couvert par une autorisation postérieure.

La rédaction adoptée, en pareil cas, est la suivante : *Continuera à être mise en recouvrement dans la ville de   , pendant   , l'imposition extraordinaire de   , devant produire la somme de   ; pour   .*

P. de décret et note (A. G.), 8 juin 1882, ville de Draguignan.

DEUXIÈME SECTION

Dépenses des communes.

§ 1er : Dépenses obligatoires

(Loi du 18 juillet 1837, art. 39. — Loi du 5 avril 1884, art. 136.)

Frais d'impression des cartes électorales.

Les frais d'impression des cartes électorales n'incombent obligatoirement au budget communal que pour les élections municipales.

Avis (A. G.), 6 février 1886.

§ 2 : Inscription d'office

Lorsqu'il s'agit d'inscrire d'office au budget d'une ville le montant de ses dettes envers l'État et qu'elle oppose la compensation, il n'appartient pas au Gouvernement de procéder à l'inscription d'office avant que l'autorité compétente ait déterminé le montant de la dette exigible envers l'État.

Avis, 3 novembre 1886, ville de Paris, Hôtel des Postes.

§ 3 : Imposition d'office
(Loi du 5 avril 1884, art. 149.)

Aucune imposition d'office ne peut être établie si la dépense n'a pas été régulièrement inscrite d'office au budget communal.

Note, 10 mai 1881, commune de Saint-Just-la-Pendue.

La mise en demeure adressée par le Préfet au conseil municipal d'avoir à adopter un projet de construction de maison d'école et à créer les ressources nécessaires, ne supplée pas à la mise en demeure exigée par l'article 149 de la loi du 5 avril 1884, avant qu'il puisse être procédé à l'imposition d'office.

Note, 27 mars 1888, commune de Lecelles.

CHAPITRE QUATRIÈME

SERVICE DE LA VOIRIE

PREMIÈRE SECTION

Voirie urbaine.

§ 1ᵉʳ : CLASSEMENT, OUVERTURE, PROLONGEMENT,
RECTIFICATION DE RUES

(Ordonnance du 20 avril 1835. — Loi du 5 avril 1884, art. 68, 7°.)

Les voies privées ne peuvent être supprimées qu'au moyen de l'expropriation ou de l'acquisition amiable. Lorsqu'un projet entraîne la suppression d'une voie privée, l'enquête doit donc porter sur ce point spécial.

Note, 19 avril 1882, ville de Lyon, rue Jean-Baptiste-Say.

Lorsque le conseil municipal a apporté une modification à un projet de rectification de rue, le nouveau tracé doit être soumis à une nouvelle enquête dans les formes de l'ordonnance de 1835.

Note, 23 mars 1880, ville de Menton.

Le prolongement d'une rue à travers un cimetière n'a pas été autorisé par ce motif qu'une telle voie dépourvue de toute construction ou maison d'habitation peut devenir dangereuse pour la sécurité et la salubrité publiques. En outre, l'appropriation et la mise en état de viabilité du sol exigent en pareil cas, sur les parties du terrain occupées par les sépultures, des fouilles et des travaux de fondation de nature, à raison des dispositions de la loi du 15 mai 1791 et du décret du 23 prairial an XII, à susciter des oppositions et des réclamations.

Note, 8 août 1887, ville de Paris, rue des Plantes.

Le décret qui prononce le déclassement d'une rue doit, non pas porter que la rue cesse de faire partie des voies publiques de , mais être conçu dans la forme suivante : *Est déclaré d'utilité publique le déclassement de la rue* .

P. de décret et note, 21 octobre 1891, ville de Paris, rue Gutemberg.

L'acquisition totale par l'administration d'une propriété, atteinte en partie par un plan d'alignement, ne peut être autorisée que dans les cas limitativement prévus par le décret du 26 mars 1852.

P. de décret et note, 27 juin 1892, ville de Paris. — Élargissement de la rue de Moussy.

§ 2 : ÉLARGISSEMENT. APPLICATION DE LA SERVITUDE DE RECULEMENT

(Édit de décembre 1607. — Loi du 16 septembre 1807, art. 50.)

Si, en droit, les dispositions de l'édit de 1607 et de la loi du 16 septembre 1807 sur la servitude de reculement sont toujours en vigueur, il convient de les appliquer avec une grande réserve et de concilier autant que possible les intérêts du service de la voirie avec le respect du droit de propriété affirmé dans les lois plus récentes de 1810, 1833 et 1841.

Il y a lieu de décider dans chaque espèce suivant quels tempéraments et dans quelle mesure il convient d'appliquer les dispositions rigoureuses de la législation de l'alignement (1).

Avis (A. G.), 3 novembre 1885.

§ 3 : OCCUPATION DE TERRAINS EN DEHORS DES ALIGNEMENTS
PAR APPLICATION DU DÉCRET DU 26 MARS 1852

(Décret du 26 mars 1852, art. 2 et 9.)

Lorsque le prolongement d'une rue a déjà été déclaré d'utilité publique et que le tracé de ce prolongement ne reçoit aucune modification, il n'y a pas lieu de prononcer une nouvelle déclaration d'utilité publique qui n'aurait d'autre objet que l'application à cette portion de rue de l'article 2 du décret du 26 mars 1852.

Note (A. G.), 12 avril 1883, ville du Havre, rue Neuve-de-la-Mailleraye.

---

(1) Voir plus loin, p. 119, les décisions relatives aux alignements des rues de Paris.

La disposition précitée ne doit pas non plus s'appliquer à une parcelle appartenant à un propriétaire qui, en exerçant le droit de préemption sur la moitié de la largeur d'une voie publique supprimée, se trouve avoir, par la réunion de ce terrain à la parcelle qui lui reste, un espace suffisant pour y élever une construction salubre.

Note (A. G.), 24 juillet 1884, ville de Lyon.

La convenance qu'il peut y avoir à régulariser une place par des constructions ayant une architecture symétrique ne saurait justifier l'application des dispositions exceptionnelles du décret du 26 mars 1852.

Avis (A. G.), 5 juillet 1883, ville de Paris, rue Étienne-Marcel.

L'expropriation d'une parcelle en dehors des alignements ne peut non plus être prononcée pour mettre un terme à des difficultés relatives à des intérêts purement privés et auxquelles l'administration doit rester étrangère.

Avis, 2 février 1887, ville de Nancy.

Quand, lors d'une opération d'ensemble exécutée en vertu d'une déclaration d'utilité publique, certaines portions d'immeubles situées en dehors des alignements n'ont pas été comprises dans le plan soumis à l'enquête, ni dans l'arrêté de cessibilité du Préfet, elles ne peuvent faire ultérieurement l'objet de ces formalités et par suite être expropriées par application de l'article 2 du décret du 26 mars 1852.

Avis (A. G.), 2 février 1893. Ville de Lyon, rue Grôlée.

§ 4 : EXTENSION DE L'APPLICATION DU DÉCRET DU 26 MARS 1852
(Décret du 26 mars 1852, art. 9.)

Bien que l'article 9 du décret du 26 mars 1852 paraisse prévoir la possibilité d'étendre à des villes autres que Paris toutes les dispositions de ce décret, il est deux de ces dispositions, les articles premier et 7, dont l'extension n'a jamais été prononcée. Les décrets déclarant applicable le décret du 26 mars 1852 portent toujours la mention « à l'exception des articles premier et 7 ».

P. de décret (A. G.), 22 novembre 1883, ville de Clermont-Ferrand. — Rédaction constamment adoptée.

L'extension totale du décret du 26 mars 1852 (à la seule exception des art. 1er et 7) n'a été prononcée qu'une seule fois
depuis 1879.

P. de décret (A. G.), 22 novembre 1883, ville de Clermont-Ferrand.

D'autres villes ont obtenu l'application de quelques-unes seulement des dispositions du décret.

Ce sont depuis 1879 :

Vanves (application des art. 3 et 6, § 1er);

P. de décret et avis (A. G.), 17 mars 1880.

Annonay (application de l'art. 5);

P. de décret (A. G.), 6 octobre 1881.

Le Pré-Saint-Gervais (application de l'art. 6);

P. de décret (A. G.), 6 juin 1889.

Roanne (application de l'art. 4);

P. de décret (A. G.), 5 juin 1890.

Saint-Maur-des-Fossés (application de l'art. 8) ;

P. de décret (A. G.), 11 décembre 1890.

Nogent-sur-Marne (application de l'art. 6):

P. de décret (A. G.), 23 avril 1891.

Fontainebleau (application des art. 2, 6 et 8);

P. de décret (A. G.), 4 juin 1891.

Bourg (application des art. 2 et 6);

P. de décret (A. G.), 18 juin 1891.

Choisy-le-Roi (application de l'art. 6);

P. de décret (A. G.), 16 juillet 1891.

Saint-Mandé (application des art. 3, 5 et 6);

P. de décret et note (A. G.), 31 mai 1894.

Courbevoie (application des art. 3, 5 et 6);

P. de décret et note (A. G.), 18 juillet 1895.

Châtillon (application de l'art. 6);

P. de décret (A. G.), 30 janvier 1896.

Maisons-Alfort (application de l'art. 6);

P. de décret (A. G.), 30 janvier 1896.

Nangis (application de l'art. 6);

P. de décret (A. G.), 30 janvier 1896.

Barcelonnette (application de l'art. 6);

P. de décret (A. G.), 13 avril 1897.

Arcueil-Cachan (application de l'art. 6).

P. de décret (A. G.), 6 mai 1897.

L'application du décret du 26 mars 1852 a été refusée à la ville de Flers par ce motif que cette ville ne se trouvait point dans une situation exceptionnelle justifiant l'application des dispositions du décret, et que d'ailleurs la municipalité pouvait user vis-à-vis des propriétaires de logements insalubres des droits que la loi du 13 avril 1850 confère à toutes les communes.

Avis (A. G.), 15 février 1883, ville de Flers.

L'article 2 du décret de 1852 est considéré comme une disposition exceptionnelle, dont l'application doit être restreinte aux cas où elle est strictement justifiée.

Avis (A. G.), 7 août 1879, ville de Chambéry. — Avis (A. G.), 17 mars 1880, ville de Vanves. — Avis (A. G.), 5 juin 1890, ville de Roanne.

On a parfois exclu de même l'application de l'article 4;

Avis (A. G.), 17 mars 1880, ville de Vanves. — Avis (A. G.), 7 août 1884, ville de Béziers. — P. de décret et note (A. G.), 18 juillet 1895, commune de Courbevoie.

De l'article 5;

Avis (A. G.), 7 août 1879, ville de Chambéry. — Avis (A. G.), 17 mars 1880, ville de Vanves.

De l'article 6, § 2 ;

Avis (A. G.), 17 mars 1880, ville de Vanves.

De l'article 8.

Avis (A. G.), 17 mars 1880, ville de Vanves.

L'article 8 ne peut d'ailleurs être déclaré applicable que s'il existe dans la commune des usages certains, mettant le pavage des rues dans une proportion déterminée à la charge des propriétaires riverains.

Notes, 10 décembre 1890 et (A. G.), 23 avril 1891, commune de Nogent-sur-Marne.

Les décrets autorisant l'extension de l'application du décret du 26 mars 1852 sont ordinairement ainsi conçus :

Les dispositions du décret du 26 mars 1852 relatif aux rues de Paris sont déclarées applicables à la ville de

P. de décret (A. G.), 22 novembre 1883, ville de Clermont-Ferrand.

Mais le décret rendant applicables à une ville d'Algérie les dispositions du décret du 26 mars 1852 doit reproduire ces dispositions, au lieu de les déclarer applicables suivant la formule employée pour les villes de la métropole. Le Gouvernement agit ici, en effet, non pas en vertu de l'article 9 du décret de 1852, qui n'a pas été promulgué en Algérie, mais en vertu des pouvoirs qu'il tient de l'article 4 de l'ordonnance du 22 juillet 1834.

P. de décret et note (A. G.), 19 avril 1883, ville d'Oran.

DEUXIÈME SECTION

Voirie vicinale et rurale.

(Loi du 21 mai 1836. — Loi du 8 juin 1864. — Loi du 10 août 1871, article 46, 7° et 8°, et article 86. — Loi du 20 août 1881. — Loi du 5 avril 1884, article 136, 18°.)

Les sacrifices consentis par l'État en vue de contribuer à l'achèvement du réseau vicinal ont pour corollaire l'obligation imposée aux communes d'entretenir en bon état de viabilité les chemins construits en partie sur les fonds du budget de l'État; l'administration supérieure doit subordonner l'allocation de la subvention à l'engagement pris par délibération du conseil municipal de parfaire, pendant un laps de temps déterminé, la somme fixée comme nécessaire pour l'entretien des chemins en vue de la construction desquels la subvention est demandée, et la commune s'obligeant envers l'État, par cette délibération, à supporter de ce chef une dépense en sus des cinq centimes et du produit des trois journées de prestation, cette dépense devient obligatoire pour la commune en vertu du contrat librement formé entre elle et l'État.

Avis (A. G.), 30 décembre 1891.

Les crédits mis à la disposition du Ministre de l'Intérieur par l'article 46 de la loi du 16 avril 1895, destinés à l'exécution des travaux pour chemins vicinaux tombent en annulation en fin d'exercice. En conséquence. il n'y a pas lieu d'autoriser, pour des dépenses à faire en 1896, un prélèvement sur des crédits mis à la disposition du Ministre en vue de travaux à effectuer en 1895.

Note, 31 mars 1896.

Les dépenses de chemins vicinaux étant à la charge des communes, il est utile, dans les affaires de voirie vicinale, de fournir les documents de nature à faire connaître leur situation financière.

Note, 21 juin 1887, commune d'Avesnes.

L'élargissement d'un chemin rural ne peut être déclaré d'utilité publique sans que ce chemin ait été au préalable reconnu par un arrêté de la commission départementale ou, s'il s'agit du département de la Seine, par un arrêté préfectoral.

Note, 10 novembre 1886, commune de Bondy.

La décision de la commission départementale qui déclare d'utilité publique l'élargissement d'un chemin rural ne saurait suppléer à un arrêté de reconnaissance.

Note, 6 août 1892, ville de Nice.

TROISIÈME SECTION

Rues de Paris (1).

(Édit de décembre 1607. — Loi du 16 septembre 1807, art. 50. —
Loi du 3 mai 1841. —
Décret du 26 mars 1852. — Loi du 24 juillet 1867, art. 17.)

§. 1er : OUVERTURE, CLASSEMENT, ALIGNEMENT,
SUPPRESSION DE RUES

Il n'y a pas lieu de fixer les alignements d'une section de rue
dont l'ouverture n'a pas encore été déclarée d'utilité publique ;
cette fixation manquerait de base légale et n'obligerait ni la ville,
ni les propriétaires.

Avis (A. G.), 30 juin 1881, rue du Point-du-Jour.

Lorsqu'un arrêté du conseil de préfecture a décidé que la ville
de Paris n'aurait entièrement accompli ses obligations à l'égard
d'un syndicat de propriétaires, qu'après s'être conformée au plan
d'alignement précédemment approuvé, la ville ne peut réclamer
dans la forme administrative la modification de ce plan.

Avis (A. G.), 16 février 1882, rue du Bel-Respiro.

L'application de la servitude de reculement à des immeubles de
construction récente doit être considérée comme trop rigoureuse.

Plusieurs décisions en ce sens, notamment : Note, 18 mai 1881, et P. de décret
(A. G.), 3 août 1881, rue Cambronne.

En général lorsque les emprises projetées ont une trop grande
importance, il ne peut être procédé à l'élargissement que par voie
d'expropriation conformément à la loi du 3 mai 1841.

Jurisprudence constante, notamment : Note (A. G.), 30 août 1883, rue de la Harpe.
— Note, 19 février 1895, rue Albouy.

---

(1) On n'a fait figurer dans la présente section que les décisions s'appuyant sur
la législation spéciale aux rues de Paris. Les décisions qui, rendues dans des
espèces où il s'agissait de rues de Paris, résultent d'une jurisprudence générale
applicable aux voies urbaines d'autres communes, ont été analysées ci-dessus dans
la section relative à la voirie urbaine. Si les décisions concernant les alignements
ont été inscrites dans cette section, c'est que le Conseil d'État n'est appelé à se
prononcer sur les alignements que dans la ville de Paris ; dans les autres villes, les
alignements sont approuvés par le Préfet, conformément aux articles 68 et 69 de la
loi du 5 avril 1884.

Il convient d'éviter les modifications trop fréquentes à des plans d'alignement, à moins que ces modifications ne soient justifiées par des motifs spéciaux.

Note, 8 novembre 1882, rue Pelleport.

Lorsque les immeubles compris dans des alignements déterminés sont affranchis des servitudes résultant des règlements en vigueur, la formule employée est la suivante : *Les dispositions du présent décret ne seront exécutées, à l'égard des immeubles bâtis faisant saillie sur les alignements ci-dessus fixés, que par expropriation pour cause d'utilité publique, conformément à la loi du 3 mai 1841, et non par application de la servitude d'alignement.*

P. de décret et note (A. G.), 7 juillet 1881, rue des Rasselins, rue des Orteaux, etc. — P. de décret et note, 5 février 1895, rue de Belleville.

Lorsque la suppression partielle d'une rue résulte d'une modification d'alignements, il y a lieu d'insérer dans le décret un article ordonnant cette suppression.

P. de décret et note (A. G.), 17 juillet 1884, avenue de Suffren.

Lorsque l'administration renonce à poursuivre l'exécution d'une voie publique, il y a lieu non pas d'en prononcer le déclassement mais de rapporter le décret qui avait déclaré d'utilité publique l'ouverture de cette voie.

P. de décret et note (A. G.), 28 février 1884. Déclassement d'une voie projetée entre la rue André-del-Sarte et la rue Charles-Nodier.

§ 2 : AFFAIRES DIVERSES

Règlements sur la hauteur des maisons, etc.

Il convient de soumettre à l'examen du conseil général des bâtiments civils les projets de règlement à rendre en exécution de l'article 7 du décret du 26 mars 1852 et relatifs à la hauteur des maisons et aux combles et lucarnes dans la ville de Paris.

Note, 4 avril 1883.

En dehors des dispositions relatives à la hauteur des maisons, aux combles et lucarnes, il n'y a pas lieu d'insérer dans le projet de règlement des dispositions qui concernent le mode de construction des bâtiments et seraient fondées sur les besoins de la salubrité et de la sécurité publiques; il appartient en effet à l'autorité municipale de prendre les mesures que ces intérêts nécessitent.

Avis (A. G.), 10 juillet 1884.

Transformation de revers pavés en trottoirs réglémentaires.

Un décret, ordonnant la transformation en trottoirs réglementaires des revers pavés de certaines voies, ne doit pas trancher la question de savoir si cette transformation peut être exécutée dans tous les cas aux frais des riverains. Quelques-uns d'entre eux pourraient en effet contester là charge nouvelle qu'il s'agit de leur imposer; l'appréciation de ces motifs ressortirait à la juridiction contentieuse.

P. de décret et note (A. G.), 6 juillet 1882.

Stationnement des tramways.

Le Préfet de la Seine doit, avant d'assigner à une compagnie de tramways un lieu de stationnement et de correspondance, prendre l'avis du Préfet de police, et, en cas d'opposition de ce dernier, en référer au Ministre des Travaux publics. En attribuant au Préfet de la Seine le pouvoir de passer « les traités concernant les voitures publiques et la concession des lieux de stationnement de voitures », le décret du 10 octobre 1859 a entendu aussi le charger d'en assurer l'exécution. Mais ces attributions n'ont été données au Préfet de la Seine que sous réserve du droit qui, aux termes de l'arrêté du 12 messidor an VIII, appartient au Préfet de police, de régler tout ce qui intéresse la circulation. Ce droit a été rappelé dans l'article 3 du décret de 1859.

Avis (S. réun. I. et T. P.), 7 février 1880.

CHAPITRE CINQUIÈME

SERVICES DE L'INSTRUCTION PUBLIQUE

---

§ 1ᵉʳ : ÉCOLES PRIMAIRES PUBLIQUES

(Loi du 28 mars 1882. — Loi du 20 mars 1883. — Loi du 30 octobre 1886. — Décret du 7 avril 1887. — Décret du 4 février 1888.— Loi de finances 26 juillet 1893.)

A. — *Création d'écoles.*

Aucune école primaire communale ne peut avoir d'existence légale sans qu'une délibération du conseil départemental, dûment approuvée, ait décidé sa création.

Décidé par application de cette règle générale qu'une école de filles dans une commune de moins de 400 habitants et une école maternelle dans une commune de moins de 2.000 âmes ou de moins de 1.200 âmes de population agglomérée ne peuvent être légalement établies sans qu'une délibération du conseil départemental, dûment approuvée, en ait décidé la création.

Avis, 5 juin 1888.

La délibération du conseil départemental approuvant le projet de construction et la demande formée par la commune en vue d'obtenir une subvention de l'État ne peuvent tenir lieu de la décision portant création de l'école.

Note, 27 mars 1889, commune du Petit-Quevilly.

La décision du Ministre de l'Instruction publique fixant le montant de la subvention accordée à une commune pour construction de bâtiments scolaires, ne peut tenir lieu de la décision prévue par l'article 13 de la loi du 30 octobre 1886, par laquelle le Ministre approuve la délibération du conseil départemental, qui détermine le siège de l'école.

P. de décret et note, 19 décembre 1895, commune de Saint-Pierre-lès-Elbeuf. — Note, 24 mars 1896, commune de Cour-Cheverny.

De même, la décision par laquelle le Ministre de l'Instruction publique approuve la construction d'une école ne peut suppléer à la décision approuvant la délibération par laquelle le conseil départemental a décidé la création de cette école.

Note, 7 mai 1895, commune de Cherré.

Au lieu de créer une école dans une commune d'une population très faible, dénuée de toutes ressources, et dont les enfants se sont rendus jusqu'à présent à l'école d'une commune voisine, il est préférable d'agrandir les classes de cette dernière école en invitant l'autre commune à contribuer à cet agrandissement.

Note, 26 juin 1888, commune de Saint-Ange-le-Vieil.

Lorsqu'une commune de 400 à 500 habitants, pourvue d'une école spéciale pour chaque sexe, demande à reconstruire l'une de ces écoles et que sa situation est obérée, il y a lieu d'examiner s'il ne conviendrait pas d'établir dans cette commune une école mixte (1).

Note, 20 décembre 1887, commune de Nucourt. — Plusieurs décisions conformes.

La même solution peut être indiquée pour une commune dont la population, dépassant de peu le chiffre de 500 habitants, est en décroissance, et semble, par suite, devoir descendre à bref délai à un chiffre inférieur.

Note, 29 juin 1887, commune de Saint-Crépin.

Le Ministre de l'Instruction publique peut, sur la demande du conseil municipal et l'avis conforme du conseil départemental, approuver la création, soit d'une école spéciale de filles dans une commune de moins de 400 habitants, soit d'une école maternelle dans une commune de moins de 2.000 âmes ou de moins de 1.200 âmes de population agglomérée, sous la condition toutefois que le conseil municipal ait pris l'engagement préalable d'assurer le fonctionnement des dites écoles sur les seules ressources du budget communal pendant un temps déterminé qui ne pourrait être inférieur à la durée d'une année scolaire.

Avis, 5 juin 1888.

---

(1) La loi du 30 octobre 1886 a élevé de 400 à 500 le chiffre de population à partir duquel les communes sont obligées d'avoir une école spéciale pour chaque sexe,

Fixation du siège et de l'emplacement des écoles (1). — Si les conseils municipaux ont en principe le droit de déterminer l'emplacement des écoles primaires publiques, il ne leur appartient pas de fixer le siège des dites écoles ; dans ce dernier cas, le conseil départemental est seul compétent, sauf approbation du Ministre. Comme il est souvent difficile de distinguer certains changements d'emplacement des translations de siège, on ne saurait reconnaître aux conseils municipaux ni aux Préfets le droit de trancher la question ; il convient, dès lors, chaque fois qu'il y aura un changement d'emplacement projeté, d'appeler le conseil départemental à vérifier si la translation constitue ou non un changement de siège.

Avis, 2 juillet 1889. — Note, 5 janvier 1893, communes d'Aurillac et de Moissac.

L'article 44 du décret du 7 avril 1887, qui n'est que le corollaire et le complément nécessaire de l'article 10 de la loi du 20 mars 1883, donne sans conteste au Préfet le pouvoir d'apprécier souverainement la convenance de l'emplacement destiné à la construction d'une école communale. Mais lorsqu'il use de son pouvoir pour rejeter l'emplacement choisi par le conseil municipal, il doit, pour se conformer au texte précité, provoquer, antérieurement à l'arrêté préfectoral qui refuse d'accepter le choix de l'assemblée communale, l'avis de l'Inspecteur d'académie.

Avis, 24 mai 1892.

Construction d'écoles. — Lorsqu'un local a été donné ou légué à une commune pour l'établissement d'une école congréganiste et que l'école est laïcisée, il convient, avant d'approuver la construction d'une nouvelle école, d'inviter la municipalité à vérifier s'il existe encore des héritiers du donateur ou testateur, et, en cas d'affirmative, s'ils s'opposent à l'établissement de l'école laïque dans l'ancien local.

Note, 15 mai 1888, commune de Monéteau.

A moins de circonstances exceptionnelles, les dépenses projetées pour construction d'écoles doivent, autant que possible, se

---

(1) Il y a lieu de distinguer le siège d'une école et son emplacement. Le siège désigne la partie de la commune, quartier, hameau, section, etc., où doit être établie l'école ; toute translation de siège emporte nécessairement changement d'emplacement. Mais l'emplacement peut être changé sans qu'il en résulte une translation de siège.

rapprocher des maxima déterminés par le tableau A annexé à la loi du 20 juin 1885, pour les subventions de l'État.

Jurisprudence constante, voir notamment : Note, 22 juin 1887, commune de Bougival.

Permanence des écoles. — La loi n'a prévu dans aucune de ses dispositions la création d'écoles temporaires. Il n'appartient donc pas au conseil départemental de décider, contrairement à l'avis du conseil municipal, que l'école mixte unique établie dans une commune ne sera ouverte que pendant une partie de l'année.

Avis, 28 juin 1888.

Pensionnat primaire. — Tout projet comportant la création d'un pensionnat primaire doit être accompagné de l'autorisation du conseil départemental, qui d'ailleurs restera personnelle à l'instituteur.

Note, 9 août 1887, commune de Pont-Croix. — Plusieurs décisions analogues (sous le régime de la législation antérieure à la loi de 1886), notamment : Avis, 23 mars 1880, commune de Pavilly.

B. — *Établissement d'office d'écoles primaires.*

Lorsqu'une commune n'est pas propriétaire du local où est installée une école obligatoire, et qu'il n'existe aucun engagement du propriétaire garantissant la jouissance de l'immeuble à la commune pour une durée déterminée, la commune ne peut être considérée comme ayant assuré le service scolaire, et il appartient à l'administration supérieure de procéder, après mise en demeure régulière, à une construction ou à une location d'office.

Avis (A. G.), 2 juillet 1891.

Le même droit peut être exercé, en prévision de la laïcisation, au cas où la commune a encore des instituteurs ou institutrices publics congréganistes et que le local appartient à la congrégation. La possession précaire d'un local mis à la disposition de la commune par une congrégation ne saurait équivaloir à l'acte régulier exigé par l'article 42 du décret du 7 avril 1887. Il appartient au Gouvernement de prendre en temps utile les mesures nécessaires pour éviter toute interruption.

Même avis.

N'a pas été considéré comme assuré, le logement des maîtres, dans une commune où les instituteurs congréganistes étaient logés gratuitement au presbytère.

P. de décret, 1ᵉʳ août 1891, commune d'Andrezé.

Lorsqu'une commune ne fournit à ses instituteurs, à défaut de logement, qu'une indemnité représentative et qu'il est impossible à ces maîtres de trouver dans la localité un logement convenable, il appartient à l'autorité supérieure d'obliger la commune à fournir le logement en nature. En vertu de l'article 14 de la loi du 30 octobre 1886, le logement du personnel enseignant est une dépense obligatoire pour la commune ; si l'article 4 de la loi du 19 juillet 1889 prévoit la possibilité d'allouer aux instituteurs une indemnité représentative, il ne résulte nullement de ce texte que la nouvelle loi ait entendu modifier le principe de l'obligation imposée aux communes, ni leur laisser un droit d'option qui pourrait être souvent préjudiciable au bon fonctionnement du service public.

Avis (A. G.), 2 juillet 1891.

Conformément à l'article 10 de la loi du 20 mars 1883, le conseil municipal doit être mis en demeure de faire choix de l'emplacement de l'école, et c'est seulement au cas où il s'y est refusé qu'il y a lieu pour le Préfet de désigner d'office cet emplacement.

Avis, 19 février 1884, commune de Paunat.

En conséquence, il y a lieu de joindre aux pièces qui accompagnent les projets de décret tendant à l'établissement d'office d'écoles primaires l'arrêté préfectoral qui a mis le conseil municipal en demeure de faire choix d'un emplacement.

Note, 24 janvier 1888, commune de Saint-Mars-la-Réorthe.

Les articles 44 et 45 du décret du 7 avril 1887 prévoient deux mises en demeure successives, correspondant chacune à une phase particulière de la procédure, et les formalités qu'ils édictent ont un caractère impératif.

En conséquence, le conseil municipal, après avoir été mis en demeure de faire choix d'un emplacement, doit être ensuite mis en demeure d'adopter le projet de construction et de créer les ressources nécessaires.

Lorsque le refus de voter la construction de l'école est antérieur à l'établissement des plans et devis, l'instruction n'est pas régulière et le conseil municipal doit être appelé à délibérer de nouveau.

Si le conseil persiste dans son refus, le Préfet devra saisir le Conseil général, conformément à l'article 45, § 2, du décret du 7 avril 1887, et cela, alors même que l'assemblée départementale aurait déjà connu de l'affaire lors de la première instruction.

Note, 9 août 1887, commune de Challans. — Avis, 16 avril 1889, commune d'Angerville.

Lorsque la dépense de construction d'une école a été inscrite d'office au budget communal, il y a lieu, par application de l'article 149 de la loi du 5 avril 1884, avant d'établir l'imposition d'office destinée à pourvoir à cette dépense, de mettre de nouveau le conseil municipal en demeure de créer les ressources nécessaires, alors même que cette assemblée aurait antérieurement refusé de les voter.

Note, 22 décembre 1891, commune de la Renaudière.

La loi du 20 mars 1883 ne s'applique qu'au cas où il s'agit de travaux de construction ou d'appropriation de locaux scolaires et non lorsqu'il ne s'agit que de simples réparations. Dans cette dernière hypothèse, il n'est pas nécessaire de recourir à la procédure et aux formalités édictées par la loi précitée. L'article 136, n° 12, de la loi du 5 avril 1884 range en effet les réparations aux immeubles communaux parmi les dépenses obligatoires qui peuvent être inscrites d'office par arrêté préfectoral.

P. de décret et note, 4 mai 1886, commune de Taupond.

La commission départementale ne peut être consultée aux lieu et place du Conseil général sur l'exécution d'office que si elle a reçu une délégation spéciale.

Note, 6 février 1889, commune de Saint-Georges. — Plusieurs décisions conformes.

Lorsqu'un projet de construction de maison d'école excède le maximum fixé par le tableau A annexé à la loi du 20 juin 1885, il ne peut être imposé d'office à une commune qu'à la condition que la dépense ait été réduite aux limites de ce maximum.

Avis, 13 décembre 1887.

Les plans et devis ne doivent comprendre que les locaux obligatoires pour les communes. Si le projet comporte un nombre de classes supérieur à celui que l'école possède actuellement, il ne peut être mis à exécution qu'autant que ces classes auront été régulièrement créées.

Note, 9 août 1887, commune de Challans.

De même, un pensionnat ne peut être compris dans un projet de construction qui est imposé d'office.

Note, 9 août 1887, commune de Challans.

Ne peut être imposée à une commune la construction d'une école mixte, destinée à recevoir le trop plein des écoles de filles et de garçons.

Avis (A. G.), 22 octobre 1885, commune de Villard-Léger.

Il est préférable dans les projets de décret, tendant à l'établissement d'une école primaire publique, de fixer un chiffre unique de dépense comprenant la construction et l'acquisition du terrain. La fixation d'un chiffre distinct pour ces deux dépenses pourrait donner lieu à des difficultés, dans le cas où l'une d'elles excéderait le chiffre prévu sans cependant que la dépense totale soit supérieure au maximum.

Note, 18 janvier 1890, commune de Marillais.

C. — *Subventions de l'État pour construction et appropriation d'écoles.*

Les dispositions de la loi du 20 juin 1885 sont inapplicables : 1° aux écoles de filles établies dans les communes de moins de 400 habitants ; 2° aux écoles maternelles établies dans les communes de moins de 2.000 âmes et de moins de 1.200 âmes de population agglomérée. Par suite l'État ne saurait participer aux dépenses d'installation des dites écoles.

Avis, 5 juin 1888.

Lorsque le concours de l'État est réclamé en vue de la construction d'une école facultative mais susceptible d'être assimilée aux écoles obligatoires, par exemple, d'une école de filles établie dans une commune de plus de 400, mais moins de 500 habitants, il y a lieu d'exiger la production de l'engagement pris par le conseil municipal, conformément au décret du 4 février 1888, de comprendre l'école projetée au nombre de celles qui donneront lieu à une dépense obligatoire pendant une durée égale à celle de l'amortissement de l'emprunt.

Note, 27 mars 1888, commune de Mont-sur-Monnet. — Note, 6 juin 1888, commune de Pontevès. — Note, 27 juin 1888, commune de Salelles.

Le maximum de 12.000 francs fixé par le tableau A, annexé à la loi du 20 juin 1885, pour les écoles de hameau, est applicable exclusivement aux écoles mixtes à classe unique situées en dehors du chef-lieu communal. Les autres écoles établies en dehors du chef-lieu communal doivent être, pour le calcul de la subvention de l'État, assimilées aux écoles de chef-lieu.

Avis, 4 janvier 1888.

Le maximum applicable aux cours complémentaires et aux écoles primaires supérieures de deux ans doit être fixé :

1° En ce qui concerne les cours complémentaires, à 15.000 francs pour la première salle de classe, augmenté de 12.000 francs par chaque classe ou année en sus. Le cours complémentaire qui est annexé à l'école élémentaire ne constitue pas en effet un établissement distinct de celle-ci, et il convient, dès lors, la loi n'ayant pas prévu de maximum qui lui fût spécialement applicable, de lui attribuer le tarif fixé par une école ordinaire, c'est-à-dire 15.000 francs pour la première salle de classe, et 12.000 francs pour chaque classe ou année en sus. Mais il n'y a pas lieu toutefois de tenir compte des salles annexées à ces cours pour l'enseignement du dessin, de la physique, etc., ces annexes ne pouvant être considérées comme des classes au sens prévu par le tableau A.

2° En ce qui touche les écoles primaires supérieures de deux ans, à 80.000 francs.

Le tableau A n'exige pas, en effet, que l'école primaire supérieure comporte un nombre d'années déterminé pour être subventionnée dans les conditions qu'il prévoit.

Le tableau A ne prévoyant pas de subvention particulière pour les pensionnats annexés aux établissements d'enseignement primaire supérieur, les frais de leur installation sont présumés compris dans les maxima sus-mentionnés.

Avis, 4 janvier 1888.

Si la loi de finances du 26 juillet 1893 dispose dans son article 65 que les subventions accordées aux communes en ce qui concerne les établissements d'enseignement primaire seront désormais fournies en capital, ces subventions n'en doivent pas moins, comme par le passé, être calculées d'après un chiffre maximum de dépense totale déterminé par la loi du 20 juin 1885 (tableau A), déduction faite des ressources disponibles. En principe, l'appréciation des ressources disponibles à déduire de la dépense doit se faire au jour où intervient la décision allouant l'indemnité, mais il importe de veiller à ce que, pour obtenir une subvention plus forte, une commune ne donne pas à ses ressources une affectation provisoire en vue de faire disparaître ses disponibilités.

Note, 11 mai 1897, commune de Joué-les-Tours.

La subvention de l'État est calculée sur une dépense qui ne doit jamais dépasser le maximum fixé par le tableau A. Les ressources communales disponibles sont déduites soit de la dépense réelle, quand cette dépense est comprise dans les limites du maximum légal, soit de ce maximum, quand la dépense totale lui est supérieure.

Avis (A. G.), 1er avril 1886.

On ne doit considérer comme ressources communales disponibles au sens et avec les conséquences des dispositions de l'article 8, § 1er, de la loi du 20 juin 1885, que: 1° les fonds libres provenant des exercices antérieurs; 2° le prix des anciennes écoles ou la valeur de leurs matériaux, lorsqu'il en est fait état parmi les ressources destinées a payer les dépenses de construction et d'appropriation des maisons d'école.

Mais les dons et legs, les souscriptions en argent ou en nature et autres libéralités faites à la commune en vue de ses maisons d'école, ont reçu de la volonté des donateurs, testateurs ou souscripteurs une affectation spéciale au profit exclusif de la commune et, par suite, ne constituent pas des ressources communales disponibles devant être déduites de la dépense à laquelle l'État est appelé à contribuer.—Il en est de même des subventions allouées par le Conseil général.

Avis (A. G.), 1er avril 1886. — Note, 25 novembre 1890, commune de Saint-André-sur-Sèvre.

Les fonds, provenant de la vente des biens appartenant en propre à des sections de commune et versés par elles à la caisse de la commune à titre de subvention volontaire en vue de concourir à la construction d'une école communale, ne doivent pas être considérés comme des ressources disponibles dans le sens de l'article 8 de la loi du 20 juin 1885, et il n'y a pas lieu, dès lors, de les déduire de la dépense à laquelle l'État contribue.

Avis (A. G.), 9 décembre 1886.

La loi du 20 juin 1885 ne prévoit de subvention de l'État que pour les travaux de construction, de reconstruction et d'appropriation de maisons destinées au service de l'enseignement.

Il a été décidé que l'établissement d'un plancher, la construction d'une cave à la maison d'école, celle d'une salle de mairie, l'appropriation de la mairie actuelle au logement de l'instituteur ne sauraient être rangés parmi les travaux auxquels puisse s'appliquer la subvention de l'État; le conseil municipal doit, dès lors, pourvoir à l'intégralité de la dépense sur les ressources communales.

Avis (A. G.), 27 mars 1886, commune de Lussac. — Avis, 26 mai 1886, commune de Saint-Aubin-des-Bois.

D. — Déclaration d'utilité publique.

La construction d'une école primaire ne peut être déclarée d'utilité publique qu'autant que le fonctionnement de cette école a été régulièrement assuré.

Avis, 14 mai 1895, ville du Mans.

La construction ou l'agrandissement d'une école ne saurait être déclaré d'utilité publique en l'absence de la délibération du conseil départemental par laquelle a été décidée la création de l'établissement. Cette délibération constitue le titre qui donne une situation légale à l'école et permet en conséquence de déclarer l'utilité publique des travaux destinés à pourvoir à son installation.

Jurisprudence constante, voir notamment : Note, 3 août 1887, commune de Montmorillon. — Notes, 2 mai 1888 et 27 juin 1888, commune d'Eybens. — Note, 26 juin 1888, ville du Havre. — Note, 27 juillet 1897, commune de Gadencourt.

La construction d'une école de garçons ne peut être déclarée d'utilité publique sans que le conseil départemental ait décidé la transformation de l'école mixte en écoles distinctes pour les garçons et les filles.

Note, 8 août 1887, commune de Plobannalec.

Le conseil départemental doit également être appelé à délibérer lorsque le projet ne comporte pas seulement la reconstruction de l'école, mais sa translation dans un autre emplacement.

Note, 11 juillet 1888, commune de Lorbrie.

La décision du conseil départemental doit être approuvée par le Ministre de l'Instruction publique. L'utilité publique des travaux ne peut donc être déclarée qu'autant qu'il est justifié de cette approbation.

Avis, 27 juin 1888, commune de Saint-Cyprien. — Note, 7 août 1888, commune de Montreuil-sous-Bois. — Note, 27 juillet 1897, commune de Gadencourt.

Il n'y a pas lieu de déclarer d'utilité publique la construction d'une école lorsque le Ministre de l'Instruction publique, en approuvant la délibération du conseil départemental portant création de cette école, a décidé qu'elle ne pourrait être suivie d'effet que lorsque le traitement des instituteurs aurait été assuré, soit au moyen de l'inscription au budget de l'État d'un crédit spécial pour construction d'écoles, soit au moyen d'une suppression d'emploi correspondante dans le département, soit enfin par un vote du conseil municipal s'engageant à payer les traitements sur le budget communal jusqu'à ce qu'il puisse y être pourvu aux frais de l'État. Le fonctionnement de l'école ne peut être en effet considéré comme assuré, puisque la création de postes d'instituteurs dans cette école est subordonnée soit à des événements incertains, soit à une condition contraire à la loi du 19 juillet 1889 qui a mis les traitements des instituteurs à la charge de l'État.

Avis, 21 janvier 1891, commune de Juliénas.

Avant de déclarer d'utilité publique la construction d'un groupe scolaire au chef-lieu d'une commune de laquelle dépend un hameau se trouvant dans les conditions prévues par l'article 8 de la loi du 20 mars 1883, il convient d'appeler le conseil départemental à se prononcer définitivement sur le point de savoir si la commune doit être pourvue de deux écoles mixtes établies l'une au chef-lieu, l'autre au hameau, ou de deux écoles spéciales au chef-lieu.

Note, 27 juin 1888, commune de Saint-Rigomer-des-Bois.

La construction d'une école publique de filles qui n'a pas été créée antérieurement à la loi du 30 octobre 1886 dans une commune de moins de 500 habitants, ne peut être déclarée d'utilité publique qu'autant que le conseil municipal s'est préalablement engagé à subvenir sur les seules ressources du budget communal aux frais d'installation et d'entretien de cette école.

Avis, 27 juin 1888, commune de Saint-Cyprien.

E. — *Suppression d'écoles.*

Tant qu'une école régulièrement établie n'est pas supprimée, la dépense en est obligatoire pour la commune.

Avis, 23 novembre 1887.

Le conseil départemental ne peut refuser de prononcer la suppression d'une école de filles établie dans une commune de plus de 400 habitants mais de moins de 500, alors que le conseil municipal en réclame la suppression. Cette commune qui ne saurait être, sous l'empire de la loi du 30 octobre 1886, obligée d'établir cette école, si elle n'existait pas, ne saurait être contrainte de la maintenir, contrairement au vote du conseil municipal (1).

Avis, 23 novembre 1887.

Le conseil départemental peut prononcer, malgré l'avis contraire du conseil municipal, et sous réserve de l'approbation du Ministre, la suppression de l'école de filles du chef-lieu d'une commune comptant 500 habitants et au-dessus, lorsque par suite de l'établissement dans cette commune d'une ou plusieurs écoles de hameau créées dans les conditions de la loi du 20 mars 1883, la circonscrip-

---

(1) Cette décision doit être rapprochée du décret du 4 février 1888, qui décide que le concours de l'Etat pour la fondation ou l'entretien d'une des écoles primaires que les communes peuvent établir à titre facultatif ne sera accordé qu'à celles de ces communes qui se seront engagées à comprendre l'école projetée au nombre de celles qui donneront lieu à une dépense obligatoire pendant le laps de temps déterminé par l'article 2 du dit décret.

tion scolaire du chef-lieu se trouve réduite de telle sorte qu'une école mixte peut y suffire.

Avis, 27 juin 1888.

§ 2: Subventions aux écoles privées

Les communes ne peuvent se prévaloir de l'article 145 de la loi du 5 avril 1884 pour subventionner les écoles privées.

La loi du 30 octobre 1886 a distribué les établissements d'enseignement primaire en deux groupes distincts, suivant qu'ils appartiennent à l'enseignement public ou à l'enseignement privé, et n'admet d'aucune manière l'existence d'un troisième groupe formé par le concours des communes, des associations et des particuliers. Il en résulte qu'il ne peut appartenir aux conseils municipaux de créer ce troisième groupe, en employant une partie des ressources communales à favoriser sous quelque appellation que ce soit l'effort des associations ou des particuliers.

Avis (A. G.), 19 juillet 1888 (1).

Les communes ne peuvent pas davantage se prévaloir d'un acte testamentaire ou d'une donation dont l'acceptation a été régulièrement autorisée avant la loi du 30 octobre 1886 pour inscrire à leur budget des subventions en faveur de ces écoles. Le produit des dons et legs constitue des fonds communaux au même titre que les autres recettes et ne peuvent par suite recevoir une affectation prohibée par la loi.

Avis, 14 mai 1889.

§ 3 : Caisses des écoles

En présence du refus d'un conseil municipal d'arrêter les statuts nécessaires au fonctionnement d'une caisse des écoles, peut-il appartenir au Préfet, en tant que représentant le pouvoir central chargé d'assurer l'exécution des lois, d'intervenir pour arrêter d'office ces statuts et assurer le fonctionnement de la dite caisse dont l'existence est, aux termes de la loi du 18 mars 1882, obligatoire dans toutes les communes de France ? *non résolu.*

Question posée dans une note du 17 juin 1896. (Legs Gromard.)

---

(1) Jurisprudence confirmée par un arrêt du Conseil d'État du 20 février 1891.

CHAPITRE SIXIÈME

SERVICES DU CULTE

Dépenses des communes pour grosses réparations et reconstruction d'édifices consacrés au culte.

(Loi du 5 avril 1884, art. 136, 11° et 12°.)

Bien qu'aux termes d'un avis du 5 décembre 1858 et d'un arrêt du 23 juin 1864, les sections de communes érigées en paroisses distinctes n'aient pas une existence propre leur permettant de s'imposer extraordinairement à l'exclusion du reste de la commune pour les charges du culte, il n'en résulte pas que, lorsque plusieurs communes concourent aux dépenses du culte d'une même paroisse, elles doivent y participer pour une part égale, en proportion du territoire de chacune d'elles qui est compris dans la paroisse. Dans ce cas, la somme nécessaire à la reconstruction de l'église doit être répartie entre les communes intéressées au marc le franc des quatre contributions de la partie de leur territoire comprise dans la paroisse, et une fois cette première répartition faite, il y a lieu de répartir dans chacune d'elles leur part respective de la dépense entre tous les contribuables.

Avis (A. G.), 7 août 1879, communes d'Ambialet et autres.

Depuis la loi du 5 avril 1884, les communes n'étant plus tenues, même subsidiairement, de pourvoir aux dépenses du culte, il importe de ne pas laisser les fabriques aliéner les capitaux qu'elles possèdent en vue de dépenses qui ne sont obligatoires pour elles que jusqu'à concurrence de leurs ressources disponibles, c'est-à-dire pour celles prévues aux §§ 11 et 12 de l'article 136 de la loi de 1884.

Note, 18 septembre 1884, fabrique de Joursac.

On doit considérer comme ressource disponible des fabriques, dans le sens de l'article 136 de la loi du 5 avril 1884, non le produit de la vente d'un immeuble ou d'une rente non grevée de charges, mais seulement les excédents des recettes sur les dépenses nécessitées par l'exercice du culte et par l'entretien des édifices paroissiaux ou le montant des libéralités spécialement affectées aux réparations des dits édifices.

Avis, 2 juillet 1884. Note, 31 mai 1885, fabrique d'Épeigné-les-Bois.

De même le produit d'un emprunt ne saurait être considéré comme une ressource disponible.

Avis, 23 décembre 1884, fabrique de l'église d'Yffiniac.

Les communes ne sauraient être obligées de suppléer à l'insuffisance des ressources pour les frais du culte dans une chapelle de secours (1).

P. de décret et note, 30 juillet 1884. Érection en chapelle de secours de la chapelle des Oblats, à Nancy.

Il ne convient d'approuver l'engagement pris par un conseil municipal de garantir l'emprunt contracté par une fabrique en vue de la reconstruction d'une église, que si l'effet de cet engagement est limité au cas où les revenus de la fabrique ne présenteraient pas d'excédent après le paiement des dépenses ordinaires du culte.

Note, 5 août 1884. Emprunt de la fabrique du Mesnil-Armand.

Une commune ne peut être affranchie d'une obligation légale par une convention particulière; dès lors, ne peut être ratifié l'engagement pris par une fabrique de ne jamais exercer un recours au sujet de l'indemnité de logement que l'article 136 de la loi du 5 avril 1884 range parmi les dépenses obligatoires de la commune.

P. de décret et note, 21 juillet 1897, fabrique de Saint-Pathus.

Il doit toujours être statué par décret sur les difficultés qui s'élèvent entre une fabrique et une commune au sujet des dépenses prévues aux § § 11 et 12 de l'article 136 de la loi de 1884, la dite loi n'ayant fait aucune distinction entre le cas où les Ministres sont d'accord pour proposer, soit l'admission, soit le rejet de la demande de la fabrique et le cas où les Ministres eux-mêmes sont en désaccord.

Avis, 6 août 1885.

---

(1) Cette décision est d'ailleurs conforme à la jurisprudence antérieure à la loi de 1884. Avis, 5 janvier 1869. Voir p. 26, en note,

CHAPITRE SEPTIÈME

SERVICES DE L'ASSISTANCE COMMUNALE

Les membres des congrégations religieuses sont soumis pour l'acquisition du domicile de secours aux prescriptions de la loi du 24 vendémiaire an II. L'exception, faite à l'égard des personnes ne pouvant choisir le lieu de leur séjour et non soumises aux charges locales, ne saurait être étendue aux membres des congrégations religieuses.

Avis, 25 juin 1884.

Les contingents dus par l'État et la commune au service des enfants assistés ne doivent être calculés qu'après déduction faite, sur la dépense à laquelle ils s'appliquent, du produit des fondations, dons, legs et amendes de police correctionnelle.

Avis (A. G.), 5 juillet 1888.

Le contingent communal à fournir pour les dépenses des enfants assistés doit être prélevé, en principe, sur toutes les communes du département; le Conseil général, chargé de la fixation et de la répartition du contingent, ne peut valablement dispenser de la contribution que les communes qui n'ont pas les moyens de supporter la dépense.

Avis (A. G.), 31 mars 1881.

Les communes ne sont pas tenues de pourvoir par des subventions à l'insuffisance des ressources des hospices et des bureaux de bienfaisance, sans qu'il y ait lieu de distinguer à cet égard entre celles qui ont un octroi et celles qui en sont dépourvues.

Avis, 25 juillet 1888.

L'obligation pour les hôpitaux de recevoir les étrangers malades privés de ressources, ne résulte pas de l'article premier de la loi du 7 août 1851, mais peut être stipulée dans un traité diplomatique comportant la clause de réciprocité.

Avis (A. G.), 25 janvier 1897 (1).

---

(1) Cet avis est ainsi conçu :

« Considérant qu'il résulte de l'article premier de la loi du 15 juillet 1893 que l'assistance médicale gratuite est réservée aux Français privés de ressources et que les étrangers ne peuvent y prétendre que si leur nation d'origine a passé avec le Gouvernement français un traité d'assistance réciproque ;

« Considérant qu'il résulte de là que l'article premier de la loi du 7 août 1851, qui dispose qu'un individu privé de ressources tombant malade dans la commune peut être admis dans un hôpital sans condition de domicile, ne saurait s'appliquer qu'aux Français malades sauf le cas visé par la loi de 1893 précitée ;

EST D'AVIS :

« Que les étrangers malades privés de ressources ne sont obligatoirement admis dans les hôpitaux que sous la condition de réciprocité. »

CHAPITRE HUITIÈME

SERVICES DIVERS

Éclairage.

(Loi du 5 avril 1884, art. 115.)

Dans les traités ayant pour objet l'éclairage par le gaz, il n'y a pas lieu d'approuver une clause qui dispenserait la compagnie concessionnaire, en cas de découverte d'un autre mode d'éclairage, de fournir cet éclairage, à la condition de réduire le prix du gaz de façon à procurer à la ville et aux particuliers une économie équivalente à celle qui résulterait du nouveau mode d'éclairage.

Il convient au contraire de réserver à la ville la faculté d'imposer à la compagnie l'emploi des nouveaux modes d'éclairage qui seraient ultérieurement découverts.

Note, 4 août 1886, ville de Lille.

Il a toutefois été admis que cette obligation ne serait pas imposée à la compagnie dans les dernières années de sa concession à la condition qu'elle réduirait le prix du gaz de façon à procurer à la ville et aux particuliers une économie équivalente à celle qui résulterait du nouveau mode d'éclairage.

P. de décret (A. G.), 24 novembre 1886, ville de Lille.

Salubrité, eaux et égouts.

(Loi du 28 pluviôse an VIII, art. 4, 3°. — Loi du 16 septembre 1807, art. 30 à 32, 35 à 37, 48. — Loi du 3 mai 1841.)

Une ville ne peut être autorisée à réclamer des indemnités à des propriétaires pour les bénéfices indirects résultant de l'exécution de travaux publics, conformément aux articles 30 et 31 de la loi du 16 septembre 1807, qu'autant que les immeubles de ces propriétaires ont acquis une notable augmentation de valeur dans le sens de l'article 30 précité.

Avis (A. G.), 10 juillet 1884, ville d'Amiens. Construction d'égouts (1).

Pour qu'une ville puisse se prévaloir des dispositions de l'article 36 de la loi du 16 septembre 1807 en vue de réclamer à des propriétaires des indemnités de plus-value, elle doit y être autorisée par un décret spécial rendu en Conseil d'État.

P. de décret et note (A. G.), 16 février 1882, ville de Saint-Étienne. — Plusieurs décisions conformes.

Il n'y a pas lieu de donner cette autorisation, lorsqu'il n'est pas justifié que les propriétaires aient retiré de ces travaux des avantages immédiats.

Avis, 24 mai 1890, ville de Firminy.

La loi du 13 avril 1850 n'est pas applicable en un cas où il ne s'agit pas seulement d'assainir des quartiers reconnus insalubres dans les conditions déterminées par les articles 3 et suivants de la dite loi, mais d'exécuter une opération d'intérêt général sur un ensemble d'habitations et de terrains.

Avis (A. G.), 21 juillet 1881. Assainissement et relèvement du quartier Marbœuf

Il n'appartient qu'au Gouvernement d'ordonner, par application de l'article 35 de la loi de 1807, des travaux ayant pour effet de supprimer des jouissances anciennes sur les cours d'eau. (Il s'agissait dans l'espèce de faire jeter le ruisseau de la Rize, à Lyon, dans des égouts existants ou à construire sous les voies publiques.) Le Préfet ne saurait trouver ni dans les lois des 12-20 août 1790 et 6 octobre 1791, ni dans les décrets des 25 mars 1852 et 13 avril 1861 le droit d'ordonner des travaux de cette importance.

P. de décret et note (A. G.), 8 avril 1880. Canalisation de la Rize à Lyon.

Lorsque l'exécution de ces travaux ne nécessite aucune emprise sur les propriétés riveraines, il n'y a pas lieu de recourir à la

---

(1) Dans cette espèce, le projet de décret autorisait la ville à faire application des dispositions des articles 30 et 31 de la loi de 1807, alors que le conseil municipal demandait à bénéficier des articles 35, 36 et 37 de la dite loi, et que toute l'instruction avait été faite en vue de l'application de ces dernières dispositions.

déclaration d'utilité publique. Les droits que les riverains pourraient avoir à l'usage des eaux n'ont pas le caractère de droits de propriété, ils ne constituent que des droits de jouissance dont la privation peut justifier des demandes d'indemnités à fixer par le conseil de préfecture.

P. de décret et note (A. G.), 8 avril 1880, ville de Lyon.

Les projets de distribution d'eau doivent être soumis au conseil général des ponts et chaussées et au conseil d'hygiène publique. Lorsqu'un projet de ce genre doit entraîner une dérivation importante, il y a lieu de demander l'avis de ce dernier conseil, non seulement sur le degré hydrotimétrique des eaux, mais encore sur les inconvénients que cette dérivation pourrait présenter pour la salubrité des communes traversées.

Note, 28 juillet 1885, ville de Villefranche. — Note, 27 décembre 1893, commune de Mamers.

Il y a lieu de rechercher si le volume d'eau captée dépasse ou non les besoins de la population, et, en cas d'affirmative, de fixer dans le décret même le chiffre maximum de la dérivation en tenant compte de ses besoins.

Note, 28 juillet 1885, ville de Villefranche.

Une commune ne peut être autorisée à acquérir par voie d'expropriation des sources nécessaires à l'usage public des habitants d'une autre commune, mais elle peut être autorisée à acquérir le superflu de ces eaux.

Avis, 7 février 1883, commune d'Andelot-en-Montagne.

Lorsque la commune peut se procurer de l'eau de rivière pour les services municipaux, l'industrie, les irrigations, etc., le projet d'alimentation en eau de source doit se borner à assurer largement la distribution d'eau potable.

Note, 28 juillet 1885, ville de Villefranche.

L'expropriation ne doit pas être autorisée pour le compte d'une compagnie des eaux; le droit d'expropriation doit être accordé à la ville seule, sauf à elle à passer avec la compagnie les traités nécessaires pour la bonne organisation du service des eaux.

Note, 28 juillet 1885, et P. de décret, 3 novembre 1886, ville de Villefranche.

Il n'y a pas lieu d'approuver la clause d'une convention passée entre une commune et une compagnie concessionnaire du service des eaux, en vertu de laquelle un tribunal arbitral serait chargé de statuer sur les différends qui peuvent s'élever entre les abonnés et la compagnie; il ne saurait, en effet, appartenir aux parties contractantes de constituer une juridiction spéciale qui enlèverait les abonnés à leurs juges naturels; une pareille stipulation serait nulle comme faite en violation de l'article 1006 du Code de procédure civile.

Avis (A. G.), 14 décembre 1893. Régime de l'abonnement aux eaux de source. Paris

Lorsqu'une ville sollicite la déclaration d'utilité publique de la dérivation d'un cours d'eau ou du captage d'une source, elle doit prendre cet engagement formel d'indemniser les usiniers et autres réclamants des dommages qu'ils pourraient prouver leur avoir été causés par l'exécution des travaux.

Note, 29 novembre 1881, ville de Rive-de-Gier. — Note, 28 juillet 1885, ville de Villefranche.

C'est également la ville et non la compagnie des eaux qui doit prendre l'engagement d'indemniser les propriétaires et usiniers des dommages causés par le captage des sources.

Note, 28 juillet 1885 et P. de décret, 3 novembre 1886, ville de Villefranche.

Cet engagement ne doit pas être simplement mentionné par un visa; il doit faire l'objet dans le décret d'un article spécial ainsi conçu : *La ville devra, conformément à l'engagement qu'elle a pris dans les délibérations des   indemniser les usiniers et autres réclamants de tous les dommages qu'ils pourraient prouver leur avoir été causés.*

P. de décret et note (A. G.), 15 janvier 1891, villes de Roubaix et de Tourcoing. — Note, 10 juin 1891, ville de Biarritz.

Une commune ne peut revendre à son profit, aux usiniers des communes voisines, l'eau dont le captage aurait été déclaré d'utilité publique.

Note, 29 novembre 1881, commune de Rive-de-Gier.

Pharmacie municipale.

Un conseil municipal ne peut, sans sortir de ses attributions légales, prendre une délibération qui affecte un crédit à la création d'une pharmacie municipale vendant les médicaments au prix de revient et gérée par un titulaire à la nomination du conseil. La création d'une pharmacie municipale est à la fois contraire aux prescriptions de la loi du 5 avril 1884, et à celles de la loi du 21 germinal an XI.

Avis (A. G.), 2 août 1894(1).

Halles et Marchés.

(Loi du 5 avril 1884, art. 68, 13°. — Loi du 28 pluviôse an VIII, art. 16. — Arrêté du 12 messidor an VIII — Loi du 21 juillet 1884, art. 39.)

Les termes de l'article 68, 13°, de la loi du 5 avril 1884 qui donne aux conseils municipaux le droit de décider, sans avoir besoin de l'approbation de l'autorité supérieure, la création des « simples marchés d'approvisionnement », doivent s'entendre de tous les marchés autres que les marchés aux bestiaux, et non pas être restreints aux marchés d'intérêt purement local.

Avis (A. G.), 5 mai 1887.

---

(1) Cet avis est ainsi conçu :

« Le Conseil d'État, consulté par le Ministre de l'Intérieur sur la question de savoir si le conseil municipal de Roubaix a pu, sans sortir de ses attributions légales, prendre une délibération en vertu de laquelle il a affecté une somme de 25.000 francs à la création d'une pharmacie municipale vendant les médicaments au prix de revient et gérée par un titulaire à la nomination du conseil municipal,

Vu les délibérations du conseil municipal de Roubaix des 13 octobre et 15 décembre 1893 ;

Vu la loi du 5 avril 1884 ;

Vu la loi du 21 germinal an XI ;

Considérant que la fabrication, l'achat et la vente des médicaments constituent des opérations industrielles ou commerciales étrangères aux attributions légales des communes ;

Que, d'ailleurs, les lois et règlements sur la pharmacie s'opposent à ce qu'une officine soit gérée par un autre que le propriétaire, lequel doit être muni d'un diplôme de pharmacien ; que, s'il résulte de l'interprétation de la loi que cette règle n'est pas applicable aux pharmacies d'hospices, cette exception ne saurait être étendue aux communes ;

Que, de ce qui précède, il résulte que l'établissement d'une pharmacie municipale est à la fois contraire aux prescriptions de la loi du 5 avril 1884 et à celles de la loi du 21 germinal an XI ;

Est d'avis :

De répondre à la question posée par le Ministre de l'Intérieur dans le sens des observations qui précèdent. »

Aucune confusion ne saurait être établie entre le droit d'administration sur les halles et marchés qui appartient au Préfet de la Seine, et le droit de surveillance et de police qui dans ces mêmes établissements doit appartenir au Préfet de police. C'est donc dans les attributions du Préfet de police que doivent être placés la direction et le personnel du service de l'inspection sanitaire des bestiaux amenés au marché de La Villette.

Avis (A. G.), 8 mai 1890.

Travaux communaux (Ville de Paris).

(Ordonnance du 14 novembre 1837. — Décret du 8 août 1873, art. 91. — Loi du 14 avril 1871, art. 14.)

S'il appartient au conseil municipal de régler, dans l'intérêt de la ville, les conditions des adjudications, il ne peut, sans sortir de ses attributions et porter atteinte à la liberté du travail, substituer une réglementation imposée à l'effet légal des conventions entre patrons et ouvriers. Il ne peut, notamment, imposer aux adjudicataires l'obligation de payer à leurs ouvriers, par journée de travail d'un nombre d'heures déterminé, un salaire uniforme fixé par la *Série officielle des travaux de Paris*. Il ne peut, à plus forte raison, après avoir posé le principe d'une revision annuelle du taux des salaires, décider que le résultat de cette revision sera applicable aux travaux entrepris depuis plusieurs années et s'attribuer ainsi, au mépris du principe de l'irrévocabilité des conventions, le droit de modifier les marchés en cours d'exécution.

P. de décret (A. G.), 15 mars 1888. Annulation d'une délibération du conseil municipal de Paris.

Le conseil municipal de Paris ne peut décider, en violation de l'article 9 du décret du 8 août 1878, que les travaux de la ville seront exécutés en régie ou à la journée sans que l'administration s'y trouve obligée par suite de circonstances de force majeure.

P. de décret (A. G.), 15 mars 1888.

CHAPITRE NEUVIÈME

SYNDICATS DE COMMUNES

(Loi du 23 mars 1890.)

————

La commission administrative d'un hospice créé par un syndicat de communes doit être composée conformément à la loi du 5 août 1879. La personnalité de l'hospice ne doit pas, en effet, être absorbée par celle du syndicat. De même qu'un hospice ordinaire a une existence distincte de celle de la commune dans laquelle il a été créé, de même un hospice intercommunal doit former un établissement indépendant du syndicat qui n'est, en réalité, que la représentation de plusieurs communes associées. Le comité du syndicat n'a d'autre rôle à remplir vis-à-vis de l'hospice que celui dont est chargé le conseil municipal, dans chaque commune, à l'égard de l'établissement charitable qui y est installé.

P. de décret et note (A. G.), création d'un syndicat entre les communes de Pantin, Bagnolet et autres en vue de la création d'un hospice intercommunal à Pantin.

A été autorisée la constitution d'un syndicat entre trois communes de l'Algérie en vue de l'établissement d'un service d'assistance médicale gratuite.

Note, 7 juillet 1896, communes de Mouzaïaville, La Chiffa et El-Affroun.

On ne peut autoriser plusieurs communes à constituer un syndicat pour la création d'un hospice intercommunal avant que les ressources nécessaires aient été réalisées.

Note, 19 décembre 1895, commune de Nanteuil-le-Haudoin.

La composition de la commission administrative d'un hospice créé par un syndicat de communes doit être la même que celle d'un hospice communal. Pour assurer la représentation des communes autres que celles où est situé l'établissement, il suffit que le Préfet choisisse en dehors de cette commune les quatre membres dont la nomination lui appartient.

P. de décret et note, 5 avril 1892. Hospice de Buchy (Seine-Inférieure).

En vue de la création d'un bureau de bienfaisance intercommunal, a été autorisée la création d'un syndicat de communes dans le comité duquel, en raison du nombre des intéressés, chaque conseil municipal ne devait être représenté que par un délégué.

P. de décret et note, 21 janvier 1896. Legs Cabonat, canton de Pierrefitte.

Lorsqu'un syndicat de communes est formé en vue de la création d'un établissement qui n'a pas son analogue parmi les établissements publics, l'article 176 de la loi du 5 avril 1884, ni aucune autre disposition de cette loi, ne s'opposent à ce que le décret d'institution du syndicat crée pour cette œuvre une organisation spéciale en rapport avec son objet.

Note, 7 juillet 1896, communes de Mouzaïaville, La Chiffa et El-Affroun.

TITRE IV

ORGANISATION ET FONCTIONNEMENT

DES

ÉTABLISSEMENTS PUBLICS

CHAPITRE PREMIER

BUREAUX DE BIENFAISANCE (I)

Loi du 7 frimaire an V. — Décret du 25 mars 1852. — Loi du 21 mai 1873. — Loi du 5 août 1879. — Loi du 15 juillet 1893.)

---

§ 1er : CRÉATION

La création des bureaux de bienfaisance doit être autorisée par décret rendu en Conseil d'État.

Jurisprudence constante, notamment : P. de décret (A.-G.), 24 juillet 1884, commune de Nicolas-Vermel (2).

La loi du 15 juillet 1893, qui donne au bureau d'assistance le droit d'accepter, à défaut de bureau de bienfaisance, les dons

---

(1) A cette matière se rattachent les textes suivants :

P. de décret portant règlement d'administration publique sur l'organisation des secours à domicile dans la ville de Paris (9 mai 1895).
— P. de loi sur la représentation des pauvres et l'administration des établissements d'assistance (23 janvier 1896).

(2) L'article 14 de la loi du 24 juillet 1867 avait attribué compétence aux Préfets pour autoriser la création des bureaux de bienfaisance; mais cette disposition ayant été abrogée par la loi du 5 avril 1884, la législation antérieure, c'est-à-dire le décret du 25 mars 1852 qui exigeait l'intervention d'un décret en Conseil d'Etat, s'est trouvée remise en vigueur.

et legs faits pour le soulagement des pauvres, ne s'oppose pas
à la création de nouveaux bureaux de bienfaisance.

P. de décret et avis (A. G.), 28 février 1894 : Legs Siret (1). — Avis (A. G.),
30 mai 1895 : Legs Beauvais (2).

Il y a lieu d'introduire d'office une disposition portant création
d'un bureau de bienfaisance dans un projet de décret autorisant
l'acceptation d'un legs, lorsque ce legs a été fait en vue de la
création du dit établissement, qu'il est suffisant pour assurer sa

---

(1) L'avis adopté par le Conseil d'État est ainsi conçu :

« Considérant que la loi susvisée du 15 juillet 1893 est une loi spéciale sur l'assistance médicale gratuite; que loin d'abroger les lois en vigueur sur les bureaux de
bienfaisance, elle fait au contraire mention de ces établissements et prévoit l'existence
dans la même commune d'un bureau d'assistance médicale et d'un bureau de bienfaisance, avec des patrimoines séparés, des budgets distincts et des attributions différentes ;

« Considérant d'autre part qu'aucune disposition de la même loi n'interdit la
création de bureaux de bienfaisance dans les communes qui en sont actuellement
dépourvues et que ce n'est qu'à défaut d'un établissement de cette nature qu'aux
termes de l'article 10 le bureau d'assistance possède les droits et attributions qui lui
appartiennent ; qu'il suit de là que la loi susvisée du 15 juillet 1893 n'a porté
nulle atteinte aux lois et règlements qui autorisent la création de nouveaux bureaux
de bienfaisance ;

« Considérant dans l'espèce que le legs de la dame Siret est fait expressément
en vue de la création d'un bureau de bienfaisance dans la commune de Chadurie.

« Est d'avis :

« Qu'il y a lieu de compléter le projet de décret dont il s'agit par une disposition
portant que les arrérages du legs Siret seront capitalisés jusqu'à la création d'un
bureau de bienfaisance dans la commune de Chadurie. »

(2) Cet avis est ainsi conçu :

« Le Conseil d'État qui, sur le renvoi ordonné par le Ministre de l'Intérieur,
et à l'occasion d'un projet de décret relatif, notamment, à un legs fait en faveur
des pauvres de Pontgouin (Eure-et-Loir) par la demoiselle Beauvais, a examiné
les questions suivantes :

« 1° Le legs fait en faveur des pauvres de la commune de Pontgouin, qui est
dépourvue de bureau de bienfaisance, mais qui est dotée d'un hospice, doit-il être
accepté par le bureau d'assistance?

« 2° Y a-t-il lieu de créer un bureau de bienfaisance dans la commune de
Pontgouin?

« Sur la première question :

« Considérant que l'article 10, § 3, de la loi du 15 juillet 1893 porte qu'à défaut
d'hospice ou de bureau de bienfaisance le bureau d'assistance possède tous les
droits et attributions qui appartiennent au bureau de bienfaisance; que ces mots
« à défaut d'hospice ou de bureau de bienfaisance » visent, entre autres hypo-
thèses, celle où la commune possède un hospice et n'est pas pourvue d'un bureau
de bienfaisance; que ce cas est celui de la commune de Pontgouin.

« Sur la deuxième question :

« Considérant qu'il résulte d'un avis du Conseil d'État, du 28 février 1894 (legs
Siret), que, si le bureau d'assistance tient de l'article 10, § 3, de la loi du 15 juillet

fondation et que les autorités locales consultées ont émis un avis favorable.

P. de décret et avis (A. G), 26 juillet 1894. Legs Brossard. — P. de décret et note, 24 octobre 1895. Legs de Forceville.

Dans une commune partagée en deux sections la création d'un bureau de bienfaisance pour chaque section n'a pas été autorisée. Cette double création, sans présenter aucun avantage, aurait eu l'inconvénient d'encourager les tendances séparatistes des habitants.

P. de décret et note, 9 mars 1887, commune de Beaumont-Hamel (Somme).

Quand un bureau de bienfaisance institué dans une commune par application de la loi du 7 frimaire an V a cessé de fonctionner

1893 le droit d'accepter, à défaut de bureau de bienfaisance, les dons et legs faits pour le soulagement des pauvres, cette acceptation ne fait pas obstacle à ce qu'il soit ensuite créé un bureau de bienfaisance dans la commune pour administrer et répartir les fonds provenant de ces libéralités;

« Considérant que cette interprétation se fonde, d'une part, sur ce que la loi du 15 juillet 1893 n'a porté aucune atteinte aux lois et règlements antérieurs sur la création des bureaux de bienfaisance; d'autre part, sur ce qu'il peut y avoir intérêt à instituer, à côté du bureau d'assistance qui a pour mission spéciale d'assurer l'assistance médicale gratuite, l'organisme préposé par la loi du 7 frimaire an V à la distribution des secours à domicile;

« Considérant que le Gouvernement a accepté cette interprétation, puisqu'il a, à diverses reprises, depuis la loi du 15 juillet 1893, proposé la création de nouveaux bureaux de bienfaisance;

« Qu'il estime, il est vrai, que cette création doit être limitée au cas spécial où elle est la condition formelle de la libéralité;

« Mais, considérant que la loi du 15 juillet 1893 ne fournit pas de base à une semblable restriction, et, qu'en tout cas, si le Gouvernement avait pensé que la loi précitée ait eu pour effet d'interdire d'une manière absolue la création de nouveaux bureaux de bienfaisance, il n'aurait pas admis que la volonté des donateurs ou testateurs pût faire échec à ses dispositions;

« Qu'ainsi le Gouvernement et le Conseil d'Etat sont d'accord pour reconnaître que l'article 10, § 3, de la loi du 15 juillet 1893 ne s'oppose pas, en principe, à la création de nouveaux bureaux de bienfaisance; qu'il ne s'agit plus, dès lors, que de déterminer dans quelles circonstances il sera opportun de les créer;

« Qu'il résulte d'une jurisprudence depuis longtemps établie que la création d'un bureau de bienfaisance est justifiée toutes les fois que les biens affectés aux secours à domicile ont une importance suffisante pour comporter une administration distincte;

« Que, si le minimum des ressources exigé pour cette création avant la loi du 15 juillet 1893, et qui avait été fixé à 50 francs de revenu, est susceptible d'être ultérieurement augmenté, il est dès à présent certain, en ce qui concerne la commune de Pontgouin, que la libéralité faite aux pauvres par la demoiselle Beauvais constituera une dotation suffisante, puisque cette libéralité s'élève à environ 20.000 francs.

« EST D'AVIS:

« 1° Que le bureau d'assistance de Pontgouin a qualité pour accepter le legs fait en faveur des pauvres de cette commune par la demoiselle Beauvais;

« 2° Qu'il y a lieu de provoquer la création d'un bureau de bienfaisance dans cette commune. »

faute de ressources, il n'est pas nécessaire de faire intervenir un acte du pouvoir exécutif pour le reconstituer ; il suffit de procéder à la nomination d'une commission administrative conformément aux lois en vigueur.

Note, 13 février 1889, création d'un bureau de bienfaisance à Bus (Somme).

Au contraire, si dans une commune il existe en fait un bureau de bienfaisance dépourvu de titre ou dont le titre d'origine ne peut être retrouvé, il y a lieu de lui donner l'existence légale par un décret d'autorisation.

P. de décret (A. G.), 25 février 1886, commune de Michel-le-Roi.

Le conseil municipal doit toujours être consulté ; mais le bureau peut être créé contrairement à son avis.

Note, 25 février 1885, commune de Baron (Gironde).

§ 2 : Ressources

Pour que la création d'un bureau de bienfaisance soit autorisée, il est indispensable que le nouvel établissement jouisse de ressources suffisantes pour justifier sa création.

Le chiffre minimum requis pour la création d'un bureau de bienfaisance, que la jurisprudence avait fixé à un revenu de 50 francs avant la promulgation de la loi du 15 juillet 1893, a été élevé à 300 francs, depuis que cette loi a investi les bureaux d'assistance de la gestion du patrimoine des pauvres en l'absence d'un bureau de bienfaisance.

P. de décret et note, 5 août 1895. Legs Chapelain.

Il est fait exception à la règle précédente dans le cas ou cette création est la condition d'une libéralité.

Avis, 24 octobre 1895, commune de Luzy. — P. de décrets et notes, 12 décembre 1895, communes de Perthes et d'Argenton-Château.

A été présumé fait à cette condition un legs par lequel un testateur a nominativement institué un bureau de bienfaisance inexistant.

P. de décret et note, 5 août 1895. Legs Michel.

Il est sursis à statuer sur la création d'un bureau de bienfaisance lorsque le legs fait aux pauvres consiste en une nue propriété, mais le projet de décret qui autorise l'acceptation de cette libéralité par le bureau d'assistance, doit contenir une disposition prescrivant la création d'un bureau de bienfaisance au plus tard lors de l'extinction de l'usufruit.

P. de décret et note, 13 juin 1895. Legs Vené.

Le patrimoine des pauvres dont la gestion est confiée au maire ne peut être employé que jusqu'à concurrence des quatre cinquièmes à la création d'un bureau de bienfaisance, le dernier cinquième devant être réservé au bureau d'assistance.

P. de décret et note, 19 octobre 1897, commune de La Chapelle-aux-Lys.

L'engagement pris par un particulier de verser une somme dans la caisse du bureau de bienfaisance, le jour où cet établissement sera créé, ne constitue pas une dotation suffisamment assurée; il faut que la donation soit préalablement réalisée et acceptée par le maire, représentant légal des pauvres.

Note, 27 octobre 1885, commune de Boussenac (Ariège).

De même, si un bureau de bienfaisance doit être créé à l'aide d'une rente appartenant à la commune, celle-ci doit par une délibération du conseil municipal s'engager formellement à en faire l'abandon au bureau de bienfaisance.

Note, 25 février 1885, commune de Savignac-de-Montflanquin.

Il n'y a pas lieu en principe d'autoriser la création d'un bureau de bienfaisance dont la dotation exigerait l'établissement d'une imposition extraordinaire. Cette imposition constituerait, sous une forme déguisée, une véritable taxe au profit des pauvres.

Jurisprudence constante, notamment: Avis, 18 janvier 1890, commune de Périgny (Charente-Inférieure).

Par application de cette règle, n'a pas été autorisée la création d'un bureau de bienfaisance qui devait être doté au moyen de l'aliénation de deux rentes appartenant à la commune, cette aliénation devant avoir pour effet de diminuer les ressources communales et d'élever dans une large mesure le chiffre des impositions de cette commune.

Note, 28 mai 1889, commune d'Ouroux.

Il appartient à l'administration de ne pas autoriser la perception de centimes pour insuffisance de revenus, quand cette perception a pour but caché de permettre à une commune de réaliser des économies en vue de la création d'un bureau de bienfaisance.

Note, 25 novembre 1891, communes de Treilles (Aude) et du Bardon (Loiret).

Cependant a été exceptionnellement autorisée la création d'un bureau de bienfaisance dont la dotation provenait pour partie d'une imposition établie pour une année.

P. de décret, 27 juillet 1887, commune de Couddes.

A été également autorisée la création d'un bureau de bienfaisance qui devait être doté au moyen de l'aliénation d'un terrain appartenant à la commune, alors que le prix offert de cet immeuble, dont les revenus étaient insignifiants, constituait un bénéfice fortuit pour la commune.

P. de décret et note, 17 janvier 1895, commune de Bossery.

Les communes peuvent faire abandon de fonds libres pour fonder des bureaux de bienfaisance.

P. de décret, 12 mai 1886, commune de Saïda (Algérie). — P. de décret, 10 janvier 1889, commune de Saint-Just-des-Marais (Oise).

Ne peuvent être considérées comme fonds libres les économies réalisées sur des crédits tant qu'ils conservent une affectation spéciale.

Avis, 30 décembre 1890, commune de Durban.

CHAPITRE SECOND

BUREAUX D'ASSISTANCE
(Loi du 15 juillet 1893.) (1)

§ 1er : ORGANISATION

Bien qu'il y ait unité de composition des commissions administratives des bureaux de bienfaisance et d'assistance dans une commune où il n'existe pas d'hospice, l'administration de ces deux établissements, qui ont des droits et des obligations distincts, reste complètement séparée. Il y a lieu, par suite, d'exiger des délibérations spéciales pour chaque établissement.

Note, 12 mars 1895. Legs Archidet. — Note, 24 avril 1895. Legs Devienne. — Jurisprudence constante.

§ 2 : RESSOURCES

Les bureaux de bienfaisance ne sont tenus de contribuer aux dépenses de l'assistance médicale que s'ils possèdent des biens affectés par les actes de fondation aux malades.

Lettre, 22 mai 1895, octrois de Saint-Valery-en-Caux et d'Oissel.

Le bureau de bienfaisance n'est pas légalement tenu de verser au bureau d'assistance la somme qu'il affectait avant la loi du 15 juillet 1893 à l'assistance médicale, mais il est équitable que le bureau de bienfaisance fasse annuellement abandon au bureau d'assistance de la somme qu'il consacrait chaque année avant la loi du 15 juillet 1893 à ce service, qui ne rentre plus dans ses attributions. En conséquence, l'établissement dont s'agit doit

---

(1) L'article 10 de la loi du 15 juillet 1893 crée dans chaque commune un bureau d'assistance chargé d'assurer le service de l'assistance médicale et à qui sont dévolus, à défaut de bureau de bienfaisance, tous les droits et attributions qui appartiennent à cet établissement.

être invité à inscrire à son budget un crédit en vue de cette destination.

Lettre, 30 janvier 1895, octroi de Saint-Valery. — Lettre, 5 février 1895, octroi d'Oissel.

La loi du 15 juillet 1893 n'impose pas aux communes l'obligation de calculer les frais du service de l'assistance médicale sur des bases uniformes.

Lettre, 22 mai 1895, octrois de Saint-Valery-en-Caux et d'Oissel.

CHAPITRE TROISIÈME

HOSPICES

(Lois des 16 vendémiaire an V et 16 messidor an VII. — Loi
du 7 août 1851. — Loi du 21 mai 1873. — Loi du 5 août 1879.)

---

§ 1ᵉʳ : CRÉATION

Le décret relatif à la fondation d'un hospice doit indiquer le
montant et la nature des ressources qui composeront la dotation
de l'établissement.

Note, 31 janvier 1895, commune d'Ally. — P. de décret et note (A. G.), 19 novembre 1896, commune de Bédarieux.

Si, dans une commune, il existe en fait un hospice dépourvu de
ce titre, il y a lieu de lui donner l'existence légale par un décret
d'autorisation.

P. de décret (A. G.), 17 mars et (A. G.) 12 mai 1880, communes de Landivy
(Mayenne) et de l'Ile-Jourdain (Vienne).

Lorsqu'un hospice est administré par un bureau de bienfaisance,
il y a lieu d'inviter l'administration à conférer à l'établissement
hospitalier une existence distincte et une organisation conforme
aux lois en vigueur.

Note, 26 novembre 1889. Legs Revel.

Lorsqu'un legs est fait à un hospice qui n'a pas été constitué
en établissement distinct mais qui est administré par un bureau
de bienfaisance, et que la libéralité jointe aux ressources antérieures paraît constituer une dotation suffisante pour assurer
l'existence de cet hospice, il y a lieu de provoquer la création
d'un établissement hospitalier distinct.

Note, 8 janvier 1884 et P. de décret, 7 décembre 1887, commune de Givors (Rhône).

Lorsqu'un legs est fait en vue de la création d'un asile et que les termes du testament permettent de créer soit un établissement public, soit un établissement d'utilité publique, il est préférable de fonder un établissement public.

P. de décret et note (A. G.), 22 juillet 1886, commune d'Agde (Hérault). Legs Lachaud.

§ 2 : Organisation

L'article 8 de la loi du 21 mai 1873 ne concerne que les actes antérieurs à la promulgation de la loi et dont celle-ci aurait eu pour effet de contrarier l'exécution. En conséquence, un décret, rendu en Conseil d'État, ne saurait approuver la constitution d'une commission administrative de bureau de bienfaisance ou d'hospice communal dans laquelle le Préfet n'aurait point de délégués ou aurait un nombre de délégués inférieur à celui des autres membres.

Avis (A. G.), 7 novembre 1895.

Lorsque la création d'un hospice intéresse plusieurs communes, il y a lieu de composer la commission administrative de manière à se rapprocher autant que possible des dispositions de la loi du 5 août 1879.

P. de décret et note, 27 juillet 1887, communes de Fontenay, de Montreuil et de Vincennes. — Avis (A. G.), 7 novembre 1895.

Lorsqu'un legs a été fait à une commune en vue de la création d'un hospice où seraient reçus, d'abord, les indigents de cette commune et subsidiairement ceux des communes voisines, la commune instituée en première ligne doit intervenir seule dans la fondation de l'établissement charitable ; les autres communes sont appelées seulement à recueillir le bénéfice de la libéralité dans les limites fixées par le testateur, c'est-à-dire subsidiairement.

P. de décret (A. G.), 22 novembre 1888, commune de Saint-Hilaire (Indre). — P. de décret et note, 21 mai 1890, commune de Saint-Ambreuil (Saône-et-Loire).

Dans le cas où les revenus d'un hospice et ceux d'un bureau de bienfaisance pris séparément n'excèdent pas 30.000 francs, alors que réunis ils sont supérieurs à ce chiffre, comme dans le cas où les revenus de chacun d'eux excèdent 30.000 francs, les commissions administratives de l'hospice et du bureau de bienfaisance doivent concourir à la présentation des candidats aux fonctions de receveurs de ces deux établissements.

Au contraire, si les revenus de l'un des établissements excèdent 30.000 francs alors que ceux de l'autre ne dépassent pas ce chiffre, la commission administrative de l'établissement dont les revenus dépassent 30.000 francs a seule qualité pour faire cette présentation.

Avis (A. G.), 4 juin 1896 (1). — Avis (A. G.), 8 juillet 1897.

---

(1) Cet avis est ainsi conçu :

« Le Conseil d'État qui, sur le renvoi ordonné par le Ministre de l'Intérieur, a été consulté sur la question de savoir si la liste de présentation des candidats aux fonctions de receveur de l'hospice et du bureau de bienfaisance, lorsque les recettes des deux établissements sont réunies, doit être établie par la commission administrative de l'hospice seule ou par une assemblée composée à la fois des administrateurs de l'hospice et de ceux du bureau de bienfaisance,

« Vu la dépêche ministérielle du 21 avril 1896 ;

« Vu l'avis du Ministre des Finances, du 23 août 1895 ;

« Vu l'article 14 de la loi du 7 août 1851 et l'article 6 de la loi du 21 mai 1873;

« Vu les articles 558 et suivants du décret du 31 mai 1862 ;

« Considérant que, pour répondre à la question posée par le Ministre de l'Intérieur, il y a lieu de distinguer entre les divers cas qui peuvent se présenter :

« 1° Les revenus de l'hospice et ceux du bureau de bienfaisance pris séparément n'excèdent pas 30.000 francs, alors que réunis ils sont supérieurs à ce chiffre ;

« 2° Les revenus de chacun des deux établissements excèdent 30.000 francs ;

« 3° Les revenus de l'un des établissements excèdent 30.000 francs alors que ceux de l'autre ne dépassent pas ce chiffre ;

« Considérant que si dans le premier cas la gestion financière de l'hospice et du bureau de bienfaisance peut être confiée à un même receveur spécial, c'est à la condition que les deux établissements aient demandé la réunion de leurs recettes ;

« Que la création de la recette spéciale étant en pareil cas le résultat d'un accord intervenu entre les commissions administratives des deux établissements, celles-ci se trouvent investies à l'égard du comptable commun des mêmes prérogatives, d'où il suit qu'elles doivent exercer de concert le droit de présentation qui leur a été conféré par l'article 6 de la loi du 21 mai 1873 ;

« Considérant qu'une solution identique doit être par la même raison adoptée dans le second cas ; qu'en effet chacun des deux établissements ayant alors la faculté d'avoir un receveur distinct, la réunion de leurs recettes entre les mains d'un receveur unique ne peut avoir lieu que par l'effet d'une entente entre les commissions administratives ;

« Mais considérant qu'il ne saurait en être de même lorsqu'un seul des deux établissements a des revenus supérieurs à 30.000 francs ; que le droit d'avoir un receveur spécial n'appartient qu'à cet établissement et que, par suite, sa commission administrative a seule qualité pour dresser la liste de présentation ; qu'en ce qui touche l'autre établissement, sa gestion financière est de droit confiée au receveur municipal à moins qu'il n'ait consenti au rattachement de sa recette à la recette spéciale,

« Est d'avis :

« 1° Que dans le premier et le second des cas ci-dessus prévus, les commissions administratives de l'hospice et du bureau de bienfaisance doivent concourir à la présentation prescrite par l'article 6 de la loi du 21 mai 1873 ;

« 2° Que dans le troisième cas la commission administrative de l'établissement dont les revenus dépassent 30.000 francs a seule qualité pour faire cette présentation. »

§ 3 : Ressources

Les hospices sont créés habituellement à l'aide de ressources provenant de dons ou de legs faits en vue de cette création.

Il n'y a pas lieu en principe d'autoriser la création d'un hospice dont le fonctionnement ne pourrait être assuré qu'au moyen d'une imposition extraordinaire.

Avis, 13 février 1889, commune de Saint-Ouen.

Cependant une commune a été autorisée à contracter un emprunt et à inscrire à son budget une annuité de remboursement en vue de créer un hôpital et de subvenir à ses besoins.

P. de décret (A. G.), 23 septembre 1880, commune de Flers (Orne).

Si un hospice est créé dans une commune où le bureau de bienfaisance possède un immeuble affecté au traitement de malades, il y a lieu d'inviter le bureau de bienfaisance à céder cet immeuble à l'hospice.

Note, 1er août 1883, commune de Villequier-Aumont (Aisne).

Quand un hospice est créé au moyen de biens meubles ou immeubles cédés par le bureau de bienfaisance, le décret doit contenir une disposition portant qu'il sera passé acte de cette cession.

P. de décret et note, 9 novembre 1887, commune d'Aurec (Haute-Loire).

Un hospice peut être installé provisoirement dans un immeuble appartenant à la commune.

P. de décret (A. G.), 2 août 1883, commune d'Andeville (Oise).

Ne doit pas être comprise dans la dotation d'un hospice une subvention municipale, à raison de son caractère précaire, même lorsqu'elle est votée annuellement depuis de longues années.

Note, 15 novembre 1893. Création d'un hôpital, commune de Raon-L'Étape.

§ 4 : Suppression

Avant de rapporter un décret qui a autorisé la création d'un hospice, il est nécessaire, alors même que le décret n'aurait pas été suivi d'exécution, de nommer une commission administrative, et de prendre son avis sur le retrait d'autorisation. L'avis du conseil municipal ne saurait être considéré comme suffisant.

Note, 16 mai 1888, commune de Parentis (Landes). — P. de décret (A. G.), 17 janvier 1889.

Le patrimoine d'un hospice, dépourvu de ressources suffisantes pour assurer l'hospitalisation, ne saurait être attribué à un autre établissement de bienfaisance avant que le dit hospice n'ait été légalement supprimé.

P. de décret et note, 12 avril 1892. Legs Heyraud.

Un hospice ayant été supprimé, l'attribution de son patrimoine a été faite au bureau de bienfaisance.

P. de décret et note, 12 avril 1892 Legs Heyraud.

Mais, depuis la loi du 15 juillet 1893, un hopital étant supprimé, sa dotation doit être attribuée au bureau d'assistance, et non au bureau de bienfaisance.

Note, 5 avril 1895. Hospice de Jussey.

CHAPITRE QUATRIÈME

MONTS - DE - PIÉTÉ [1]

(Loi du 23 juin 1851.)

Le conseil d'administration d'un mont-de-piété se compose du maire, président de droit, et de douze membres nommés par le Préfet savoir : un tiers parmi les membres du conseil municipal, un tiers parmi les administrateurs des établissements charitables, un tiers parmi les porteurs de cinq parts de fondateurs, domiciliés dans la ville.

P. de décret (S. réun. I. et F.), 24 mars 1891. Création du mont-de-piété de Nice (2).

Le conseil d'administration est nommé pour trois ans et renouvelé par tiers tous les ans: il peut s'adjoindre des administrateurs adjoints pris parmi les fondateurs et chargés du service de surveillance, d'inspection et de contrôle sous l'autorité de l'administrateur délégué.

Même décision.

Les parts de fondateur sont nominatives. Après le prélèvement de tous les frais il leur est attribué, sur les bénéfices, un intérêt qui ne peut dépasser 4 p. 100. Elles sont remboursées par voie de tirage au sort dans la mesure et dans les formes établies par le Préfet.

Même décision.

Les délibérations du conseil d'administration sont soumises aux règles de tutelle et de compétence édictées par les articles 8, 9

----

(1) La jurisprudence de la section considère les monts-de-piété comme des établissements publics. Avis (S. réun. I. et F.), 27 juin 1888. Mont-de-piété de Paris.
(2) A l'occasion de l'établissement du mont-de-piété de Nice, les sections réunies de l'Intérieur et des Finances ont élaboré un projet de statuts destinés à servir de statuts modèles pour les établissements de cette nature. Les dispositions essentielles de ces statuts sont reproduites au texte.

et 10 de la loi du 7 août 1851 en ce qui concerne les commissions administratives des hospices.

Même décision.

Dans le cas où les opérations du mont-de-piété prennent de l'extension, le conseil d'administration peut proposer au Préfet la nomination d'un directeur dont les attributions sont toujours distinctes de celles du caissier.

Même décision.

Les monts-de-piété prêtent à partir de 3 francs jusqu'à 500 francs sur tous les objets susceptibles de valeur appréciable.
Les prêts sont faits jusqu'à concurrence des quatre cinquièmes de leur valeur, au poids pour les bijoux et objets d'or et d'argent, et jusqu'à concurrence des deux tiers du prix de leur évaluation pour le linge et les objets mobiliers.

Même décision.

Le taux de l'intérêt perçu pour les emprunts est fixé par le Ministre de l'Intérieur, après délibération du conseil d'administration et avis du Préfet; ce taux ne peut dépasser 0 fr. 75 par 100 francs et par mois.

Même décision.

Les prêts sont accordés pour un an sauf à l'emprunteur la faculté de dégager ses effets avant le terme.

Avis (S. réun. I. et F.), 27 juin 1888, mont-de-piété de Paris. Prêts sur nantissement de valeurs mobilières.

Les attributions en vue desquelles les monts-de-piété ont été institués ne comprennent point le prêt sur nantissement de meubles incorporels et en particulier de valeurs au porteur. Toutefois, la loi du 25 juillet 1891 autorise le mont-de-piété de Paris à prêter sur nantissement de valeurs mobilières au porteur, et l'article 11 décide même que le bénéfice de cette disposition pourra être étendu à d'autres monts-de-piété par décret rendu en la forme des règlements d'administration publique. — Par application de ce dernier article, les monts-de-piété de Toulouse et de Boulogne-sur-Mer ont reçu l'autorisation de prêter sur nantissement de valeurs au porteur.

P. de décret (A. G.), 18 février 1892, mont-de-piété de Toulouse. — P. de décret (A. G.), 30 janvier 1896, mont-de-piété de Boulogne-sur-Mer.

Les monts-de-piété doivent autant que possible constituer des établissements distincts dégagés de tout lien avec les établissements de bienfaisance. Les établissements nouvellement créés peuvent être chargés de la liquidation des anciens monts-de-piété annexés aux hospices.

P. de décret et note (A. G.), 11 février 1886, mont-de-piété de Rouen. — P. de décret et note, 21 mai 1884, mont-de-piété de Marseille (1).

Un mont-de-piété peut-être autorisé à émettre des obligations avec la garantie de la ville. Il peut, en vertu de nouvelles autorisations, en augmenter le nombre en raison de l'accroissement de la population de la région.

P. de décret (A. G.), 3 août 1882, 21 mai 1884 et 13 juillet 1887, mont-de-piété d'Alger.

A été approuvée l'abrogation d'un décret du 12 août 1853, qui limitait le montant des prêts d'un mont-de-piété à 10.000 francs pour les bureaux principaux et à 500 francs pour les bureaux auxiliaires.

P. de décret (A. G.), 21 juillet 1887, mont-de-piété de Paris.

A été approuvée une modification de statuts tendant à autoriser un mont-de-piété à procéder plusieurs fois par an à la vente des gages non retirés, au lieu de procéder à une vente unique.

P. de décret et note (A. G.), 18 novembre 1880, mont-de-piété d'Avignon.

Si un fonds de garantie destiné à couvrir les déficits à la charge des commissaires-priseurs doit être alimenté, en tout ou en partie, par un droit proportionnel en sus du prix de vente payé par l'acquéreur, la création de ce fonds ne peut être autorisée que par une loi.

Avis (A. G.), 30 novembre 1882, mont-de-piété de Lyon.

La loi du 26 juillet 1893 ayant réduit à 2 p. 100 l'intérêt que la Caisse des dépôts et consignations est tenue de servir aux ayants

(1) Ces décisions n'ont fait que confirmer l'ancienne jurisprudence. Voir notamment l'affaire du mont-de-piété de Brest, en 1872.

droit de chaque somme consignée, l'intérêt servi par les monts-de-piété pour les cautionnements déposés à leurs caisses doit être réduit au même chiffre, sans qu'il y ait lieu d'affranchir de cette règle les agents mêmes des monts-de-piété.

Note, 5 août 1895.—P. de décret et note (A. G.), 9 janvier 1896, mont-de-piété de Versailles. —P. de décret et note (A. G), 6 août 1896, mont-de-piété du Havre.

CHAPITRE CINQUIÈME

ÉTABLISSEMENTS PUBLICS DU CULTE

Règles générales.

Le régime légal des édifices paroissiaux et des cimetières dans les pays incorporés à la France en 1860 (Savoie, Haute-Savoie et Alpes-Maritimes) est le même que dans les autres départements français.

Avis (A. G.), 24 décembre 1896.

Le diocèse n'a pas de personnalité civile ; il ne représente qu'une division du territoire français faite au point de vue religieux et sur laquelle s'étend la juridiction épiscopale.

Avis (A. G.), 17 mars 1880. Legs Bastier de Meydat. — P. de décret (A.G.), 17 mars 1880. — Legs Brossais Saint-Marc. — Note, 10 juillet 1895. Legs Borel.

§ 1ᵉʳ : MENSES ÉPISCOPALES
(Décret du 6 novembre 1813, titre II.)

Le diocèse ne constitue pas une personne morale. La capacité civile appartient uniquement à l'évêché considéré comme mense épiscopale, c'est-à-dire comme établissement destiné à assurer la condition des titulaires successifs du diocèse, et c'est exclusivement en vue de l'amélioration de cette condition que la mense épiscopale est apte à posséder.

Avis (A. G.), 17 mars 1880 (1). Legs Bastier de Meydat.

---

(1) Cet avis est ainsi conçu :

« Sur la question de principe :

« Considérant que la personnalité civile d'un établissement ne peut résulter que d'une disposition précise, ou d'un ensemble de dispositions impliquant son existence ;

« Considérant qu'il n'a jamais été contesté que la personnalité civile du diocèse n'a été établie par aucun texte formel, mais qu'il a été soutenu que l'article 73 de la loi du 18 germinal an X, rendue en exécution de l'article 15 du concordat, et le décret du 19 thermidor an XIII, impliquent cette personnalité ;

Le commissaire administrateur nommé au décès d'un évêque conformément à l'article 34 du décret du 7 novembre 1813, pour l'administration des biens de la mense épiscopale pendant la vacance, est chargé de procéder à la régularisation de la dotation de cet établissement.

Jurisprudence constante, voir notamment: P. de décret (A. G.), 30 octobre 1884. Aliénation par la mense épiscopale de Langres. — P. de décret (A. G.), 4 avril 1889. Régularisation du patrimoine de la mense épiscopale de Nimes.

La première opération à faire pour arriver à cette régularisation consiste à diviser les biens qui composent le patrimoine de la

« Considérant que l'article 73 de la loi du 18 germinal an X se borne à désigner l'évêque pour accepter les fondations qui ont pour objet l'entretien des ministres et l'exercice du culte, sans indiquer au nom de quel établissement cette acceptation doit avoir lieu; que cette désignation de l'évêque diocésain n'avait d'autre but que de permettre l'exécution des libéralités pieuses jusqu'à ce que les divers organes du culte catholique aient été constitués avec leurs attributions spéciales et en vue de leur mission particulière; que, d'une part, d'après le décret du 6 novembre 1813, les libéralités faites pour l'entretien des ministres du culte doivent être attribuées aux cures ou succursales, menses épiscopales, chapitres et séminaires suivant la catégorie d'ecclésiastiques que les bienfaiteurs ont entendu gratifier, et que, d'autre part, d'après l'article premier du décret du 30 décembre 1809, les fabriques ont été chargées d'administrer tous les fonds qui sont affectés à l'exercice du culte;

« Considérant que, si le décret du 19 thermidor an XIII a constitué un fonds de secours, pour les ecclésiastiques âgés et infirmes, et a confié à l'évêque l'administration de ce fonds de secours, la seule conséquence à en tirer est que l'évêque peut être autorisé à accepter des libéralités dans l'intérêt des prêtres âgés et infirmes.

« Qu'il résulte de ce qui précède que ni l'article 73 de la loi organique du 18 germinal an X, ni le décret du 19 thermidor an XIII ne contiennent de dispositions relatives à la personnalité civile du diocèse:

« Considérant que, si l'ordonnance du 2 avril 1817 autorise les évêques à accepter les libéralités faites à leur évêché, et si le mot évêché a dans plusieurs textes législatifs ou réglementaires le sens du mot diocèse, la dite ordonnance prise en exécution de la loi du 2 janvier précédent n'a pas eu pour objet et n'aurait pu avoir pour effet de créer un établissement dont l'existence n'aurait pas été précédemment reconnue; que le mot évêché, dans la dite ordonnance, ne peut s'appliquer qu'à l'ensemble des biens constitués sous le nom de mense épiscopale par le décret du 6 novembre 1813, dont les évêques, appelés au gouvernement des diocèses, ont successivement la jouissance ou l'usufruit en raison de l'exercice de leurs fonctions;

« Que, dans l'état actuel de notre législation, l'évêché ou mense épiscopale constitue une personne civile, mais que le diocèse ne représente qu'une division du territoire français qui a été faite au point de vue religieux et sur laquelle s'étend la juridiction épiscopale;

« En ce qui touche le décret proposé:

« Considérant que le diocèse n'ayant pas la personnalité civile, il y a lieu de substituer à la formule proposée par le projet de décret la formule adoptée par la jurisprudence pour les libéralités faites aux établissements dépourvus d'existence légale,

« Est d'avis:

« 1º Que la question de principe soit résolue dans le sens des observations qui précèdent;

« 2º Que le dispositif du décret porte qu'il n'y a pas lieu de statuer sur le legs fait au diocèse de Clermont, le diocèse n'ayant pas d'existence légale. »

mense en trois catégories : 1° ceux qui concourent directement au but de la mense ; 2° ceux qui ont une affectation étrangère à ce but, mais prévue cependant par les décrets ou ordonnances qui les ont fait entrer dans le patrimoine de l'établissement ecclésiastique ; 3° ceux dont l'affectation irrégulière n'a même jamais été autorisée.

Jurisprudence constante, voir notamment: P. de décret (A. G.), 21 juin 1888 Régularisation de la mense épiscopale de Limoges.

S'il y a des immeubles parmi les biens compris dans la première catégorie, il y a lieu d'en prescrire l'aliénation dans la mesure du possible afin de diminuer la mainmorte immobilière.

P. de décret (A. G.) , 23 décembre 1886. Aliénation d'immeubles par la mense épiscopale de Laval.

Les immeubles qui rentrent dans la seconde catégorie doivent-ils être conservés dans le patrimoine de la mense ?

Rép. aff. : P. de décret (A. G.), 21 juin 1888. Régularisation du patrimoine de la mense épiscopale de Limoges. — P. de décret (A. G.), 9 août 1888. Régularisation du patrimoine de la mense épiscopale de Poitiers.
Rép. nég. : P. de décret (A. G.), 30 octobre 1888. Aliénation par la mense épiscopale de Langres. — P. de décret (A. G.), 29 janvier 1885. Aliénation par la mense épiscopale du Mans. — P. de décret (A. G.), 24 décembre 1885. Régularisation du patrimoine de la mense épiscopale de Fréjus.

Il y a lieu de prescrire l'aliénation des immeubles qui rentrent dans la troisième catégorie.

Jurisprudence constante, voir notamment : P. de décret (A. G.), 11 décembre 1884. Aliénation par la mense épiscopale de Verdun. — P. de décret (A. G.), 4 avril 1889. Régularisation du patrimoine de la mense épiscopale de Nîmes. — P. de décret et note (A. G.), 27 février 1896. Régularisation du patrimoine de la mense archiépiscopale d'Avignon.

Il y a lieu également de transformer en rentes sur l'État les valeurs mobilières de la mense.

P. de décret et note (A. G.), 27 février 1896. Régularisation du patrimoine de la mense archiépiscopale d'Avignon.

Lorsqu'à l'occasion de la régularisation du patrimoine d'une mense, le commissaire administrateur constate l'existence de biens dont l'acquisition n'a pas été régulièrement autorisée, il convient, tout d'abord, de régulariser cette acquisition, s'il y a lieu.

P. de décret (A. G.), 9 août 1888. Régularisation du patrimoine de la mense épiscopale du diocèse de Poitiers.

Les décrets prescrivant l'aliénation des immeubles qui ne sont pas affectés à un usage conforme au but de la mense épiscopale doivent énumérer expressément les biens auxquels s'appliquera cette prescription.

P. de décret et note (A. G.), 11 décembre 1884. Aliénation d'immeubles par la mense épiscopale de Verdun.

Ils sont habituellement libellés de la manière suivante:

Le commissaire administrateur des biens de la mense de........ pendant la vacance du siège devra faire procéder à la vente aux enchères publiques, etc.

Dans certains cas, lorsqu'il était utile de réserver à l'administration le soin d'apprécier, d'après les circonstances, si la vente de certains immeubles devait, ou non, être effectuée, il a été substitué à cette formule la formule suivante:

Le commissaire pour l'administration des biens de la mense de............pendant la vacance du siège est investi de tous les pouvoirs nécessaires à l'effet d'aliéner.

P. de décret et note (A. G.), 30 juillet 1891. Régularisation du patrimoine de la mense épiscopale d'Angoulême.

Il n'y a pas lieu de justifier les mesures prescrites par le projet de décret au moyen de considérants établissant le principe de la spécialité des établissements publics, et limitant le but dans lequel ont été instituées les menses archiépiscopales et épiscopales.

Note (A. G.), 30 octobre 1884. Aliénation par la mense épiscopale de Langres.

Les pouvoirs du commissaire administrateur, qui, aux termes de l'article 45 du décret du 6 novembre 1813, doit régir jusqu'à la prise de possession par le nouvel évêque, peuvent-ils être prorogés au delà de ce terme?

Rép. aff.: P. de décret (A. G.), 26 juin 1884. Régularisation du patrimoine de la mense épiscopale de Tours. — Nombreuses décisions conformes et notamment: P. de décret (A. G.), 29 janvier 1885. Aliénation par la mense épiscopale du Mans. — P. de décret (A. G.), 9 août 1888. Régularisation du patrimoine de la mense épicospale de Poitiers.

Rép. nég.: P. de décret et note (A. G.), 4 avril 1889. Régularisation du patrimoine de la mense épiscopale de Nîmes.

N'a pas été autorisée la mise sous séquestre des biens d'une mense épiscopale jusqu'au moment où la régularisation de la dotation devait être achevée.

P. de décret et note (A. G.), 4 avril 1889. Régularisation du patrimoine de la mense épiscopale de Nîmes.

§ 2 : MAISONS DE RETRAITE ET CAISSES DE SECOURS
POUR LES PRÊTRES AGÉS OU INFIRMES
(Décret du 13 thermidor an XIII. — Décret du 6 novembre 1813.)

Lorsqu'il s'agit de réorganiser une caisse de secours pour les prêtres âgés ou infirmes, il y a lieu de prescrire l'aliénation des immeubles qui lui appartiennent et ne concourent pas à son but légal. Il doit être procédé à cette opération dans un délai déterminé, et il convient, en prévision du cas où le secrétaire-trésorier ne se conformerait pas à cette prescription, de réserver au Ministre des Cultes, par une disposition spéciale, le droit de nommer un agent chargé de poursuivre l'aliénation.

P. de décret et note (A. G.), 10 juillet 1884. Réorganisation de la caisse de secours pour les prêtres âgés ou infirmes du diocèse de Versailles.

Par application du principe de la spécialité des établissements publics, il n'y a pas lieu d'autoriser, à l'occasion de la régularisation du patrimoine d'une mense épiscopale, la cession par cet établissement à une caisse de secours pour les prêtres infirmes d'une maison destinée à servir de lieu de villégiature aux prêtres jeunes ou âgés, non seulement du diocèse, mais de toute la région, qui désireraient pour raison de santé ou autre passer quelques mois au bord de la mer.

P. de décret et note (A. G.), 12 juillet 1892. Régularisation du patrimoine de la mense épiscopale d'Angers.

Il peut y avoir lieu, dans le décret qui prononce la dissolution d'un conseil d'administration d'une caisse de secours, de prescrire la nomination, par le Ministre des Cultes, d'un administrateur séquestre chargé de gérer l'établissement jusqu'à la nomination du nouveau conseil, en lui conférant le pouvoir de réclamer les comptes de l'administration précédente; d'exercer toutes les actions qui appartiennent à la caisse; de faire toutes les diligences pour obtenir la restitution des biens qui lui appartiennent. Il devra enfin remettre ses comptes au conseil d'administration qui sera nommé en vertu du décret de réorganisation et des statuts à intervenir.

P. de décret (A. G.), 31 mai 1883. Dissolution du conseil d'administration de la caisse de secours pour les prêtres âgés ou infirmes du diocèse d'Angers.

L'administrateur séquestre peut être autorisé à emprunter au nom de l'établissement et à hypothéquer en garantie de cet emprunt des immeubles appartenant à la caisse, dans le but de faire face aux frais nécessités par l'administration de la dite caisse, et notamment pour le recouvrement des sommes qui lui sont dues.

P. de décret (A. G.), 27 mars 1884. Emprunt par la caisse de secours pour les prêtres âgés ou infirmes du diocèse d'Angers.

Lorsqu'un décret a prononcé la dissolution du conseil d'administration d'une caisse de secours et maison de retraite, et a prescrit la nomination d'un administrateur séquestre, il n'y a lieu d'examiner s'il convient ou non de supprimer ou de réorganiser le dit établissement, qu'après l'issue de toutes les instances que l'administrateur séquestre a dû introduire dans l'exercice des pouvoirs qui lui ont été attribués. C'est à ce moment seulement qu'il est possible d'apprécier la véritable situation de l'établissement et les conséquences des irrégularités qui ont pu être commises.

Avis (A. G.), 10 juillet 1884. Maison de retraite pour les prêtres âgés ou infirmes du diocèse de Tarbes. — Avis (A. G.), 10 juillet 1884. Maison de retraite pour les prêtres âgés ou infirmes du diocèse de Pamiers.

Lorsqu'il paraît nécessaire d'apporter des modifications aux statuts proposés par l'évêque à l'occasion de la création d'une caisse de secours, il y a lieu, avant de prendre une décision définitive, de demander l'avis de l'évêque sur ces modifications, bien que le Gouvernement ait le droit d'imposer à la constitution de cet établissement les conditions qu'il juge convenable.

Note, 12 janvier 1881. Caisse de secours pour les prêtres âgés ou infirmes du diocèse de Tulle.

Les statuts qui ont servi de modèle pour la réorganisation des caisses de secours sont ceux adoptés pour la caisse du diocèse d'Angers.

Annexe au P. de décret (A. G.), 4 juin 1885. Réorganisation de la caisse de secours pour les prêtres âgés ou infirmes du diocèse d'Angers.

La présidence du conseil d'administration de l'établissement appartient à l'évêque. Mais il a été admis qu'en l'absence de celui-ci, un vicaire général pourrait être appelé à le remplacer.

Annexe au P. de décret (A. G.), 3 juillet 1890. Réorganisation de la caisse de secours pour les prêtres âgés ou infirmes du diocèse de Nantes.

Le conseil d'administration comprend des membres laïques représentant les fabriques du diocèse, choisis par le Ministre des Cultes parmi les membres des conseils de fabrique, à raison d'un par arrondissement. Il n'y a pas lieu de donner un droit de présentation à l'évêque.

Note, 24 juillet 1888. Caisse de secours des prêtres âgés ou infirmes du diocèse d'Angoulême.

Il convient de substituer, dans les nouveaux statuts des caisses de secours des prêtres âgés ou infirmes, à la disposition qui attribuait à l'élection la désignation de membres ecclésiastiques du conseil d'administration, une clause par laquelle cette qualité est attachée de plein droit à certaines fonctions prévues par les statuts (*doyen du chapitre, curé de la cathédrale...*).

P. de décrets et note (A. G.), 29 juillet 1897. Réorganisation des caisses de secours pour les prêtres âgés ou infirmes des diocèses de Tours, Orléans et Amiens.

En cas de refus persistant de l'évêque de régulariser les statuts de la caisse de son diocèse, le Gouvernement peut procéder d'office à la modification de ces statuts.

Cette mesure est préférable à un refus d'autorisation de recueillir un legs, refus qui aurait pour conséquence de priver les prêtres âgés ou infirmes du diocèse d'une libéralité qui peut leur être nécessaire.

Note 5 décembre 1882. Legs Petit et Vignault.

Il appartient au conseil d'administration d'examiner la situation et les besoins des prêtres qui sollicitent des secours. Afin de ne pas divulguer certaines situations particulièrement intéressantes il peut y avoir lieu de prescrire que des fonds seront remis à l'évêque pour que celui-ci puisse les distribuer, sans les soumettre à ce contrôle préalable.

Note, 12 mars 1890. Caisse de secours du diocèse de Beauvais.

Lorsqu'à l'occasion de la réorganisation d'une caisse de secours on constate l'existence dans le diocèse d'une association libre dite « caisse de secours » créée par ordonnance épiscopale, il n'y a pas lieu de prescrire par un article du projet de décret la dissolution de cette association qui n'a pas d'existence légale ; il suffit d'en constater l'illégalité dans un considérant.

P. de décret et note, 3 août 1882. Caisse de secours du diocèse de Montpellier.

Il n'y a pas lieu de faire précéder de considérants le dispositif d'un décret prescrivant la dissolution du conseil d'administration d'une caisse de secours et la formation d'un nouveau conseil.

Note, 4 avril 1883. Caisses de secours des diocèses de Luçon et de Lyon.

§ 3 : ÉCOLES SECONDAIRES ECCLÉSIASTIQUES

(Loi du 15 mai 1858, art. 70.)

Chacun des établissements destinés au recrutement du clergé, grands et petits séminaires, a une personnalité distincte.

Un petit séminaire étant supprimé, il a été décidé qu'il y avait lieu, dans l'espèce, d'attribuer ses biens au grand séminaire du diocèse.

P. de décret et note (A. G.), 1er juillet 1897. Petit séminaire de Saint-Cyr. — P. de décret et note (A. G.), 1er juillet 1897. Petit séminaire de Saint-Jean-en-Royans.

N'a pas été autorisée la translation d'une école secondaire ecclésiastique, alors que cette translation n'était pas justifiée par la nécessité d'assurer un meilleur recrutement du clergé, et qu'elle était déjà effectuée sans autorisation.

Avis (A. G.), 3 août 1882. Translation à Valence de l'école secondaire ecclésiastique de Massals (Tarn).

§ 4 : Fabriques cathédrales ·

(Décret du 30 décembre 1809, art. 104.)

A été approuvée une ordonnance épiscopale ayant pour but de régler l'organisation d'une fabrique cathédrale sur les bases suivantes: la nomination des membres laïques et ecclésiastiques du conseil de fabrique et du bureau des marguilliers était laissée au choix de l'évêque; mais les prescriptions du décret du 30 décembre 1809 étaient déclarées applicables aux séances, à la comptabilité, à la tenue des livres, à la régie des biens meubles et immeubles, etc.

P. de décret, 6 août 1879. Approbation de l'ordonnance épiscopale portant règlement de la fabrique de l'église cathédrale de Tulle.

§ 5 : Fabriques

(Décret 23 prairial an XII. — Décret 18 mai 1806. — Décret du 30 décembre 1809.— Loi du 5 avril 1884.)

Les fabriques d'une même ville peuvent se faire représenter par un conseil d'administration destiné à exercer les droits qui leur sont conférés par les lois, décrets et règlements relativement aux pompes funèbres du culte catholique. Il a été décidé que le partage des bénéfices aurait lieu par portions égales entre toutes les paroisses de la ville.

P. de décret et note (A. G.), 10 février 1881. Création d'un conseil d'administration représentant les fabriques des églises de Bordeaux, pour le service des pompes funèbres.

A été adopté un projet de décret modifiant la répartition entre les diverses fabriques et consistoires de Paris des bénéfices de l'exploitation des pompes funèbres.

P. de décret (A. G.), 11 juin 1891. Fixation de la répartition entre les diverses fabriques et consistoires de Paris des bénéfices de l'exploitation des pompes funèbres.

Dans le cas où une fabrique refuse d'exercer le droit, qui lui est attribué par l'article 22 du décret du 23 prairial an XII, d'assurer le service des pompes funèbres, la municipalité peut valablement adjuger à un tiers, en vertu de l'article 9 du décret du 18 mai 1806 et des articles 97 et 115 de la loi du 5 avril 1884, la concession de ce service.

P. de décret (A. G.), 8 juillet 1897. Ville de Saint-Étienne.

Les fonds disponibles des fabriques, employés à l'achat de valeurs mobilières, ne peuvent être placés qu'en rentes nominatives sur l'État.

Note, 16 mai 1895. Fabrique de Bohain (Transaction.)

TITRE V

ORGANISATION ET FONCTIONNEMENT

DES ÉTABLISSEMENTS D'UTILITÉ PUBLIQUE

---

§ 1er : Conditions requises pour la reconnaissance

La reconnaissance d'utilité publique n'est pas accordée à titre d'encouragement à une société, quel que soit le mérite de ses fondateurs et quelque intérêt qu'elle présente à raison du but qu'elle se propose. « Cette haute faveur, qui crée un être moral, augmente les biens de mainmorte et donne en quelque sorte la sanction de l'État aux travaux de l'association, doit être envisagée comme la plus haute récompense de longs et importants services ». Avant d'accorder la reconnaissance, il y a lieu d'examiner le but et les moyens d'action de la société, l'importance de ses ressources et les garanties de durée qu'elle peut offrir.

Note, 4 février 1888, société des compositeurs de musique. — Avis, 6 juin 1893 société d'encouragement à l'art et à l'industrie de Paris.

En principe, le Gouvernement français ne saurait donner l'investiture officielle à des sociétés étrangères. L'application de cette règle a été faite à une société composée en grande partie d'étrangers et ayant pour but exclusif de secourir les étrangers.

Avis (A. G.), 21 mai 1885, société italienne de bienfaisance de Paris.

Il n'y a pas lieu de reconnaître d'utilité publique une société étrangère qui n'aurait pas rendu à la France des services de nature à justifier cette faveur.

Avis (A. G.), 20 juillet 1882, société italienne de bienfaisance de Paris.

Aucune association formée en vue de l'enseignement supérieur ne peut être reconnue d'utilité publique qu'en vertu d'une loi.

Avis, 28 mai 1895, société positiviste d'enseignement populaire supérieur.

Ne saurait être autorisée la trasformation en établissement d'utilité publique d'une société civile sous la condition que la direction intérieure de l'établissement ne pourrait être confiée qu'à des sœurs appartenant à une congrégation autorisée, car cette transformation équivaudrait à la création d'un nouvel établissement dépendant de la congrégation.

P. de décret et avis 7 juillet 1892. Legs de la D^lle Mérel. Fondation à la Guerche d'un établissement de la congrégation hospitalière des filles de la charité de Saint-Vincent-de-Paul

Toute société qui demande la reconnaissance doit produire les pièces suivantes (1) :

1° Exposé faisant connaître l'époque de la fondation de la société, l'importance de ses travaux et de ses services, le but d'utilité publique qu'elle poursuit, la justification de ressources proportionnées aux besoins de la société et pouvant garantir sa durée ;

2° Comptes des trois dernières années ;

3° Budget de l'année courante ;

4° État de l'actif et du passif ;

5° Liste des membres ;

6° Délibération de l'assemblée générale demandant la reconnaissance légale, adoptant les statuts présentés, et déléguant deux de ses membres, auxquels elle donne tous pouvoirs pour consentir les modifications qui peuvent être demandées par le Gouvernement ;

7° Avis favorables du Préfet et du Ministre compétent.

S'il s'agit, non d'une société, mais d'un établissement dont le fondateur sollicite la reconnaissance, les pièces à produire sont les suivantes (1) :

1° Exposé indiquant le but de l'œuvre et les services qu'elle peut rendre ;

2° L'acte authentique constituant la dotation ;

3° Un projet de budget ;

4° Avis favorables du Préfet et du Ministre compétent.

---

(1) Cette énumération se trouve mentionnée dans les documents connus sous le nom de statuts modèles et qui résument les règles habituellement admises par la section de l'Intérieur. Il existe deux sortes de statuts modèles : 1° ceux qui concernent les sociétés ; 2° ceux qui sont applicables aux établissements dont le fondateur sollicite la reconnaissance.

But des sociétés. — Le principe de la spécialité, sur lequel est fondée toute la jurisprudence en matière d'établissements publics, s'applique généralement aux établissements privés qui demandent la reconnaissance d'utilité publique.

Jurisprudence constante, voir notamment : Note, 4 juin 1889, œuvre de l'hospitalité pour les femmes à Marseille. — Note, 7 janvier 1880, société des beaux-arts, lettres et sciences d'Alger.

C'est par application de ce principe que n'a pas été reconnue d'utilité publique, à raison même des buts multiples qu'elle poursuit, une société qui s'occupe à la fois d'agriculture, d'industrie, sciences, arts et belles-lettres.

Notes, 22 mai 1895 et 17 mars 1896, société d'agriculture, industrie, sciences, etc., de la Loire.

D'autre part le titre de la société ne doit contenir aucun qualificatif qui paraisse lui constituer un monopole. En conséquence, la dénomination que prennent les sociétés ne doit pas contenir les mots « générale, nationale... etc. ».

Note (A. G.), 9 avril 1884, orphelinat de la bijouterie. — Avis (A. G.), 22 octobre 1885, société chimique. — P. de décret et note, 17 avril 1894, société d'encouragement au bien.

Ne peuvent être reconnues d'utilité publique d'une manière générale par un même décret les sociétés fondées en vertu d'un texte organique. Chaque société doit faire l'objet d'un décret distinct.

Note, 12 mars 1889, sociétés de secours mutuels d'Algérie.

Le principe de la spécialité ne fait pas obstacle à ce qu'un établissement ait deux objets distincts, pourvu que ces objets soient nettement définis et délimités.

Les établissements d'utilité publique peuvent être compris dans les catégories suivantes : 1° œuvres d'assistance ; 2° œuvres d'assistance mutuelle et de prévoyance ; 3° œuvres d'encouragement au bien ; 4° œuvres de progrès scientifique, artistique ou littéraire ; 5° œuvres d'encouragement aux exercices physiques et militaires.

Ont été reconnues comme établissements d'utilité publique notamment les œuvres suivantes (1) :

---

(1) La section a eu à statuer sur la reconnaissance de très nombreuses sociétés dont quelques-unes seulement sont citées au texte à titre d'exemple.

A. — *Œuvres d'assistance.*

L'œuvre de l'hospitalité de nuit, destinée à recevoir des personnes sans asile ;

P. de décret (A. G.), 30 mars 1882.

Le dispensaire Furtado-Heine à Paris ;

P. de décret, 5 avril 1886.

La crèche Saint-Jean à Rouen ;

P. de décret, 19 avril 1887.

La crèche Saint-Paul à Besançon ;

P. de décret, 9 novembre 1886.

La société de charité maternelle de Darnétal (Seine-Inférieure);

P. de décret (A. G.), 1er mars 1883.

La société protectrice de l'enfance de la Gironde, à Bordeaux:

P. de décret, 11 février 1890.

La société protectrice de l'enfance de Reims;

P. de décret (A. G.), 21 juin 1882.

L'association des dames françaises, destinée à la préparation des secours aux militaires et marins ;

P. de décret (A. G.), 12 avril 1883.

L'Union des femmes de France, ayant la même destination ;

P. de décret et note (A. G.), 27 juillet 1882.

L'œuvre des hôpitaux marins, à Paris;

P. de décret, 6 août 1890.

La société des restaurants économiques de Nancy.

Note, 1er décembre 1886 ; P. de décret (A. G.), 21 juillet 1887.

Peut être reconnue comme établissement d'utilité publique une œuvre d'assistance ayant un caractère confessionnel. — Ont été reconnues notamment les œuvres ci-après:

La société protestante du travail, qui, tout en ayant pour but

de procurer du travail aux employés et ouvriers à quelque religion qu'ils appartiennent, n'admet parmi ses membres que des
protestants;

P. de décret (A. G.), 5 avril 1883.

L'institut des jeunes orphelins protestants de Tonneins, destiné
à recevoir les enfants protestants orphelins ou abandonnés;

P. de décret (A. G.), 24 juillet 1884.

L'asile protestant de Nanterre (Seine);

P. de décret (A. G.), 27 février 1879.

L'orphelinat protestant de Dely-Ibrahim (Algérie);

P. de décret (A. G.), 9 avril 1879.

L'asile évangélique de Lemé (Aisne);

P. de décret (A. G.), 11 mars 1880.

La société de bienfaisance des dames protestantes de Bordeaux;

P. de décret (A. G.), 24 avril 1890.

La société du refuge du Plessis-Piquet;

P. de décret et note, 5 juin 1897.

Les asiles évangéliques de Nîmes.

P. de décret et note, 27 octobre 1896.

Mais il n'y a pas lieu de reconnaître comme établissement d'utilité publique une société d'assistance fondée principalement en vue
de propager des doctrines touchant à la religion. Le Gouvernement en lui accordant la reconnaissance se mettrait en opposition
avec le principe de neutralité qui est un des fondements de notre
droit public.

Avis, 13 mars 1889, société de la libre pensée de Niort.

Par application de la même règle, n'a pas été reconnue une
société de patronage évangélique qui, tout en donnant aux orphelins pauvres une instruction à la fois agricole et professionnelle,
était fondée principalement en vue de leur assurer une éducation
religieuse.

Avis, 20 juin 1888, association évangélique de Montbéliard.

Les statuts de toutes les œuvres d'assistance, notamment de celles destinées à la protection de l'enfance, telles que les orphelinats et les crèches, doivent contenir une disposition déterminant avec précision le caractère purement charitable de l'établissement. Si une rétribution est exigée des assistés, cette rétribution doit, en tous cas, être inférieure à leurs frais d'entretien, et ne pas dépasser un maximum d'ailleurs fixé par les statuts.

P. de décret et note, 16 mars 1892, crèche de Picpus. — P. de décret et note, 10 mars 1897, crèche de la Bastide à Bordeaux. — P. de décret et note, 29 juin 1897, crèche des docks à Bordeaux.

Ne peut être reconnue une œuvre, qui, à côté des malades admis gratuitement, reçoit des malades payants, qu'autant que le nombre de ces derniers est assez peu considérable pour ne pas dénaturer le caractère charitable de l'établissement.

Note et P. de décret, 4 juin 1889, œuvre israélite de secours aux malades de Nancy.

Pour assurer plus efficacement le respect du principe de la gratuité, il peut convenir de confier à une autorité publique le soin de désigner les bénéficiaires des lits fondés à titre gratuit.

Note, 7 mars 1893, hôpital marin de Pen-Bron.
P. de décret et note, 30 mai 1893.

Une œuvre d'assistance ne peut être reconnue d'utilité publique que si, tout en aidant au soulagement de la misère, elle prend les mesures nécessaires pour ne pas donner un encouragement indirect au vagabondage et à la paresse.

Note, 17 juillet 1894, œuvre de la Bouchée de pain de Marseille.

Dans tous les établissements d'assistance où les assistés sont soumis à l'obligation du travail, les statuts doivent déterminer la proportion du prélèvement qui sera effectué sur le produit de ce travail pour constituer au profit des assistés un pécule, destiné à leur être remis à la sortie de l'établissement.

Note, 21 janvier 1891, œuvre des orphelines protestantes de Brassac. — P. de décret et note, 27 octobre 1896, asiles évangéliques de Nîmes.

Si l'enseignement religieux peut être donné aux enfants dans un établissement d'utilité publique, il n'y a pas lieu de faire de cette faculté une disposition statutaire, qui donnerait à l'œuvre le caractère d'établissement confessionnel.

Note, 30 mars 1892, institution des sourds-muets de Toulouse.
P. de décret et note, 5 juin 1897.

Il y a lieu de réserver au préfet, à son délégué et aux inspecteurs généraux des établissements de bienfaisance le droit de visite de l'établissement reconnu d'utilité publique.

Note, 30 mars 1892, même affaire.

Lorsqu'une école créée dans un asile ne reçoit que des jeunes filles ayant dépassé l'âge de la scolarité primaire et munies de certificats d'études, cette école a le caractère de celles dites « d'enseignement primaire supérieur et professionnel »; par suite, depuis la loi du 26 janvier 1892 (art. 69), c'est au Ministre du Commerce et non au Ministre de l'Instruction publique qu'il appartient d'apprécier les services rendus par l'école, en vue de la reconnaissance d'utilité publique de l'asile.

Note, 27 juillet 1893, asile de Drancy.

B. — Œuvres d'assistance mutuelle et de prévoyance.

L'association des anciens élèves du lycée de Nevers;

P. de décret (A. G.), 3 mai 1882.

L'association des anciens élèves du lycée de Sens;

P. de décret (A. G.), 12 mai 1880.

La société amicale de secours des anciens élèves de l'école des mineurs de Saint-Étienne;

P. de décret (A. G.), 12 janvier 1882.

La société amicale de secours des anciens élèves de l'école militaire de Saint-Cyr;

P. de décret, 21 mai 1890.

L'association des inventeurs industriels;

P. de décret (A. G.), 20 juillet 1882.

L'association des membres de l'enseignement;

P. de décret (A. G.), 20 juillet 1882.

L'association des artistes peintres et sculpteurs;

P. de décret (A. G.), 21 juillet 1881.

L'orphelinat des arts;

P. de décret (A. G.), 7 décembre 1882.

L'association de prévoyance des employés civils de l'État;

P. de décret et note, 28 février 1894.

La société de secours mutuels et de prévoyance des employés des administrations départementales et communales de France;

P. de décret, 3 juillet 1895.

L'association des élèves et des anciennes élèves de l'école normale supérieure de Sèvres;

P. de décret et note, 10 janvier 1896.

La société des amis et anciens étudiants de l'Université de Lille.

P. de décret et note, 6 juillet 1897.

Mais on ne saurait accorder la reconnaissance comme établissement d'utilité publique à une société qui, n'ayant pas le caractère de société de secours mutuels, n'a en vue que l'intérêt de ses membres.

Avis, 19 mars 1895. Société de prévoyance l'Industrielle de Brest.

C. — *Œuvres d'encouragement au bien.*

L'œuvre des libérées de Saint-Lazare;

P. de décret (A. G.), 15 janvier 1885.

La société générale des prisons;

P. de décret, 12 février 1889.

La caisse des victimes du devoir.

P. de décret, 1er mai 1889.

D. — *Œuvres de progrès scientifique, artistique ou littéraire.*

La société de géographie de l'Est à Nancy;

P. de décret (A. G.), 15 décembre 1881,

L'union centrale des arts décoratifs;

P. de décret (A. G.), 30 mars 1882.

La société d'ethnographie;

P. de décret (A. G.), 2 juin 1880.

La société d'histoire naturelle à Autun;

P. de décret, 7 mai 1895.

La société zoologique de France;

P. de décret et note, 12 novembre 1896.

La société astronomique de France.

P. de décret et note, 30 mars 1897.

Mais ne saurait être reconnue d'utilité publique une société intitulée «société des amis des arts» qui acquiert des œuvres pour les répartir entre ses membres par voie de tirage au sort, contrairement aux dispositions de la loi du 21 mai 1836 qui interdit les loteries.

Avis, 12 mai 1897, société lorraine des amis des arts à Nancy.

De même ne saurait être reconnue comme établissement d'utilité publique une société qui se réclame d'un système de philosophie particulier, dont elle se propose d'enseigner les doctrines.

Avis, 28 mai 1895, société positiviste d'enseignement populaire supérieur.

Les musées départementaux et communaux ne sauraient être reconnus d'utilité publique avant qu'un règlement d'administration publique n'ait fixé, par application de l'article 56 de la loi de finances du 16 avril 1895, les conditions générales relatives à l'organisation, à l'administration et au régime financier de ces établissements.

Avis, 1er juillet 1896. — Avis, 29 juin 1897, musée archéologique de Quimper.

La personnalité devra leur être conférée par décret rendu en la forme ordinaire des reconnaissances d'utilité publique, c'est-à-dire par décret accompagné des statuts de l'établissement et contenant la mention de l'approbation de ces statuts.

Avis, 29 juin 1897, musée archéologique de Quimper.

E. — *Œuvres d'encouragement aux exercices physiques et militaires.*

Le club alpin;

P. de décret (A. G.), 23 mars 1882.

La société de tir d'Alger;

P. de décret (A. G.), 11 juillet 1889.

L'association dite «l'Union de tir» à Paris.

P. de décret et note, 26 janvier 1897.

Importance des ressources. — L'importance des ressources exigées est extrêmement variable; mais la condition essentielle est que la société équilibre aisément son budget, qu'elle possède un fonds de réserve suffisant pour faire face notamment aux dépenses imprévues et garantir les dettes exigibles, en cas de dissolution. L'examen des comptes des trois dernières années exigés par les statuts modèles permet de se rendre compte de la situation.

Jurisprudence constante, voir notamment: Note, 12 février 1889, caisse des victimes du devoir.

Les ressources doivent être assurées, et l'on ne peut tenir compte de celles qui ont un caractère aléatoire: produits des concerts, bals, tombolas, etc.

P. de décret (A. G.), 27 juillet 1882, société du sou des écoles libres et laïques du Gard.

Garanties de durée. — Pour qu'une œuvre obtienne la reconnaissance d'utilité publique il est nécessaire qu'elle présente des garanties de durée.

Ces garanties peuvent, en dehors de l'importance des ressources, résulter de l'ancienneté de ses services, du but qu'elle se propose, du nombre des adhérents et, dans une certaine mesure, des garanties particulières que peuvent offrir les fondateurs ou directeurs de l'œuvre.

L'ancienneté des services n'a pas été exigée :

1° Dans certains cas où l'établissement possédait des ressources considérables;

P. de décret, 5 avril 1886. Donation Furtado-Heine.

2° A raison des services exceptionnels que l'œuvre a rendus, ou qu'elle est appelée à rendre;

P. de décret (A. G.), 15 décembre 1881, société de géographie de l'Est. — P. de décret (A. G.), 23 mars 1882, club alpin français.

3° Dans le cas où l'établissement, étant un démembrement d'une autre œuvre ou d'un établissement public, se trouve pourvu, dès sa création, de tous ses moyens d'action.

§ 2 : RÈGLES D'ORGANISATION — STATUTS

Les statuts doivent être rédigés avec concision et ne contenir que des dispositions essentielles. Les mesures de détail doivent figurer dans le règlement intérieur adopté par l'assemblée générale et soumis à l'approbation de l'autorité compétente.

Jurisprudence constante, voir : Note, 7 août 1888, société dite « la Mutualité commerciale ».

Les statuts des sociétés doivent fixer par leurs dispositions (1):

1° Le but de l'œuvre ;
2° La composition de la société;
3° L'organisation du conseil d'administration;
4° Les pouvoirs respectifs du conseil et de l'assemblée générale ;
5° La représentation dans les actes de la vie civile;
6° Les ressources et le placement des fonds ;
7° Le fonctionnement des assemblées générales;
8° La radiation des membres de la société ;
9° Les conditions auxquelles sont soumises les modifications des statuts.

Enfin ils prévoient les cas de dissolution et de retrait d'autorisation du Gouvernement.

Ces règles ont été condensées dans le document déjà cité et connu sous le nom de *statuts modèles*. Elles sont sujettes à des

(1) Les statuts des établissements dont le fondateur sollicite la reconnaissance doivent contenir des dispositions analogues, relatives : 1° au but de l'œuvre; 2° à l'organisation du conseil d'administration et du bureau; 3° aux pouvoirs respectifs de ces deux organes ; 4° à la représentation dans les actes de la vie civile; 5° aux ressources de l'œuvre et au placement des fonds; 6° au contrôle de la gestion financière; 7° à la modification des statuts; 8° à la dissolution de l'œuvre et à l'attribution des biens.

dérogations. Il en est cependant plusieurs qui sont considérées comme essentielles et que le Conseil d'État s'est toujours efforcé de maintenir. Ces dispositions essentielles sont relatives notamment :

A la gratuité des fonctions de membre du bureau et du conseil d'administration (1).

P. de décret (A. G.), 7 décembre 1882, orphelinat des arts.

A la fixation du minimum de la cotisation annuelle par les statuts et non par le règlement intérieur ;

P. de décret (A. G.), 22 avril 1880, société de l'Union de Versailles.

Au placement des fonds disponibles en rentes nominatives sur l'État ou en obligations nominatives de chemins de fer dont le minimum d'intérêt est garanti par l'État (2).

A la constitution d'un fonds de réserve qui est inaliénable, sauf autorisation du Gouvernement, et dont les revenus peuvent d'ailleurs être appliqués aux dépenses courantes (3) ;

Note, août 1890, société des anciens élèves du lycée de Saint-Omer.

Aux délibérations relatives à l'acceptation de dons ou legs, aux acquisitions et échanges d'immeubles et pour lesquelles l'approbation du Gouvernement est exigée ;

Au contrôle de la gestion financière ;

---

(1) Le conseil d'administration doit comprendre un nombre de membres fixe ; ne sauraient être approuvés des statuts portant qu'il comprendra quinze membres au moins et vingt-sept au plus.

P. de décret et note, 16 juin 1896. Œuvre de la Bouchée de pain et de l'Asile de nuit de Nice.

(2) Un établissement d'utilité publique ne saurait être autorisé à placer ses fonds en titres au porteur.

P. de décret et note, 5 août 1896, société d'assistance pour les aveugles de Paris.

A été autorisé exceptionnellement le placement en souscription d'emprunts (approuvés par une loi) des départements, des villes et des communes, en acquisition d'immeubles et en construction de maisons d'habitation destinées à être vendues ou louées aux membres titulaires de l'association.

P. de décret et note, 16 juillet 1896 (S. réun. I. et T. P.). Association fraternelle des employés et ouvriers des chemins de fer français.

La constitution de cautionnements au profit des sociétaires ne saurait être admise comme mode de placement des fonds.

Note, 2 mai 1893. Association de prévoyance des employés civils de l'État.

(3) Le dixième du revenu des biens meubles et immeubles doit être compris dans les éléments destinés à constituer le fonds de réserve.

P. de décret et note, 27 octobre 1896. Asiles évangéliques de Nîmes. — P. de décret et note, 30 décembre 1896. Société d'assistance par le travail des VIIIᵉ et XVIIᵉ arrondissements de Paris.

Aux modifications des statuts et à la dissolution de la société. Les délibérations de l'assemblée générale tendant à modifier les statuts ou à prononcer la dissolution de la société doivent être approuvées par le Gouvernement;

A l'attribution de l'actif de la société en cas de dissolution à un ou plusieurs établissements analogues et reconnus d'utilité publique;

Au retrait de l'autorisation. Il est procédé pour l'emploi des fonds comme en cas de dissolution volontaire, et si l'assemblée générale se refusait à délibérer, il serait statué par décret.

A été autorisé le vote par procuration ou par correspondance.

Note, 4 janvier 1882. — P. de décret (A. G.), 22 février 1883, association des anciens élèves du collège d'Autun.

N'a pas été autorisée l'intervention nécessaire de membres élus par des commissions administratives d'hospices et de bureaux de bienfaisance dans l'administration d'un établissement d'utilité publique.

Note, 4 juin 1889, société marseillaise des ateliers d'aveugles.

N'a pas été autorisée non plus la nomination des administrateurs par un consistoire protestant, par le motif que l'établissement deviendrait une sorte d'annexe de l'établissement public qui sortirait ainsi de sa spécialité.

Note, 5 mai 1886, asile protestant des vieillards de Sainte-Foy (Dordogne).

A été approuvée, cependant, une disposition qui confie au maire le droit de désigner une partie des membres du conseil d'administration, choisis parmi les conseillers municipaux et anciens conseillers municipaux.

P. de décret (A. G.), 17 mars 1880 et 20 janvier 1881. Demandes de modifications de statuts formées par l'œuvre des invalides du travail de Lille et par la société pour l'extinction de la mendicité à Bordeaux.

A été approuvée la disposition tendant à attribuer deux sièges dans le conseil d'administration au Conseil général, et deux au conseil municipal d'une ville dans le but d'intéresser à l'œuvre la ville et le département.

P. de décret, 31 janvier 1888, institution des jeunes aveugles de Toulouse.

A été approuvée également la disposition qui réserve le droit de désigner une partie des membres du conseil d'administration aux descendants du fondateur.

P. de décret (A. G.), 27 mars 1886. Fondation Rothschild.

A été autorisée la disposition portant que le conseil d'administration d'une société serait composé mi-partie d'hommes et mi-partie de dames.

P. de décret (A. G.), 8 juillet 1880, société pour la propagation de l'allaitement maternel.

Dans les statuts des œuvres de prévoyance et de bienfaisance, en vue d'éviter tout mécompte, dans le cas où les ressources de la société ne seraient pas suffisantes pour faire face au service des pensions, il n'y a pas lieu d'admettre des dispositions attribuant aux sociétaires, qui peuvent y avoir droit, des pensions de retraite, déterminées suivant un barême fixé à l'avance.

Il convient de prévoir un fonds de retraite, qui serait alimenté au moyen de la dotation, des dons et legs ou autres ressources, et, en tous cas, de prélèvements faits sur les revenus annuels. Ce fonds serait frappé d'indisponibilité, et les revenus en seraient répartis chaque année entre les ayants droit dans des conditions d'ancienneté, d'âge ou autres déterminées par les statuts.

Note, 5 août 1895, société amicale de prévoyance de la préfecture de police.
Note et P. de décret du 23 décembre 1895, même société.
P. de décret et note, 8 décembre 1896, société des sauveteurs du nord.

N'a pas été approuvée une disposition qui aurait pour effet de soumettre un établissement d'utilité publique à la tutelle d'une ambassade étrangère.

Note, 25 mars 1884, société de bienfaisance austro-hongroise de Paris.

§ 3 : MODIFICATION DE STATUTS

Les modifications peuvent être motivées notamment par un changement survenu dans la législation en vigueur et qui a pour effet de rendre inutiles une partie des efforts de la société.

Société philanthropique, reconnue d'utilité publique en 1889. Modification de statuts (A. G.), 2 mai 1883.

Quand une société de secours mutuels, reconnue comme établissement d'utilité publique, demande une modification de ses statuts tendant à abaisser le chiffre des pensions des sociétaires, il y a lieu de n'admettre cette modification que sous réserve qu'elle s'appliquera seulement aux membres admis après la modification des statuts.

P. de décret et note, 27 janvier 1891, société des vrais amis de la boucherie.

§ 4 : Dissolution et fusion des sociétés

A été autorisée la réunion en un seul établissement de deux sociétés reconnues d'utilité publique.

P. de décret, 8 septembre 1886, association française pour l'avancement des sciences et association scientifique de France.

§ 5 : Retrait de la reconnaissance

A été rapporté à raison des désordres et des irrégularités graves qui s'étaient produits dans l'établissement, un décret qui avait reconnu d'utilité publique une œuvre destinée à l'éducation et à l'instruction de sourds-muets et d'aveugles.

P. de décret (A. G.), 16 juillet 1891, institution de Saint-Médard-lès-Soissons.

A été également rapporté le décret reconnaissant d'utilité publique une association de bienfaisance, dont tous les membres avaient disparu et qui, par suite, ne fonctionnait plus en fait.

P. de décret et note (A. G.), 4 juin 1896, filles de Sainte-Zite.

TITRE VI

ORGANISATION ET FONCTIONNEMENT

DES CONGRÉGATIONS RELIGIEUSES

---

§ 1er : CONGRÉGATIONS D'HOMMES
(Loi du 2 janvier 1817.)

Un décret ou une ordonnance qui a autorisé une congrégation d'hommes comme association charitable vouée à l'enseignement ou comme établissement d'utilité publique n'a pu suppléer à la loi qui était nécessaire pour lui donner la personnalité civile. Si la loi du 24 mai 1825 a permis au Gouvernement, dans certains cas et sous certaines conditions, de constituer par simple décret en personnes civiles les congrégations de femmes, aucun texte de loi ne lui donne le même droit en ce qui concerne les congrégations d'hommes.

Avis (A. G.), 16 juin 1881, société de Marie. — Avis (A. G.), 25 juin 1896, frères de Saint-Gabriel. — Avis (A. G.), 25 juin 1896, frères de la doctrine chrétienne de Nancy.

En conséquence, il n'y a pas lieu de statuer sur la demande formée par une congrégation d'hommes non légalement reconnue et tendant à obtenir l'autorisation d'aliéner un titre de rente bien que cette congrégation ait été antérieurement autorisée à accepter le legs de ce titre.

Avis (A. G.), 25 juin 1896, frères de Saint-Gabriel.

Un décret qui a autorisé l'existence d'une congrégation d'hommes n'a pu avoir pour effet de lui conférer la personnalité civile, et peut être rapporté par un autre décret pris dans la même forme.

P. de décret et note (A. G.), 22 septembre 1888. Retrait du décret du 6 mai 1853 qui avait reconnu l'association religieuse des frères de Saint-Joseph.

§ 2 : Congrégations de femmes

(Loi du 24 mai 1825. — Décret du 31 janvier 1852.)

Une congrégation religieuse de femmes ne constitue pas une personne morale unique ayant un patrimoine collectif qui serait commun à tous les établissements dépendant de cette congrégation ; chacun des établissements dûment autorisés possède la personnalité civile et un patrimoine distinct.

Avis (A. G.), 4 juin 1891 (1). — Note, 12 avril 1894, sœurs de Saint-Joseph (Aliénation d'immeuble.)

---

(1) Cet avis est ainsi conçu :

« Le Conseil d'État qui, sur le renvoi ordonné par M. le Ministre de la Justice et des Cultes, a pris connaissance d'une demande d'avis sur la question de savoir :

« 1° Si un établissement principal ou maison mère d'une congrégation religieuse de femmes autorisée peut disposer, pour ses besoins, des biens régulièrement acquis ou possédés par les établissements particuliers ;

« 2° A contrario, si l'établissement principal peut disposer des biens formant son patrimoine pour les besoins des établissements particuliers, ou encore emprunter en son nom seul pour venir en aide à un ou plusieurs des dits établissements ;

« 3° Si, dans les actes de la vie civile, un établissement particulier, lequel a une supérieure locale, doit être représenté par cette supérieure et en vertu d'une délibération du conseil d'administration du dit établissement, ou si la supérieure générale seule doit intervenir, après délibération seulement du conseil d'administration de l'établissement principal :

« Vu la dépêche ministérielle du 2 mars 1891 ;

« Vu la loi du 24 mai 1825 ;

« *Sur la première question :*

« Considérant que la loi du 24 mai 1825, en disposant, dans l'article 4, que « les établissements dûment autorisés » des congrégations religieuses de femmes pourront, avec l'autorisation spéciale du Gouvernement, accepter des dons et legs, acquérir à titre onéreux ou aliéner des biens immeubles et des rentes, indique nettement que la congrégation religieuse autorisée ne constitue pas une personne morale unique ayant un patrimoine collectif qui serait commun à tous les établissements dépendant de cette congrégation ; qu'au contraire la loi précitée attribue la personnalité civile à chacun de ces établissements dûment autorisés ;

« Que, d'ailleurs, la discussion de la loi à la Chambre des pairs (séance du 8 février 1825), et notamment la suppression du mot « congrégations » inséré dans le texte primitif de l'article 4, ne laissent subsister aucun doute sur le sens de cette disposition ;

« Considérant que chaque établissement particulier, étant ainsi doté par la loi, lorsqu'il a été spécialement autorisé, d'une existence juridique séparée et de la capacité de posséder, doit, par suite, être considéré comme seul propriétaire des biens qu'il a régulièrement acquis en son nom, et comme ayant seul qualité pour en disposer avec l'autorisation du Gouvernement ;

« Que la maison mère d'une congrégation n'est elle-même, en ce qui concerne la faculté d'acquérir et de disposer, qu'un établissement distinct, plus important en fait que les autres maisons qui lui sont rattachées au point de vue de la discipline, mais n'ayant comme elles que la capacité de faire les actes relatifs à son propre patrimoine ;

« *Sur la deuxième question :*

« Considérant qu'on ne pourrait s'appuyer sur le texte ni sur l'esprit général de la loi du 24 mai 1825 pour dénier à l'établissement principal le droit de recourir à l'aliénation d'un de ses biens propres ou à un emprunt pour venir en aide aux établissements particuliers de sa congrégation, lorsque ceux-ci ont des besoins auxquels ils ne peuvent pourvoir eux-mêmes ;

En conséquence :

1° Dans les actes de la vie civile, chaque établissement particulier doit être représenté, non par la supérieure générale de la
congrégation, mais par sa supérieure locale préalablement autorisée par son conseil d'administration ;

Même avis. — P. de décrets et note, 22 février 1893, sœurs de la Présentation
de Marie à Bourg-Saint-Andéol (acquisition d'immeuble), et sœurs de la Charité de
Saint-Louis, à Vannes.

2° L'établissement principal ou maison-mère ne peut pas disposer des biens régulièrement acquis ou possédés par un établissement dûment autorisé ;

Même avis.

Mais l'établissement principal d'une congrégation peut être
autorisé à disposer des biens qui lui appartiennent en propre ou

« Considérant qu'une semblable faculté n'est point incompatible avec les dispositions de la loi précitée ; qu'en effet, elle laisse subsister intacte la règle essentielle
de la séparation des patrimoines entre les divers établissements d'une même
congrégation ; que, d'autre part, il n'est pas à craindre qu'elle donne lieu à des
abus, puisque le Gouvernement est toujours appelé à en contrôler l'exercice ;
   « Sur la troisième question :
   « Considérant qu'en garantissant aux établissements autorisés d'une congrégation
une personnalité juridique et la capacité de posséder, la loi du 24 mai 1825 a
implicitement prévu l'existence d'une administration propre et une représentation
distincte pour chacun de ces établissements ;
   « Qu'il suit de là que les actes de la vie civile qui concernent les établissements
particuliers doivent être passés non par la supérieure générale de la congrégation,
mais par leur supérieure locale préalablement autorisée par une délibération de
leur conseil d'administration ;
   « Qu'à la vérité, l'ordonnance du 2 avril 1817 porte que les dons et legs faits au
profit des associations religieuses sont acceptés par les supérieures de ces associations ; mais, qu'à supposer que ce texte doive être interprété comme conférant
à la supérieure générale le droit de représenter tous les établissements de la
congrégation, il a été nécessairement modifié dans son application par la loi du
24 mai 1825, dont le sens et la portée ont été ci-dessus précisés ;
   « EST D'AVIS :
   « Sur la première question, que, dans les congrégations religieuses de femmes à
supérieure générale, l'établissement principal ou maison mère ne peut pas disposer
des biens régulièrement acquis ou possédés par un établissement particulier dûment
autorisé ;
   « Sur la deuxième question, que l'établissement principal d'une congrégation peut
être autorisé à disposer des biens qui lui appartiennent en propre ou à emprunter eu
son nom pour les besoins des établissements particuliers légalement reconnus ;
   « Sur la troisième question, que, dans les actes de la vie civile, chaque établissement particulier doit être représenté non par la supérieure générale de la congrégation, mais par sa supérieure locale préalablement autorisée par son conseil
d'administration. »

à emprunter, en son nom, pour les besoins des établissements particuliers légalement reconnus (1).

Même avis.

A. — *Autorisation de nouvelles congrégations.*

Pendant la période du 1ᵉʳ juillet 1879 au 31 décembre 1897, le Conseil d'État n'a été saisi d'aucun projet de loi ou de décret tendant à approuver la fondation d'une congrégation.

B. — *Fondation d'établissements dépendant de congrégations déjà autorisées.*

La fondation d'un établissement ne saurait être autorisée :

1° Si cet établissement doit se rattacher à une congrégation reconnue à titre de communauté à supérieure locale ;

Avis (A. G.), 16 juin 1887. Legs de la Dlle Rullier. Fondation à Limoges d'un établissement des sœurs Saint-Alexis.

2° Si les services qu'a rendus l'établissement qui a déjà une existence de fait, ou qu'est appelé à rendre l'établissement qu'il s'agit de créer, ne paraissent pas suffisants pour justifier la mesure proposée ;

Avis, 25 janvier 1882. Fondation à Cambayrac d'un établissement dépendant de la congrégation enseignante des Filles de Jésus. — Avis (A. G.), 8 juin 1882. Fondation à Ambert d'un établissement dépendant de la congrégation hospitalière des sœurs gardes-malades de N.-D. de Bon-Secours. — Avis (A. G.), 23 mars 1882. Fondation à Gournay d'un établissement dépendant de la congrégation hospitalière des sœurs de la Compassion. Dans cette affaire le refus était basé en outre sur la proximité de la maison-mère.

3° S'il résulte de l'instruction que l'établissement qu'il s'agit de fonder, au lieu de poursuivre un but purement charitable, peut devenir une source de bénéfices pécuniaires pour la congrégation.

Il convient donc, avant d'autoriser un établissement destiné à fonder un orphelinat, de demander des renseignements sur l'âge d'admission des orphelins dans l'établissement, et sur celui auquel

---

(1) Il a été fait application de ces principes à des congrégations qui demandaient l'autorisation d'emprunter ou d'aliéner pour payer les droits d'accroissement.

ils en sortiront, sur la part du produit du travail de chaque orphelin qui serait affecté à la constitution d'un pécule, et sur l'emploi de l'excédent de recettes que pourra avoir l'établissement;

Note, 21 mars 1888. Legs de la Dlle Mérel. Fondation à la Guerche d'un établissement de la congrégation hospitalière des filles de la Charité de Saint-Vincent-de-Paul.

4° Si la congrégation possède déjà un grand nombre d'établissements dans le même département;

Avis (A. G.), 3 août 1882. Fondation à Ennezat d'un établissement dépendant de la congrégation hospitalière et enseignante de la Miséricorde.

5° Si l'œuvre en vue de laquelle la congrégation sollicite l'autorisation de fonder une succursale peut recevoir une existence propre à raison de la nature ou de l'origine des ressources qui lui sont destinées;

Note, 5 février 1889. Legs de la Dlle Mérel. Fondation à la Guerche d'un établissement dépendant de la congrégation hospitalière des filles de la Charité de Saint-Vincent de Paul.

6° Si la reconnaissance de l'établissement est demandée en vue de l'installation d'écoles libres, par ce motif que si la loi du 15 mars 1850 autorise les congrégations religieuses à fonder et entretenir des écoles libres, le Gouvernement ne saurait, en présence du principe de la neutralité de l'enseignement primaire proclamé par notre législation, accorder le privilège de la personnalité civile à des établissements qui donnent un enseignement confessionnel;

Note, 6 août 1883. P. de décret et avis (A. G.), 9 janvier 1884. Donation de la dame Vigouroux. Fondation à Alleyras d'un établissement dépendant de la congrégation hospitalière et enseignante de Saint-Joseph.

7° Sauf des circonstances exceptionnelles, si la reconnaissance est demandée par une congrégation à la fois hospitalière et enseignante, en vue de fonder un établissement de son ordre, car la reconnaissance qui lui serait accordée, sous la seule condition que les sœurs qui en feront partie se conformeront aux statuts approuvés de la maison-mère, leur donnerait implicitement la faculté d'y annexer une école primaire.

Note, 18 juillet 1891. Fondation à Bois-Guillaume d'un établissement dépendant de la congrégation des sœurs de Saint-Vincent de Paul.

Depuis le 1ᵉʳ juillet 1879, la reconnaissance d'un établissement particulier, dépendant d'une congrégation autorisée, a été accordée dans les affaires suivantes :

P. de décret, 11 août 1879. Fondation à Sillé-le-Guillaume d'un établissement des sœurs gardes-malades de la Miséricorde. Congrégation hospitalière. — P. de décret, 25 mai 1880. Fondation à Châtellerault d'un établissement de la même congrégation. — P. de décret, 26 octobre 1881. Fondation à Gan d'un établissement des filles de la Croix, dites de Saint-André. Congrégation hospitalière et enseignante. — Note, 12 janvier 1881. P. de décret (A. G.), 8 juin 1882. Fondation au Pecq d'un établissement des sœurs gardes-malades de N.-D. de Bon Secours. Congrégation hospitalière. — P. de décret (A. G.), 8 juin 1882. Fondation à la Madeleine-lès-Lille d'un établissement dépendant de la congrégation des Petites-Sœurs des pauvres. Congrégation hospitalière. — P. de décret (A. G.), 15 janvier 1885. Fondation à Lyon-Vaise d'un établissement de la même congrégation. — P. de décret (A. G.), 5 novembre 1885. Fondation à Evreux d'un établissement de la même congrégation. — P. de décret (A. G.), 21 janvier 1886. Fondation à Fourmies d'un établissement de la même congrégation. — P. de décret (A. G.), 6 octobre 1887. Fondation à Alençon d'un établissement de la même congrégation. — P. de décret (A. G.), 1ᵉʳ décembre 1887. Fondation à Aix d'un établissement de la même congrégation. — P. de décrets et note (A. G.), 31 octobre 1895. Fondation à Marseille et Elbeuf d'établissements dépendant de la congrégation même. — P. de décret et note (A. G.), 11 mars 1897. Fondation à Auteuil d'un établissement de la même congrégation (donation Schilizzi).

Il y a lieu d'insérer dans le décret autorisant la fondation d'un nouvel établissement dépendant d'une congrégation religieuse un article qui donne au Ministre de l'Intérieur le droit de faire visiter cet établissement par ses délégués.

Note, 19 juin 1895. P. de décrets et note (A. G.), 31 octobre 1895. Fondation d'établissements des Petites-Sœurs des pauvres à Marseille et Elbeuf.

Un décret, bien qu'ayant autorisé un établissement dépendant d'une congrégation religieuse de femmes à acquérir des immeubles ou à accepter des libéralités, n'a pu avoir pour effet, en l'absence des formalités exigées par les dispositions combinées de la loi du 24 mai 1825 et du décret du 31 janvier 1852, de conférer à cet établissement la personnalité civile.

P. de décret et note, 13 février 1884. Legs Puirajoux.

C. — Modification de statuts. — Translation de siège.

Le changement du siège d'une congrégation constitue une modification des conditions de l'autorisation, et ne peut, dès lors, avoir lieu qu'après une autorisation nouvelle.

Cette autorisation doit être demandée avant que la translation ne soit effectuée. Par application de cette règle, n'a pas été adopté un projet de décret autorisant une congrégation à transférer le siège de l'association dans une autre commune, alors qu'il résultait de l'instruction que cette translation avait été opérée en fait, avant que l'autorisation ait été régulièrement sollicitée du Gouvernement.

> Avis (A. G.), 5 février 1891 et P. de décret (A. G.), 30 juillet 1891. Translation à Boulogne-sur-Mer du siège de la congrégation des bénédictines de l'Adoration perpétuelle du Saint-Sacrement existant à Longuenesse.

D. — *Réunion de congrégations.*

Une communauté à supérieure locale ne saurait être autorisée à se réunir à une autre communauté à supérieure locale, s'il doit subsister en fait, après la réunion, deux établissements distincts.

> Avis (A. G.), 4 septembre 1879. Réunion de l'association religieuse des dames franciscaines de Sainte-Élisabeth, existant à Montsoult, à l'association du même nom de Paris.

A été autorisée la fusion d'une communauté dans une autre déjà reconnue. Le projet de décret statuant sur cette fusion a en même temps prescrit que tout l'actif mobilier ou immobilier ainsi que le passif de la communauté supprimée passeraient à la communauté à laquelle elle est réunie, il a aussi ordonné la vente des immeubles conventuels de la communauté supprimée.

> P. de décret (A. G.), 9 août 1892. Réunion de la communauté des religieuses bénédictines de Calais à la communauté des religieuses bénédictines de Boulogne.

E. — *Retrait d'autorisation.*

Lorsqu'un établissement dépendant d'une congrégation de femmes, ou lorsqu'une communauté demande sa dissolution en arguant du manque de ressources nécessaires pour continuer à subsister, l'autorisation qui lui a été donnée par décret doit être rapportée dans la même forme.

> P. de décret (A. G.), 3 août 1882. Rapport de l'ordonnance du 17 janvier 1817, qui a autorisé l'établissement, à Bordeaux, de sœurs dépendant de la congrégation de Marie-Thérèse. — P. de décret et note (A. G.), 20 novembre 1889. Rapport des autorisations résultant des ordonnances et décret en date des 23 juillet 1826 et 2 décembre 1854, et relatives à l'établissement à Desnes et à la translation à Bletterans d'une communauté d'Ursulines.

Au cas où une congrégation désire supprimer l'un de ses établissements, un même décret ne doit pas à la fois rapporter le décret qui a autorisé la création de cet établissement et permettre la vente de l'immeuble conventuel avec affectation d'une partie du prix au paiement des dettes et du surplus à l'achat de rentes pour la maison mère. En effet, ce serait retirer la personnalité au moment même où l'on autorise l'accomplissement d'actes de la vie civile. Il convient de n'autoriser tout d'abord que la vente de l'immeuble conventuel et le paiement des dettes, en ajournant à une époque ultérieure la décision relative au retrait de la personnalité et à l'emploi de l'actif disponible.

P. de décret et note, 3 août 1895 ; P. de décret et note, (A. G.) 6 août 1896.
Filles de Marie à Lons-le-Saunier.

TITRE VII

ADMINISTRATION DES BIENS. — CAPACITÉ

ET

TUTELLE DES DIVERS ÉTABLISSEMENTS

CHAPITRE PREMIER

PRINCIPE DE LA SPÉCIALITÉ

Les établissements publics n'ont été investis de la personnalité civile qu'en vue de la mission spéciale qui leur a été confiée par les lois et règlements.

Cette règle s'applique à tous les actes de la vie civile; elle a été formulée et rappelée dans de nombreuses décisions du Conseil d'État, notamment à propos de dons et legs dans les avis suivants que nous reproduisons textuellement à raison de leur importance.

1° Avis, 13 avril 1881. Legs Bonhoure (A. G.).

« Considérant que le projet de décret tend à apporter une modification aux règles tracées par la jurisprudence du Conseil d'État; qu'il y a lieu dès lors d'examiner de nouveau la question de savoir si une fabrique peut être autorisée à recevoir les libéralités destinées à la fondation ou à l'entretien d'une école;

« Considérant que les fabriques, comme les autres établissements publics, n'ont été investis de la personnalité civile qu'en vue de la mission spéciale qui leur a été confiée;

« Considérant qu'il résulte des articles 76 de la loi du 18 germinal an X et 1er du décret du 30 décembre 1809, que les fabriques ont été établies « pour veiller à l'entretien » et « à la conservation des temples, à l'administration des aumônes » ;

« Considérant qu'aucune loi postérieure n'a modifié les attributions des fabriques, et ne leur a accordé le droit de fonder ou d'entretenir des écoles ;

« Qu'il ne peut être suppléé au silence du législateur par ce motif que les fabriques pourraient être considérées comme *représentant les intérêts religieux d'un groupe d'habitants* et chargées, par suite, de pourvoir à la création et à l'entretien d'écoles confessionnelles ; que lorsqu'il s'agit des attributions de personnes morales, créées par la loi, ce n'est pas dans le droit commun qu'il faut chercher les règles à appliquer, mais dans la loi spéciale qui les a instituées ; qu'il suit de là que ni les traditions historiques, ni les considérations d'utilité publique, ne peuvent autoriser à étendre les attributions des fabriques à un service qui ne leur a été restitué, ni en l'an X, ni en 1809 ;

« Qu'en même temps, en effet, qu'il ordonnait la vente, au profit de la nation, des biens appartenant aux fabriques et aux établissements scolaires, le législateur faisait de l'instruction du peuple une charge de l'État ; que cette obligation, constamment respectée, a été maintenue, notamment par la loi du 11 floréal an X et le décret du 17 mars 1808, préparés en même temps que la loi de germinal an X et le décret de décembre 1809 ; que, dans ces circonstances, la restitution aux fabriques de services relatifs à l'enseignement n'aurait pu se concilier avec l'attribution exclusive de ces mêmes services à l'État ou aux communes ;

« Qu'on ne saurait davantage invoquer en faveur des fabriques le principe de la liberté de l'enseignement proclamé par les lois de la Révolution ; que ce principe ne s'appliquait qu'au droit individuel des citoyens à enseigner et non au droit collectif ayant appartenu aux corps supprimés par ces mêmes lois ; que c'est, en effet, par l'article 17 de la loi du 15 mars 1850 que le droit de créer des écoles libres a été rendu aux associations, mais que ce droit n'a pas été étendu par la même loi aux établissements ecclésiastiques ;

« Considérant, d'autre part, qu'en confirmant par son article 11 la suppression de tous établissements ecclésiastiques autres que ceux dont elle autorisait la reconstitution, la loi de germinal an X n'a pu investir ces derniers d'une attribution générale pour l'acceptation des dons et legs, parce qu'en leur conférant cette attribution générale, elle leur aurait fourni en même temps le moyen de réorganiser les établissements supprimés et d'éluder sa prohibition ;

« Considérant, enfin, que c'est au Gouvernement en Conseil d'État qu'il appartient de statuer sur l'autorisation réclamée ; qu'en effet, si la capacité d'un établissement public pour recevoir ou posséder est une question essentiellement judiciaire, le droit de veiller à ce que les établissements publics, placés sous la tutelle du Gouvernement, ne franchissent pas les limites de leurs attributions, soulève au contraire une question essentiellement administrative, puisqu'il s'agit d'exercer le pouvoir qui lui a été réservé par les articles 910 et 937 du Code civil ;

Le Conseil d'État est d'avis :

« Que les fabriques, ayant été instituées exclusivement dans l'intérêt de la célébration du culte et pour l'administration des aumônes, ne sont aptes à recevoir et à posséder que dans les limites de ces attributions. »

2° Avis du 13 juillet 1881. Legs Lauzerot et Mettetal (A. G.).

« Considérant que les établissements publics ne sont aptes à recevoir et à posséder que dans l'intérêt des services qui leur ont été spécialement confiés par les lois et dans les limites des attributions qui en dérivent ;

« Considérant que ni les fabriques, ni les conseils presbytéraux n'ont été institués pour le soulagement des pauvres et pour l'administration des biens qui leur sont destinés ;

« Que la loi du 18 germinal an X, en effet, n'a eu pour but que de pourvoir à l'administration des paroisses et au service du culte ; que, si les articles 76, relatif au culte catholique, et 20, relatif aux cultes protestants, ont parlé de l'administration des aumônes ou de l'administration des deniers provenant des aumônes, ils se réfèrent uniquement aux offrandes et aux dons volontaires faits par les fidèles pour les besoins du culte ;

« Que le décret du 30 décembre 1809, en chargeant les fabriques d'administrer les aumônes, n'a pas entendu donner au mot aumônes un sens différent de celui qu'il avait dans la loi de germinal an X ;

« Qu'en effet, après avoir énuméré les différents biens dont il confie l'administration aux conseils de fabrique, il détermine

nettement la destination de ces biens par ces mots : et généralement tous les fonds affectés à l'exercice du culte ;

Le Conseil d'État est d'avis :

« Que ni les conseils presbytéraux ni les fabriques n'ont capacité pour recevoir des biens dans l'intérêt des pauvres. »

3° Avis du 4 mai 1881. Legs Muller (A. G.).

« Considérant que les conseils presbytéraux, comme les autres
établissements publics, n'ont été investis de la personnalité civile
qu'en vue de la mission spéciale qui leur a été confiée par les lois
et règlements ;

« Considérant qu'aux termes de l'article premier de l'arrêté
ministériel du 20 mai 1853, rendu en vertu de la délégation con-
tenue dans l'article 14 du décret du 26 mars 1852, le conseil
presbytéral maintient l'ordre et la discipline dans la paroisse,
veille à l'entretien des édifices religieux et administre les biens
de l'église et les deniers provenant des aumônes ;

« Considérant qu'on ne saurait faire dériver des dispositions
qui précèdent la capacité d'accepter des libéralités, à charge de
créer ou d'entretenir des établissements scolaires ;

« Qu'à la vérité le chapitre IV de l'ancienne discipline des
églises réformées porte que ces églises feront tout devoir de faire
dresser des écoles ;

« Mais considérant que si les articles 5 et 20 de la loi organique
du 18 germinal an X ont expressément maintenu l'ancienne discipline, ces dispositions n'ont pas eu pour effet de reconnaître
aux établissements publics du culte réformé des prérogatives en
contradiction avec les lois qui venaient de réorganiser l'instruction publique en France ;

« Considérant que les lois ci-dessus visées ont fait de l'enseignement public une charge de l'État, des départements et des
communes ; qu'on ne saurait, d'ailleurs, invoquer le principe de la
liberté de l'enseignement ; que, si l'article 17 de la loi du 15 mars
1850 donne aux particuliers et associations le droit de fonder des
écoles libres, aucun texte n'a reconnu ce droit aux conseils presbytéraux et consistoires des églises réformées ;

« Considérant que l'article 8 de la loi du 18 germinal an X, en
stipulant expressément que les dispositions portées par les articles

organiques du culte catholique sur la liberté des fondations seront communes aux églises protestantes, ne permet pas à celles-ci de réclamer le bénéfice d'une situation privilégiée;

Le Conseil d'État est d'avis:

« En principe, que les conseils presbytéraux des églises réformées ne peuvent être autorisés à accepter des dons et legs qui leur sont faits à charge de fonder ou d'entretenir des écoles. »

4° Avis du 8 avril 1886. Legs Beyfus (A. G.).

« Considérant que les établissements publics ne sauraient être autorisés à recevoir des libéralités que dans l'intérêt des services qui leur sont légalement confiés et dans la limite des attributions qui en dérivent; que la fondation ou l'entretien d'établissements scolaires et charitables ne rentre dans aucune des attributions spéciales conférées aux consistoires israélites de la métropole par les textes ci-dessus visés;

Le Conseil d'État est d'avis:

« Que les consistoires israélites ne sauraient être autorisés à accepter des libéralités faites en vue de fondation ou d'entretien d'écoles et d'établissements de bienfaisance, et que, par suite, il y a lieu de remplacer l'article premier du projet de décret par une disposition portant que le consistoire israélite de Paris n'est pas autorisé à accepter les libéralités faites par le sieur Beyfus. »

CHAPITRE SECOND

ACQUISITIONS A TITRE ONÉREUX

PREMIÈRE SECTION

Acquisitions amiables.

Les acquisitions payables au moyen d'annuités à long terme sont soumises aux mêmes règles d'autorisation que les emprunts (1).

Avis, 28 juillet 1885, fabrique et ville de Lorient.

N'a pas été autorisée, comme n'étant pas de bonne administration, une acquisition payable au moyen d'une rente perpétuelle.

Note, 22 novembre 1890, commune du Champ-du-Boult.

Il n'y a pas lieu d'autoriser un séminaire dont les bâtiments appartiennent à l'État à acquérir des immeubles destinés à leur agrandissement, par ce motif que des difficultés pourraient se produire dans l'avenir entre l'État, propriétaire de l'édifice principal, et le séminaire qui deviendrait propriétaire des annexes.

Note, 14 décembre 1881. Acquisition par le séminaire de Rodez.

En conséquence, une semblable acquisition ne peut être faite que par l'État.

P. de décret, 25 mai 1880. Acquisition par le préfet de la Marne pour le séminaire de Reims.

Lorsqu'une fabrique sollicite l'autorisation d'acquérir un immeuble destiné à être ajouté aux dépendances d'un presbytère ou d'une église, propriétés communales, il y a lieu d'engager la fabrique et la commune à régler à l'avance la question de propriété du nouvel immeuble, afin d'éviter les difficultés pouvant résulter de la copropriété entre ces deux établissements.

Note, 23 mars 1881. Acquisition par la fabrique de Caux.

_____

(1) Comparer circulaire du 11 mai 1864, *Bulletin officiel*, int. 1867, p. 192.

En pareil cas, la fabrique a été invitée à prendre l'engagement de céder à la commune la propriété de l'immeuble à acquérir.

Note, 31 août 1881. Acquisition par la fabrique de Lautrec.

Mais, avant de prendre cet engagement, la fabrique doit s'assurer si les souscripteurs qui se sont engagés vis-à-vis d'elle acceptent cette substitution.

Note, 11 février 1890. Acquisition par la fabrique de Miélan.

Il y a lieu enfin de prendre acte de la déclaration faite par la fabrique en insérant dans le projet de décret une disposition ainsi conçue :

Conformément à la délibération du conseil municipal de en date du et à celle du conseil de fabrique de en date du l'immeuble précité sera considéré comme une dépendance de l'église paroissiale ou du presbytère.

Note, 21 mai 1890. Acquisition par la fabrique de Miélan.

Lorsqu'il s'agit d'une acquisition de presbytère opérée conjointement par la fabrique et la commune et que celle-ci n'y contribue que pour une somme relativement peu importante, il y a lieu de lui demander si elle n'est pas disposée à renoncer à tout droit de propriété sur l'immeuble à acquérir.

Note, 25 mai 1880. Acquisition d'un presbytère à Mariol.

Une fabrique ne peut être autorisée à acquérir un immeuble en vue d'une opération de voirie destinée à dégager les abords de l'église.

Note, 22 février 1888. Acquisition par la fabrique de Fains. — Note, 2 août 1890. Acquisition par la fabrique de la Sauvetat-sur-Lèdre.

Une fabrique ne peut être autorisée à acquérir un immeuble, si l'opération n'est pas justifiée par les besoins des services auxquels la fabrique doit pourvoir et si elle a pour unique résultat l'extension de la mainmorte immobilière.

Avis, 6 décembre 1881. Acquisition par la fabrique de Crossac. — Note, 14 mai 1889. Acquisition par la fabrique de Saint-Ouen-Marchefroy.

Une acquisition par un consistoire, par un conseil presbytéral protestant ou par un consistoire israélite d'un immeuble destiné au culte ne peut être approuvée que si l'exercice public du culte a été régulièrement autorisé.

Avis, 2 août 1882. Acquisition par le conseil presbytéral de Reims. — Note, 29 novembre 1882. Acquisition par le conseil presbytéral de Reims. — Note, 21 mai 1889. Acquisition par le consistoire de Dijon. — Note, 21 mai 1890. Acquisition par le consistoire israélite de Valenciennes.

L'autorisation temporaire de célébrer le culte protestant, donnée par arrêté préfectoral, n'est pas suffisante pour justifier l'acquisition d'un immeuble où sera célébré ce culte.

Note, 4 juin 1889. Acquisition par le consistoire de Bourges.

Un consistoire ne peut être autorisé à faire une acquisition dans un but étranger à ses attributions légales, par exemple s'il s'agit de créer et d'administrer des établissements charitables.

Avis, 10 décembre 1883. Acquisition par le consistoire d'Héricourt.

Avant d'autoriser une congrégation à acquérir un immeuble, il y a lieu de s'assurer si cet immeuble est destiné à un usage conforme aux statuts de la congrégation.

Note, 28 mars 1881. Acquisition par la communauté de la Sainte-Famille, à Séez. — Avis, 3 mai 1881. Acquisition par la communauté des sœurs de la Croix, à Chauny. — Note, 16 janvier 1883. Acquisition par la congrégation des sœurs de la Doctrine chrétienne, à Bordeaux. — Avis, 18 novembre 1891. Acquisition par la communauté des dames hospitalières de l'Hôtel-Dieu, à Bayeux. — Note, 3 juillet 1895. Acquisition par la communauté des sœurs de la Compassion, à Saint-Denis.

Par application de ce qui précède, l'Institut des frères des écoles chrétiennes n'a pas été autorisé à acquérir un immeuble en vue d'agrandir un établissement scolaire dans lequel les élèves payent une pension annuelle. Au termes de l'article premier de ses statuts, l'Institut fait profession de tenir les écoles gratuitement.

Avis (A. G.), 5 juillet 1883.

Il y a lieu de tenir compte du développement qu'ont pris les ressources de la congrégation et sa dotation actuelle.

Note, 2 décembre 1879. Acquisition par la communauté des Ursulines d'Ambert. — Note, 15 décembre 1879. Acquisition par la congrégation des sœurs de la Providence.

La congrégation doit justifier qu'elle possède les ressources nécessaires pour le paiement du prix d'acquisition.

Note, 1er décembre 1880. Acquisition par les Petites-Sœurs des pauvres.

Ne peut être autorisée une acquisition par une congrégation lorsqu'elle est destinée à un établissement dépourvu d'existence légale.

Avis (A. G.), 23 novembre 1882. Acquisition par la communauté des filles de la Sainte-Famille existant à Albert.

Il n'y a pas lieu d'autoriser une congrégation à faire une acquisition lorsque l'acte de vente énonce qu'en cas de refus d'autorisation par le Gourvernement, l'acquisition sera faite pour le compte de la supérieure générale agissant en son nom personnel.

Note, 7 décembre 1887. Acquisition par la congrégation des filles de la Charité de Saint-Vincent de Paul.

La supérieure d'une communauté religieuse n'a pas besoin de l'autorisation du Gouvernement pour toucher le montant d'une assurance sur la vie, payable à la communauté lors du décès d'un de ses membres, lorsqu'il est établi que les primes ont été payées sur les revenus de la communauté.

Avis, 16 janvier 1895. Sœurs de Saint-Pierre-Église.

Par application du décret du 7 prairial an XII et de l'ordonnance du 3 février 1816, l'association des prêtres de la mission dite de Saint-Lazare, existant à Paris, a été autorisée à acquérir un immeuble situé à l'étranger.

P. de décret et note, 24 novembre 1897. Association des Lazaristes.

Rétrocessions (1).

Il n'y a pas lieu, en principe, d'approuver des rétrocessions ; ces opérations n'ayant pour but que de régulariser des acquisitions faites sans autorisation pour le compte d'établissements publics

---

(1) On entend par rétrocession dans le langage administratif usuel la déclaration faite par un particulier qu'une acquisition faite par lui en son nom personnel l'a été en réalité pour le compte et avec les deniers d'un établissement soumis à la tutelle.

sont contraires à l'ordonnance du 14 janvier 1831, aux termes de laquelle les établissements ecclésiastiques ne peuvent acquérir qu'avec l'approbation du Gouvernement.

Avis (A. G.), 24 décembre 1879. Rétrocession au profit du séminaire diocésain de Périgueux.

Cependant, des rétrocessions ont été approuvées à raison de circonstances spéciales dans les espèces suivantes :

a) Régularisation de la dotation d'une mense épiscopale, après le décès de l'évêque;

P. de décret, 29 mars 1882. Rétrocession au profit de l'archevêché de Sens.

b) Acquisition par une caisse de retraite pour les prêtres ;

P. de décret (A. G.), 21 octobre 1884. Caisse de retraite de Poitiers.

c) Rétrocession accompagnée d'une demande d'aliénation de l'immeuble;

P. de décret et note, 13 avril 1880. Aliénation par l'évêché de Grenoble.

d) Acquisition faite suivant procès-verbal d'adjudication publique;

P. de décret, 6 janvier 1885. Acquisition par la fabrique de la Séguinière.

Fondations.

Les actes sous seings privés portant fondation de services religieux peuvent être soumis à l'approbation du Conseil d'État avant l'accomplissement de la formalité de l'enregistrement.

Note, 24 janvier 1883 (1). Fondation Jouhannaud.

Par application de l'article 12 du décret du 30 décembre 1809, le trésorier de la fabrique ne peut, sans y être préalablement

(1) Antérieurement à cette décision, la section de l'intérieur exigeait que les actes de fondation passés sous seings privés ne lui fussent présentés qu'après avoir été soumis aux formalités de l'enregistrement. Cette façon de procéder, d'après la direction des cultes, soulevait certaines difficultés: d'autre part, M. le Ministre des Finances, spécialement consulté à ce sujet, fit observer que le délai pour l'enregistrement des actes sous seings privés, portant fondation de services religieux, ne commençait à courir qu'à compter de la réception du décret d'approbation. La section, tenant compte de ces observations, a, dans sa séance du 24 janvier 1883, décidé que l'enregistrement préalable ne serait plus exigé.

autorisé par une délibération du conseil de fabrique, passer un contrat de fondation pieuse, un tel acte excédant les bornes de l'administration des biens des mineurs.

Note, 23 juillet 1895. Fondation Charlot.

Les conventions ayant pour objet la fondation de services religieux doivent être passées avec les trésoriers des fabriques, et non avec les présidents des conseils de fabriques, les présidents des bureaux des marguilliers ou les desservants des succursales.

Note, 25 mai 1880. Fondation Anfray. — Note, 19 novembre 1895. Fondation Gardes. — Note, 25 février 1896. Fondation Carlier.

Le bureau des marguilliers n'a pas qualité pour approuver la convention relative à la fondation de services religieux; l'approbation du conseil de fabrique est nécessaire.

Note, 7 février 1895. Fabrique d'Annœullin.

Exceptionnellement, elles peuvent être signées par le président, au nom du conseil de fabrique, lorsque des pouvoirs spéciaux lui ont été conférés, à cet effet, par ce conseil.

P. de décret, 14 mars 1882. Convention Trouard. — Note, 1ᵉʳ août 1890. Fondation Collot.

Il y a lieu dans ce cas de mentionner dans les visas la délibération par laquelle le conseil de fabrique a autorisé son président.

P. de décret et note, 16 mars 1893. Fondation dame veuve Laborde-Lassalle.

Dans un décret portant approbation de plusieurs conventions ayant pour objet des fondations distinctes en faveur de la même fabrique, il y a lieu de statuer sur chacune d'elles par un article spécial.

P. de décret et note, 7 janvier 1893. Fondation dame veuve Lair et sieur Torterue. — P. de décret et note, 25 avril 1893. Fondation dame veuve et demoiselle Martin.

L'original de l'acte sous seings privés portant fondation de services religieux doit être joint au dossier.

Note, 19 octobre 1881, fabrique de Saint-Maurice. Fondation Mollard.

Il y a lieu de mentionner dans les décrets autorisant la fondation de services religieux les noms des personnes à l'intention desquelles ces services doivent être célébrés.

P. de décret et note collective, 27 octobre 1894. Fondations diverses.

Il y a lieu de mentionner dans les décrets autorisant la fondation de services religieux la clause de la convention qui contient l'indication du lieu de culte où les services religieux doivent être célébrés.

Note, 9 juin 1886. Fondation Bertrand. — P. de décret et note, 5 mars 1895. Fabrique de la Rivière-Saint-Sauveur.

Lorsque la fondation consiste dans la constitution d'une rente créée au profit de la fabrique, il y a lieu de mentionner dans le décret qui l'autorise les garanties accordées à cet établissement par son débiteur.

P. de décret et note, 5 décembre 1893. Fondation Serisier.

Lorsque la convention a été signée par un mandataire, il y a lieu d'exiger la production d'un mandat écrit.

Note, 24 octobre 1893. Fondation Brun.

Il n'y a pas lieu d'approuver une convention qui ne comporterait qu'une fondation purement fictive et ne constituerait qu'un moyen détourné de régulariser d'anciennes fondations. Si la fabrique se trouve détenir irrégulièrement des titres ou valeurs provenant d'anciennes libéralités à charge de service religieux, il lui appartient de prendre une délibération ayant pour objet soit de solliciter l'autorisation d'accepter ces libéralités, soit de demander à être autorisée à faire emploi de ces titres ou valeurs en rente sur l'État avec mention sur l'inscription de la destination des arrérages à l'acquit des services religieux, dont le nombre et la nature devront être indiqués.

Note, 20 décembre 1893. Fondation sieur et dame Étienne.

Lorsque les services doivent être célébrés dans une chapelle de secours, il y a lieu de réclamer la production du décret qui a conféré à cette église le titre de chapelle de secours.

Note, 19 juillet 1893. Donation dame veuve de Ladoucette.

Il y a lieu de réclamer la production du tarif diocésain ainsi qu'un extrait du sommier des fondations dans toutes les affaires qui ont trait à des fondations religieuses.

Note, 2 décembre 1885. Legs Rondel. — Note, 9 novembre 1881. Legs Édelin.

Lorsque le sommier des fondations de la paroisse est déjà très chargé, il y a lieu de s'assurer si rien dans la convention ne s'oppose à ce que les messes fondées soient dites dans une autre église.

Note, 26 janvier 1881. Fondation. Cochard. — P. de décret et note, 19 février 1890. Fondation de Landrevoisin.

Une fondation perpétuelle de messes doit être assurée au moyen de l'abandon d'un capital. En conséquence, il n'y a pas lieu d'approuver un projet de décret autorisant les légataires universels à verser, chaque année, la somme nécessaire à l'acquit de services religieux.

Note, 6 février 1895. Legs Longuet.

Il y a lieu de considérer comme contraire à l'article 39 du décret du 30 décembre 1809 la clause par laquelle le fondateur stipule que le nombre des messes ne pourra jamais être diminué pour quelque motif que ce soit.

Note, 30 avril 1895. Fabrique de Glaire et Villette.

Dans le cas où une fabrique et l'établissement légataire, chargé de faire célébrer des services religieux, ne seraient pas d'accord au sujet du prix de ces services, il convient de se borner à autoriser la fabrique à recevoir la somme nécessaire pour assurer l'acquit des charges, somme qui sera déterminée, soit par l'application du tarif diocésain, soit, à défaut de tarif, par l'autorité compétente.

P. de décret et note, 24 juin 1896. Legs Bourgogne.

Il n'y a pas lieu de statuer sur une fondation, qui présente le caractère d'une libéralité, alors que la fondatrice est décédée avant l'acceptation de ses offres par le conseil de fabrique, et qu'il n'est pas établi que ses héritiers aient passé avec la fabrique un acte confirmatif.

Note, 20 janvier 1897. Fondation dame Claude.

DEUXIÈME SECTION

Expropriation pour cause d'utilité publique.
(Loi du 3 mai 1841. — Ordonnances des 18 février 1834 et
29 août 1835.)

§ 1ᵉʳ: Départements

Lorsque l'expropriation est poursuivie par le préfet dans un intérêt départemental, le décret déclaratif doit être précédé d'une enquête faite conformément aux prescriptions des articles 9 et 10 de l'ordonnance du 18 février 1834.

Avis, 3 août 1880, asile d'aliénés de Saint-Dizier.

§ 2: Communes

A. — *Déclaration d'utilité publique.*

Ne sont pas susceptibles d'être déclarés d'utilité publique:

La rectification d'une voie publique dans le seul but de faciliter la création d'un établissement industriel privé ou d'en assurer la prospérité;

Avis, 5 octobre 1881, ville de Bourg.

La construction d'un logement pour le garde champêtre de la commune;

P. de décret et note, 20 novembre 1895, commune des Moutils.

L'établissement de bains populaires, qu'un particulier se propose de créer à ses risques et périls et moyennant rétribution du public;

Avis, 5 août 1895, commune de Dunkerque.

Le dégagement des abords d'un édifice religieux, construit par un particulier, et qui ne fera l'objet d'une donation à la commune que lors de son achèvement;

Note, 29 avril 1890, commune de Chirens.

L'acquisition d'un terrain destiné à servir de jardin à l'instituteur.

Avis, 19 mai 1886, commune de Billy. — P. de décret et note, 30 octobre 1889,
commune de Plouvien.

L'acquisition d'un terrain devant servir de champ de tir destiné
à être exploité par une société privée.

Avis, 9 avril 1895, commune d'Écouen.

Une commune a été autorisée à recourir à l'expropriation pour
l'acquisition d'un terrain destiné à servir de champ d'expérience
agricole. Ce champ a été considéré comme une annexe du groupe
scolaire.

P. de décret, 7 mai 1895, commune de Pont-de-Beauvoisin.

Des travaux tendant à la production de l'énergie électrique
peuvent être l'objet d'une déclaration d'utilité publique quand
ils sont destinés au fonctionnement d'un service public comme
l'éclairage des voies communales, mais non quand ils ont pour
but de procurer à des particuliers la force nécessaire à leur
industrie.

P. de décret et note, 11 février 1896, commune de Sassenage. — P. de décret et
note, 31 mars 1896, commune d'Allevard. — P. de décret et note, 2 septembre
1896, ville de Château-Chinon.

Il peut y avoir lieu de déclarer d'utilité publique la construction
d'un refuge pour les voyageurs indigents.

P. de décret et note, 20 novembre 1895, commune des Moutils.

La déclaration d'utilité publique doit être prononcée au nom
des communes seules; les concessionnaires avec lesquels la
commune a traité (sauf approbation du Préfet) tiennent leurs
droits, au point de vue de la poursuite de l'expropriation, de
l'article 63 de la loi du 3 mai 1841.

P. de décret et note, 18 octobre 1882, communes de Cannes et du Cannet. —
P. de décret et note, 24 mars 1891, ville de Nîmes.

Lorsqu'un particulier a pris l'engagement de céder gratuitement à la ville les terrains nécessaires à l'établissement d'une nouvelle voie, il y a lieu de viser cet engagement dans le décret.

Jurisprudence constante.

Mais il n'en est pas de même lorsqu'il s'agit de la cession amiable d'une parcelle domaniale consentie par le Ministre des Finances. En effet ce ministre n'a qualité pour consentir à l'aliénation des biens de l'État compris dans les plans dressés en vue de l'expropriation qu'autant que l'utilité publique des travaux a été déclarée et l'expropriation prononcée (art. 13, loi du 3 mai 1841).

P. de décret et note, 15 février 1887, ville de Pantin.

Une commune ne peut être autorisée à poursuivre l'expropriation d'un immeuble en réservant à un particulier un droit de servitude sur cet immeuble : par sa nature même l'expropriation pour cause d'utilité publique éteint tous les droits réels.

P. de décret et note, 20 juillet 1897, ville de Bourges.

Quand bien même une déclaration d'utilité publique n'a d'autre objet que de procurer à une commune le bénéfice de l'article 58 de la loi du 3 mai 1841, c'est-à-dire la restitution des droits de timbre et d'enregistrement, elle ne peut être approuvée que si les formalités de nature à justifier l'utilité publique ont été remplies.

Avis, 24 décembre 1895, commune de Saint-Martin-sur-Ocre.

La déclaration d'utilité publique demandée par une commune pour recouvrer les droits d'enregistrement perçus à l'occasion d'acquisitions amiables, alors que plus de deux ans se sont écoulés depuis la perception des droits, lui a été refusée par application de la loi du 3 mai 1841 (art. 58, § 3).

Avis, 5 mars 1895, commune de Ferrières.

B. — *Formalités préalables.*

Lorsqu'un travail public, entrepris dans l'intérêt exclusif d'une commune, doit avoir lieu sur le territoire d'autres communes, il est procédé à l'enquête, conformément à l'ordonnance du 23 août

1835, dans chacune des communes sur le territoire desquelles s'étendent les travaux.

Plusieurs décisions en ce sens, notamment : Note, 7 août 1889, commune de Graville-Sainte-Honorine. — Notes, 16 juin et 8 décembre 1891, ville de Bayonne. — Note, 27 octobre 1896, commune d'Ai-les-Bains.

Il ne suffit pas qu'un avis, annonçant l'ouverture de l'enquête dans la principale commune, ait été publié et affiché dans les autres. L'enquête doit avoir lieu dans toutes les communes.

Note, 21 avril 1896, commune de Belley.

Mais lorsque l'expropriation est poursuivie dans l'intérêt de plusieurs communes, il y a lieu de procéder à l'enquête suivant les prescriptions de l'ordonnance du 18 février 1834.

Avis, 19 juillet 1881, commune de Cauterets.

Le délai de quinzaine, prévu par l'ordonnance du 23 août 1835 pour le dépôt des pièces à la mairie, est un délai franc. En conséquence, une enquête dans laquelle on a compté dans le délai le jour où l'avis de ce dépôt a été donné par voie d'affiches, est irrégulière et doit être recommencée.

Note, 18 juillet 1893, commune de Chaussenac. — Note, 13 février 1895, commune de Florac. — Note, 16 mars 1897, ville de Paris.

Pour assurer l'observation de la règle précédente, la jurisprudence exige la justification expresse de l'observation stricte de ce délai.

Note, 27 juillet 1893, commune de Belvès. — Note, 16 novembre 1893, commune d'Autrey-lès-Gray. — Note, 17 janvier 1894, commune de Croutelle. — Note, 17 janvier 1894, commune de Selles-Saint-Denis.

N'a pas la durée réglementaire : l'enquête ouverte sur un projet, dont les pièces ont été déposées quinze jours à la mairie, avec avertissement que les intéressés pourraient en prendre connaissance *tous les jours non fériés*.

Note, 16 mars 1897, ville du Mans.

Le certificat de publication et d'affiches délivré par le maire, conformément à l'ordonnance de 1835, ne doit pas se borner à attester que l'avis annonçant l'enquête a été publié et affiché et que les pièces ont été déposées à la mairie ; il doit indiquer la date de cette publication et le délai durant lequel les pièces ont été déposées.

Note, 4 mai 1892, commune de Meysse. — Note, même date, commune de Dampierre.

Il ne suffit pas de mentionner dans l'avis annonçant l'enquête un ensemble de travaux ; il faut encore spécifier chacun d'eux.

P. de décret et note, 18 mars 1895, ville de Paris.

Le maire ne doit pas être désigné pour remplir les fonctions de commissaire enquêteur dans l'enquête prévue par l'ordonnance du 23 août 1835.

Note, 8 octobre 1879, commune de Melgven.

Avant de déclarer d'utilité publique la création d'un abattoir communal, il y a lieu de remplir préalablement les formalités qui doivent précéder la création des établissements insalubres de première classe.

Note, 22 octobre 1879, commune de Valence.

Il n'y a pas lieu de viser, dans un projet de décret tendant à déclarer d'utilité publique des travaux communaux, des plans dressés à une date postérieure à l'enquête.

P. de décret et note, 12 juillet 1892, ville de Carcassonne.

Il y a lieu de joindre aux pièces qui accompagnent le projet de décret l'acte qui a désigné le commissaire enquêteur.

Nombreuses décisions dans ce sens, notamment : Note, 7 février 1883, ville de Paris.

Ce commissaire enquêteur doit être désigné, même dans la ville de Paris, par le préfet et non par le maire (ordonnance de 1835, art. 3).

Note, 23 octobre 1883, ville de Paris, rue de Fécamp.

Le préfet ne peut déléguer au maire son droit de nomination.

Avis (A. G.), 28 décembre 1882, ville de Paris.

Lorsqu'une enquête, faite conformément aux prescriptions de l'ordonnance de 1835, a suscité des oppositions dans les communes traversées par les travaux projetés, il convient de consulter sur la valeur des oppositions, non seulement les conseils municipaux de ces communes mais aussi le conseil municipal de la commune qui entreprend les travaux. Cette formalité, d'ailleurs imposée par l'ordonnance de 1835, se justifie par la considération que le conseil municipal de la commune, dans l'intérêt et aux frais de laquelle les travaux sont exécutés, doit être appelé à connaître toutes les objections que soulève l'entreprise.

Note (A. G.), 9 août 1892, ville de Quimper. — Note, 22 octobre 1896, commune de la Roquette-sur-Var.

La délibération du conseil municipal et l'enquête doivent mentionner tous les immeubles atteints par l'expropriation ou frappés de servitude de voirie.

Note, 5 mai 1885, ville de Lyon.

Quand il s'agit de déclarer d'utilité publique des travaux d'adduction d'eau dans une commune, le conseil municipal doit prendre, au nom de la commune, l'engagement d'indemniser les particuliers auxquels ces travaux causeraient des dommages. N'équivaut pas à cet engagement l'affectation, parmi les crédits destinés à faire face aux travaux, d'une somme spéciale pour couvrir les indemnités à raison de dommages.

Note, 21 avril 1896, commune de Belley.

Par application de l'article 7, du décret du 9 mars 1894, quand il s'agit de déclarer d'utilité publique des travaux qui doivent faire l'objet d'une association syndicale, les notifications individuelles, exigées au moment de l'enquête, doivent être faites aux intéressés au plus tard dans les cinq jours qui suivent l'ouverture de l'enquête.

P. de décret et note, 23 octobre 1895, commune de Pulligny.

C. — *Règles de compétence.*

Lorsqu'il y a lieu de déclarer d'utilité publique un travail dont la dépense doit être couverte au moyen d'un emprunt, ou d'autoriser un emprunt qui doit servir à payer la dépense d'un travail public, à quelle autorité appartient-il soit de prononcer la déclaration d'utilité publique, soit d'autoriser l'emprunt et dans quel ordre les autorités compétentes doivent-elles statuer ?

Si le Gouvernement est compétent pour autoriser tant l'exécution du travail que l'emprunt, il doit être statué sur le tout par un seul et même décret.

Note, 21 janvier 1885. Emprunt par la commune de Saint-Girons. — Note, 3 août 1887. Emprunt par la commune de Saint-Florentin.

Si la déclaration d'utilité publique, d'une part, et l'autorisation de l'emprunt, d'autre part, ressortissent à des compétences différentes, l'autorité la plus haute doit être appelée à statuer la première.

Circulaire ministérielle, 20 juillet 1888 (1).

Il est fait application de cette règle dans les cas suivants :

1er cas. — *Le Gouvernement est compétent pour déclarer d'utilité publique le travail, alors que l'emprunt rentre dans la compétence du préfet.*

Chacune de ces autorités conserve sa compétence, mais le pouvoir central doit être appelé à statuer le premier.

Il doit s'enquérir des voies et moyens nécessaires à la création du travail et exiger la production d'un projet d'arrêté préfectoral autorisant l'emprunt. Le décret doit alors contenir un article ainsi conçu : *Il sera pourvu à la dépense au moyen d'un emprunt qui sera ultérieurement soumis à l'approbation du préfet.*

P. de décret et note, 21 juillet 1891, ville de Quimper. — Circulaire ministérielle du 20 juillet 1888.— P. de décret et note 22 décembre 1896. Commune d'Héripian

---

(1) La question n'a pas toujours été résolue de la même manière. En vertu d'un avis de la section de l'intérieur du 4 août 1868, l'autorité appelée à statuer la première était celle qui devait autoriser les voies et moyens c'est-à-dire l'emprunt ou l'imposition extraordinaire.

Plus tard la jurisprudence fut modifiée et il fut admis par de nombreuses décisions que, au cas où l'une des opérations était de la compétence du pouvoir central et l'autre de celle du Préfet, il devait être statué sur le tout par décret :

Soit que le Gouvernement fût saisi de la déclaration d'utilité publique;

P. de décret et note, 6 juillet 1887, commune de Vitry-sur-Seine. — Note, 20 juillet 1887, communes de Viviez, Lavezan et Saint-Ouen-des-Alleux.

Soit qu'il fût saisi de la demande d'emprunt.

Note, 7 mai 1888, commune de Burie.

Ce principe, dit principe de connexité, fut posé de la manière la plus catégorique dans un projet d'avis adopté par la section de l'intérieur, le 29 février 1888, à la suite d'une question posée au Conseil d'État, par le Ministre de l'Intérieur.

Mais avant que l'assemblée générale du Conseil d'État se fût prononcée, la demande d'avis fut retirée, et d'un commun accord entre la section et le représentant du Ministre de l'Intérieur, les bases d'une nouvelle jurisprudence furent posées par la circulaire du 20 juillet 1888. Nous en analysons ici les principes et les applications qui en ont été faites.

2ᵉ cas. — *Le Gouvernement est compétent pour déclarer l'utilité publique du travail, mais l'emprunt ne peut être autorisé que par une loi.*

Le pouvoir législatif doit être appelé à statuer le premier, mais, pour qu'il puisse apprécier l'utilité de la dépense, il convient de soumettre préalablement aux délibérations du Conseil d'État le projet de décret déclarant l'utilité publique. Dans ce cas, la date de la loi qui pourvoit aux voies et moyens est laissée en blanc dans le projet de décret. En conséquence, ce projet de décret est ainsi conçu : *Il sera pourvu au payement   à l'aide d'un emprunt autorisé par une loi du*

P. de décret et note, 1ᵉʳ août 1891, ville de Marseille.

3ᵉ cas. — *Le Gouvernement est compétent pour autoriser l'emprunt, alors que l'autorisation des travaux ou des acquisitions, à la dépense desquels l'emprunt a pour but de pourvoir, rentre dans la compétence préfectorale.*

Il doit être procédé à l'instruction complète des projets de travaux et d'acquisitions; les résultats de cette instruction doivent être joints aux pièces produites à l'appui de la demande d'emprunt et le Préfet ne devra approuver les travaux ou les acquisitions que lorsque l'emprunt aura été autorisé par le Gouvernement.

Circulaire ministérielle, 20 juillet 1888.

§ 3 : ÉTABLISSEMENTS PUBLICS

Les établissements publics (hospices, bureaux de bienfaisance, fabriques), n'ayant pas qualité pour user des formalités de l'expropriation pour cause d'utilité publique, doivent, lorsqu'ils veulent acquérir par cette voie, emprunter l'intermédiaire de la commune.

Le projet de décret doit alors être rédigé de la manière suivante :

Le maire de   au nom de la commune pour le compte de (tel établissement) est autorisé à

Les frais d'acquisition et le prix des travaux seront payés par l'établissement

CHAPITRE TROISIÈME

ACQUISITIONS A TITRE GRATUIT

PREMIÈRE SECTION

Règles générales.

§ 1er : MESURES D'INSTRUCTION (1)

I

Période régie par l'ordonnance du 14 janvier 1831
et le décret du 30 juillet 1863.

L'instruction doit faire connaître :

1° L'état exact de la fortune du testateur ;
2° L'origine de cette fortune ;
3° Le nombre et le degré de parenté des héritiers ;
4° Leur situation de fortune et leurs charges de famille ;
5° La situation financière des établissements institués.

Jurisprudence constante, voir : Note, 25 novembre 1879. Legs Phélypeaux.

A défaut d'une pièce authentique, donnant la liste des seuls héritiers du testateur, il y a lieu de procéder aux formalités de publication et d'affichage prescrites par l'article 3 de l'ordonnance du 14 janvier 1831.

Notes, 21 décembre 1893. Legs Lamboley. Legs Bruery. Legs dame veuve Lecomte. Jurisprudence constante.

---

(1) La procédure à suivre en matière de legs concernant les établissements publics et d'utilité publique a été complètement remaniée par le décret du 1er février 1896. Les dispositions contenues à ce sujet dans l'ordonnance du 14 janvier 1831 ont été abrogées, ainsi que le décret du 30 juillet 1863. La jurisprudence antérieure au décret du 1er février 1896 semble donc n'avoir plus qu'un intérêt historique. Nous la reproduisons cependant parce qu'elle peut s'appliquer à des affaires qui ont été instruites sous l'empire de l'ordonnance de 1831 et surtout parce qu'elles renferment quelques règles de principe qui n'ont pas cessé de rester en vigueur.

Si tous les héritiers sont connus, il convient de produire soit le consentement de chacun d'eux, soit l'acte extrajudiciaire exigé par l'ordonnance de 1831.

Note, 11 février 1891. Legs Jousseaume.

Si aucun héritier n'est connu, il doit être procédé à la formalité de publications et d'affichage.

Même décision.

Si quelques héritiers seulement sont connus, il doit être procédé à la fois aux formalités de l'acte extrajudiciaire vis-à-vis d'eux, et, à l'égard des héritiers inconnus, aux formalités de publications et d'affichage.

Note, 29 octobre 1879. Legs Coppier.

Lorsque la pièce authentique versée au dossier ne fait pas connaître que les héritiers mentionnés sont les seuls laissés par le testateur, mais donne simplement la liste des héritiers connus, il y a lieu, après avoir vérifié si tous ces héritiers ont été régulièrement mis en demeure, de faire les publications prescrites par l'ordonnance de 1831.

Note, 10 janvier 1894. Legs demoiselle Pallaris. Jurisprudence constante.

Dans tous les cas, cette pièce, qui sert de base à la procédure, exigée par l'ordonnance de 1831, doit être visée expressément.

P. de décrets et note, 10 janvier 1894. Legs Murot et autres.

Le certificat délivré par le maire pour constater l'absence d'héritiers naturels ne saurait dispenser des prescriptions d'affichage à la mairie de la commune du testateur et d'insertion exigées par l'article 3 de l'ordonnance du 14 janvier 1831.

Note, 11 avril 1891. Legs Vallet.

Il n'y a pas lieu de tenir compte du certificat délivré par le maire, constatant que le testateur n'a pas laissé d'autres héritiers que ceux mentionnés au dit certificat, alors que les attestations de cette pièce sont contredites par les éléments de l'instruction. En conséquence, il a été demandé qu'il fût procédé aux formalités de publications et d'affichage prescrites par l'ordonnance du 14 janvier 1831.

Note, 9 novembre 1893. Legs Fauré.

— Le certificat du maire ne doit pas se borner à constater l'affichage du testament; il doit, en outre, attester que cet affichage a été accompagné d'une invitation aux héritiers d'adresser au Préfet les réclamations qu'ils auraient à présenter.

Note, 19 avril 1887. Legs Gouesnel.

La mise en demeure aux héritiers doit être faite non par lettre recommandée mais par acte extrajudiciaire.

Note, 24 mars 1891. Legs Aymard.

L'acte extrajudiciaire qui n'est notifié qu'au mari de l'héritière, sans être notifié à cette héritière elle-même, ne répond pas aux prescriptions de l'ordonnance du 14 janvier 1831 qui exige une mise en demeure adressée aux héritiers.

Note, 16 novembre 1887. Legs Roussel.

Il convient de viser expressément les actes de sommation adressés aux héritiers naturels.

P. de décret et note, 2 février 1893. Legs dame veuve Laplace.

Les formalités d'insertion et d'affichage prescrites par l'ordonnance du 14 janvier 1831, ne sauraient avoir d'effet à l'égard d'une personne placée dans un établissement d'aliénés et non interdite, ces formalités ne tenant lieu de la mise en demeure que lorsque les héritiers sont inconnus. Il y a lieu, en pareil cas, d'exiger la signification d'un acte extrajudiciaire à l'administrateur provisoire chargé d'administrer les biens des personnes non interdites, conformément à l'article 31 de la loi du 30 juin 1838.

Note, 18 avril 1888. Legs Chanson.

II

Période régie par le décret du 1er février 1896. (1)

Sous l'empire du décret du 1er février 1896, alors même que le certificat du maire déclarerait que les héritiers qu'il mentionne

(1) Le décret du 1er février 1896 a été rendu applicable à l'Algérie par le décret du 2 décembre 1896.

sont les seuls héritiers, il doit néanmoins être procédé à l'accomplissement des formalités de publication et d'affichage.

Note, 4 novembre 1896. Legs Lehéricey.

Depuis le décret du 1er février 1896, l'interpellation des héritiers connus, et la recherche des héritiers inconnus, étant faites sans frais par le Préfet, un établissement ne saurait se fonder, pour répudier un legs, sur la crainte des frais qu'entraîneraient cette interpellation et cette recherche.

P. de décret et note, 24 juin 1896. Legs Laporte.

Il ne peut être statué sur une libéralité faite à un établissement avant l'expiration du délai de trois mois prévu par l'article 4 du décret du 1er février 1896. L'accomplissement des formalités de publication et d'affichage, prescrites à l'article 3, est le point de départ de ce délai.

Note, 30 décembre 1896. Legs Lapoulle. — Note, 6 août 1897. Legs Tacussel.

Lorsqu'il est statué sur une libéralité faite à une personne morale, il y a lieu de constater par un visa spécial l'accomplissement de chacune des formalités prescrites par le décret du 1er février 1896.

Doivent être visés :

1° Le certificat du maire et la lettre du notaire indiquant les héritiers connus ;

2° Les accusés de réception, délivrés par les héritiers connus, de la notification prescrite par l'article 2 du dit décret;

3° S'il y a lieu, les déclarations du Préfet indiquant les héritiers qui n'ont pu être touchés par les dites notifications ;

4° Le numéro du *Recueil des actes administratifs* du département contenant l'invitation aux héritiers inconnus de prendre connaissance des dispositions du testament ;

5° Le certificat du maire constatant l'accomplissement des formalités d'affichage prescrites par l'article 3 du dit décret.

P. de décret et note, 24 juin 1896. Legs Laporte.

III

Mesures générales s'appliquant aux deux périodes.

La production d'une copie intégrale du testament est considérée comme un élément essentiel de l'instruction pour permettre au

Gouvernement en Conseil d'État d'exercer en toute connaissance de cause les pouvoirs que lui confère l'article 910 du Code civil.

Note, 15 juin 1880. Legs l'Hôpital. — Note, 19 janvier 1881. Legs Lemaire.

A défaut d'une expédition intégrale du testament, il convient d'exiger la production d'un certificat du notaire établissant qu'il ne figure pas dans le testament de dispositions s'adressant à un établissement public ou d'utilité publique, autres que celles relevées dans l'extrait du testament fourni par cet officier ministériel.

P. de décret et note, 6 décembre 1882. Legs Roques. — Note, 25 avril 1893. Legs veuve Vannière. — Note, 19 juillet 1893. Legs Mesples. — Note, 6 mars 1894. Legs Maret.

L'acceptation d'une libéralité ne peut être autorisée qu'autant que l'établissement légataire a été appelé à délibérer sur l'acceptation de la dite libéralité.

Jurisprudence constante, voir : Note, 25 janvier 1882. Legs Phélypeaux.

Le nombre et la qualité des héritiers doivent résulter d'une pièce authentique (intitulé d'inventaire, acte de notoriété, etc.).

Nombreuses décisions en ce sens, voir notamment : Note, 8 juillet 1891. Legs Nicolet. — Note, 21 juillet 1891. Legs Jolly. — Note, 12 juin 1894. Legs Sarcher-Henry.

Un inventaire ou un acte de notoriété, se bornant à faire connaître que le testateur n'a pas laissé d'héritiers à réserve, ne saurait être considéré comme suffisant. L'indication des noms des héritiers naturels est indispensable.

Note, 31 octobre 1891. Legs Cahours. — Note, 5 avril 1894. Legs Roux. — Note 3 juillet 1894. Legs Chélins.

Lorsque plusieurs établissements sont institués dans le même testament, il convient de remplir vis-à-vis de chacun d'eux les formalités prescrites par l'ordonnance du 14 janvier 1831.

Note, 22 novembre 1893. Legs dame veuve Pilet.

L'institution d'un légataire universel ne dispense pas les établissements légataires de l'accomplissement des formalités que leur impose l'ordonnance du 14 janvier 1831 (art. 3) à l'égard des héritiers naturels.

Jurisprudence constante, voir : Note, 22 mars 1881. Legs Louis.

La même solution s'applique alors même que le legs a déjà été acquitté par le légataire universel.

Note, 18 octobre 1879. Legs Vardon. — Note, 30 avril 1890. Legs Dumora.

Le consentement donné par le légataire universel à l'exécution d'un testament ne saurait être considéré comme suffisant qu'autant qu'il est établi que ce légataire universel est en même temps l'unique héritier naturel du testateur.

Note, 5 août 1891. Legs de Millaudon. — Note, 1er juin 1893. Legs Dubourg.

Les oppositions à délivrance formées par les héritiers doivent être visées au même titre que leurs consentements.

P. de décret et note, 19 juillet 1893. Legs époux Vignes. — P. de décret et note, 13 décembre 1893. Legs dame veuve Denuault.

La déclaration d'un maire affirmant que les héritiers naturels ont été interpellés ne saurait suppléer à un acte de mise en demeure dont la production est toujours exigée.

Note, 5 août 1891. Legs de Millaudon.

Le consentement à délivrance, donné par le tuteur au nom de l'héritier mineur, doit être accompagné d'une délibération conforme du conseil de famille (1).

Jurisprudence constante, voir : Note, 26 novembre 1884. Legs His de Butenval. — Note, 25 juin 1890. Legs Delahaye.

Lorsqu'une délibération du conseil de famille s'est bornée à autoriser le tuteur à accepter la succession dévolue au mineur sans l'habiliter expressément à consentir la délivrance des legs faits à des établissements publics, il y a lieu de provoquer une nouvelle délibération.

P. de décret et note, 8 août 1890. Legs Durand.

---

(1) Si, en droit, il est possible de soutenir que le consentement du tuteur peut être valablement donné sans une délibération du conseil de famille, il convient néanmoins d'exiger la production de cette délibération pour garantir le mineur contre la négligence de son tuteur.

En l'absence d'une délibération du conseil de famille autorisant le tuteur à consentir à la délivrance du legs, il doit être procédé vis-à-vis de ce tuteur à la notification prescrite par l'ordonnance de 1831.

Dans certains cas où l'absence de cette délibération provenait du refus du juge de paix de convoquer le conseil de famille, la pièce indiquant les motifs de ce refus a été visée au projet de décret.

P. de décret et note, 8 août 1890. Legs Durand.

Le consentement à délivrance donné par un mineur émancipé doit être accompagné d'une délibération conforme du conseil de famille.

Note, 9 mars 1887. Legs Lesage.

Il y a lieu de viser le consentement donné par les légataires universels à l'exécution d'un testament.

P. de décret et note, 4 juillet 1894. Legs Dlle Griffon.

L'état de l'actif et du passif ainsi que celui des revenus et charges des établissements doivent permettre d'apprécier l'importance des biens composant leur dotation et l'extension que cette dotation peut comporter pour la mettre en rapport avec les services qu'ils ont pour but d'assurer.

Note, 3 août 1880. Legs Saint-Exupéry.

En cas de refus par un établissement de produire l'état de l'actif et du passif, il ne convient pas d'autoriser l'acceptation des libéralités qui lui sont faites.

P. de décret et avis (A. G.), 19 juin 1884. Legs Lasvignes, à l'institut des frères des écoles chrétiennes.

Il ne peut être statué sur l'acceptation non seulement des donations mais aussi des legs faits à un établissement et consistant en objets et mobiliers d'art, qu'autant que l'instruction fournit un état estimatif des dits objets.

Note, 28 juillet 1886. Legs Mortier au musée du Louvre.

§ 2 : Règles de compétence

(Art. 910 du Code civil. — Loi du 2 janvier 1817. — Ordonnance du 2 avril 1817, art. premier — Décret du 25 mars 1852. — Décret du 13 avril 1861. — Décret du 15 février 1862. — Loi du 5 avril 1884. — Décret du 1ᵉʳ février 1896.)

Lorsqu'une libéralité susceptible d'être autorisée par le Préfet est grevée d'une charge, telle que la fondation d'un établissement hospitalier, dont l'exécution dépend d'une autorisation préalable du Gouvernement, il ne saurait en aucun cas apppartenir au Préfet de statuer sur cette libéralité. La disposition ne peut être scindée ; et, en présence du concours des deux compétences, le pouvoir de statuer appartient à l'autorité la plus élevée. L'arrêté préfectoral pris en violation de ce principe ne saurait donc être considéré que comme un simple avis.

P. de décret et note, 20 décembre 1882. Legs de Barbazan. — P. de décret et note (A. G.), 11 janvier 1883. Legs Courtais. — P. de décret et note, 12 décembre 1883. Legs Varenne de Fénille. — Note, 5 mai 1886. Legs Dubois (création d'un hospice à la Marche).

Le Préfet, compétent pour autoriser l'acceptation de legs faits aux hospices et aux bureaux de bienfaisance et qui ne donnent pas lieu à réclamation de la part des héritiers, a également qualité pour autoriser l'acceptation de legs faits, dans les mêmes conditions, à la caisse des écoles, conformément à l'article 15 de la loi du 10 avril 1867. Il est vrai que la loi du 30 octobre 1886 a abrogé la loi du 10 avril 1867, mais elle n'a pas abrogé celle du 28 mars 1882, laquelle, en rendant obligatoire dans toutes les communes l'établissement de la caisse des écoles, s'est expressément référée à l'article 15 de la loi du 10 avril 1867 et a eu pour effet de généraliser l'institution de la caisse des écoles dans les conditions où cette caisse avait été créée et organisée par l'article 15 précité.

Note, 3 décembre 1890. Legs Chauut. — Note, 22 janvier 1895. Legs Perrin.

Lorsque les héritiers, postérieurement à l'arrêté du Préfet autorisant, par application du décret du 25 mars 1852, l'acceptation d'un legs fait à un bureau de bienfaisance, déclarent s'opposer à l'exécution du testament, le Gouvernement n'a pas à intervenir sur cette opposition formée contre un legs, dont l'acceptation a été régulièrement et définitivement autorisée par l'arrêté précité.

Avis, 18 juin 1887. Legs Guérin.

Lorsqu'il résulte de l'instruction que le Préfet n'a eu connaissance de la réclamation des héritiers, régulièrement mis en demeure, que postérieurement à l'arrêté d'autorisation, le Conseil d'État ne peut être valablement appelé à se prononcer sur le mérite de cette réclamation qu'autant que l'arrêté d'autorisation aurait été préalablement rapporté par son auteur ou annulé par le Ministre, conformément à l'article 6 du décret du 25 mars 1852.

Note, 23 mars 1891. Legs Grand.

Par application de l'article 4 du décret du 13 avril 1861, le Préfet est compétent pour autoriser l'immatriculation d'une rente au porteur acquise avec le produit d'un legs dont l'acceptation a été autorisée par arrêté préfectoral.

Avis, 4 mars 1896. Fabrique de Labruyère. — Avis, 17 juin 1896. Fabrique de Beauvoir. — Note, 21 octobre 1896. Fabrique de Mansigné.

Dans une espèce où une fabrique a été autorisée à faire immatriculer un titre de rente provenant d'une donation dont l'acceptation a été autorisée par le Préfet, en dehors de sa compétence, le décret, avant de statuer sur l'immatriculation, a statué à nouveau sur l'acceptation de la libéralité.

P. de décret et note, 19 novembre 1895. Fabrique de Menesbles.

L'autorisation à une fabrique de répudier un legs n'excédant pas 1.000 francs doit être donnée par le Préfet.

Note, 5 décembre 1895. Legs Arnaud.

§ 3 : Caractère de l'acte de libéralité :
LEGS, CHARGES D'HÉRÉDITÉ, DONATIONS, LIBÉRALITÉS ANONYMES,
QUÊTES, DONS MANUELS, SOUSCRIPTIONS

Legs.

Lorsqu'un conseil municipal, usant des pouvoirs que lui confère l'article 112 de la loi du 5 avril 1884, refuse d'accepter un legs fait à la commune, à raison des charges dont il est grevé, ce

legs devient caduc. En conséquence, les offres du légataire universel, ayant pour but de faire revivre le dit legs en faisant
disparaître les charges, doivent être réalisées dans les formes
prescrites par la loi pour les donations.

Note, 6 août 1889. Legs de Chamisso.

L'acte par lequel les héritiers d'un testateur ont déclaré faire
délivrance à un établissement public de la totalité d'une pièce
de terre dont le *de cujus* ne lui avait légué, en réalité, que la
moitié, contient pour le surplus une véritable donation qui doit
être faite dans les formes prescrites par la loi.

Note, 22 octobre 1879. Legs Goupy. — Note, 18 mars 1890. Legs Fournier.

Lorsqu'un legs fait à un établissement porte sur la nue propriété de certains biens, et que, par suite du décès de l'usufruitier
avant la date de l'autorisation, la pleine propriété se trouve
acquise à l'établissement, le décret d'autorisation ne doit mentionner le legs que dans les termes où il a été fait par le testament,
c'est-à-dire pour la nue propriété seulement; l'usufruit vient s'y
réunir par le seul effet de la loi.

Noté, 29 mars 1881. Legs Guillet de Planteroche. — P. de décret et note (A. G.),
7 juillet 1881. Legs Barré.

Lorsque des héritiers, en exécution des volontés exprimées par
leur auteur à son lit de mort, ont remis à un établissement public
une somme d'argent ou une valeur quelconque, le décret à intervenir doit se borner à autoriser l'emploi des dites sommes ou
valeurs, sans statuer sur l'acceptation.

Note, 31 janvier 1888. Legs Bapterosses.

Dans la même hypothèse, il peut y avoir lieu, suivant les circonstances, d'inviter les héritiers à faire une donation dans les
formes prescrites par la loi.

Note, 5 novembre 1889. Legs Bazard.

La renonciation à un usufruit grevant un legs constitue une
libéralité, qui est distincte de celle de la nue propriété.

Note, 22 juin 1887, fabrique de Bohain (Aisne). — P. de décret, 18 janvier 1890.
Legs de Saint-Balmont.

Et il doit être statué sur cette seconde libéralité par une disposition spéciale du décret à intervenir.

P. de décret et note, 30 novembre 1893. Legs Legrand.

Néanmoins cette renonciation peut être autorisée alors même qu'elle est faite par acte sous seings privés (1).

P. de décret, 18 février 1891. Legs Pratz.

Lorsqu'une libéralité éventuelle ne résulte que d'une disposition accessoire d'un legs, il n'y a pas lieu de statuer sur cette libéralité éventuelle alors que la libéralité principale n'est pas autorisée.

P. de décret et avis, 20 mars 1883. Legs veuve Herbet.

Il convient, en principe, d'autoriser l'acceptation d'un legs éventuel, au lieu de surseoir à statuer jusqu'à la réalisation de l'événement auquel est subordonné le legs.

P. de décret et note, 7 mars 1894. Legs Guiset.

Charges d'hérédité.

Lorsqu'un testateur a imposé à ses héritiers une charge en faveur d'un établissement explicitement ou implicitement déterminé, cette disposition constitue une libéralité au profit de l'établissement et non une simple charge d'hérédité.

Il y a lieu dès lors de la soumettre à l'approbation du Gouvernement.

Toutefois ont été assimilées à des charges d'hérédité, sur lesquelles il n'y a pas lieu de statuer, les libéralités faites même en faveur d'établissements déterminés quand elles étaient modiques et destinées à un emploi immédiat (2).

Note, 29 décembre 1881. Legs Deston. — Note, 13 mai 1884. Legs Devallois. — P. de décret et note, 1er décembre 1885. Legs Sergeant. — P. de décret et note, 6 novembre 1886. Legs de Lauzon. — Note, 24 juin 1891. Legs Danet. — P. de décret et note, 26 avril 1893. Legs Icery. — P. de décret et note, 3 mai 1893. Legs Hallé. — Avis, 31 mai 1893. Legs Reymoudou. — P. de décret et note, 14 juin 1893. Legs Gottis. — P. de décret, 20 février 1895. Legs Roy. — P. de décret et note, 8 juillet 1896. Legs Vignon. — P. de décret et note, 6 mai 1897. Legs Lacroix.

---

(1) Cette jurisprudence est conforme à celle des tribunaux judiciaires.
(2) Ces solutions ne sont expressément formulées dans aucune délibération, mais elles résultent de l'ensemble de la jurisprudence sur la matière.

Donations.

L'Institut de France a été autorisé à recevoir une donation faite à cet établissement « sous la réserve que le donateur conservera sa vie durant l'usufruit du dit domaine ».

P. de décret et note (A. G.), 16 décembre 1886. Donation d'Aumale.

L'État a été autorisé à recevoir une donation faite au musée du Louvre et consistant en un tableau de Millet dont la donatrice se réservait l'usufruit (1).

P. de décret, 11 mars 1890. Donation Pommery.

Si la donation à charge de rente viagère n'est pas contraire au texte de l'ordonnance du 14 janvier 1831, qui prohibe les donations à charge d'usufruit, elle est tout au moins contraire à son esprit et ne saurait être autorisée.

Note, 17 avril 1896. Donation de Cintré.

Peut être autorisée par application de l'article 1121 du Code civil, alors même qu'elle n'a pas été acceptée du vivant du testateur, une libéralité faite d'une façon indirecte ou éventuelle et qui n'est que la condition mise à une donation principale (2).

Avis, 12 novembre 1890. Donation Petit-Frontin, fabrique de Louviers. — Avis, 12 novembre 1890. Donation Dupré, commune de Molliens-Vidame (Somme).

Lorsque l'autorisation d'accepter une donation n'a pas été donnée du vivant du donateur elle peut l'être après son décès mais seulement si les héritiers déclarent explicitement qu'ils ont connaissance de la cause de caducité de la donation et qu'ils renoncent formellement à s'en prévaloir.

Note, 7 août 1894. Donation Buhan.

---

(1) Ces deux décisions sont en contradiction avec un avis du Conseil d'État du 6 mars 1861 et la circulaire ministérielle du 5 décembre 1863, qui avaient étendu aux établissements de toute nature la règle de l'article 4 de l'ordonnance du 14 janvier 1831 suivant laquelle « ne peuvent être autorisées les donations faites aux établissements ecclésiastiques ou religieux avec réserve d'usufruit en faveur du donateur ».

(2) Cette jurisprudence est conforme à celle de la Cour de cassation.

Libéralités anonymes.

L'acceptation des libéralités anonymes ne peut être autorisée, par ce motif que la situation de fortune et de famille du donateur ne peut être vérifiée.

Avis, 25 janvier 1882, fabrique de Trébons (Haute-Garonne). — Avis, 14 avril 1886. Immatriculation de rentes, fabrique de Saint-Ausone, à Angoulême. — Avis, 1er février 1888, fabrique de Barbezieux.

Mais, de ce que le Gouvernement ne peut exercer, en ce qui concerne les libéralités anonymes, les droits que lui confère l'article 910 du Code civil, il ne s'en suit pas que les établissements publics doivent dans tous les cas être privés des avantages qui peuvent leur être conférés par des inconnus. C'est ainsi que l'administration, à titre de régularisation, a parfois autorisé le placement, au nom des établissements bénéficiaires, de sommes ou de valeurs provenant de ces libéralités.

Note, 29 octobre 1879, fabrique de Castelnau. — P. de décret et note, 19 juillet 1882, fabrique de Clermont (Puy-de-Dôme). — P. de décret et note, 30 janvier 1889, fabrique de Ploëzal. — P. de décret et note, 13 mai 1891, fabrique de l'église de Saint-Pierre, à Toulouse. — P. de décret et note, 7 août 1896, fabrique de Saint-André.

Dans l'hypothèse précédente la formule employée est la suivante: *Le (représentant de l'établissement) est autorisé à placer en rentes sur l'État une somme de*
existant dans la caisse de cet établissement.

Si les libéralités sont faites avec charges, il peut y avoir lieu en raison des circonstances de l'espèce de supprimer dans le décret la mention de la destination des arrérages.

P. de décret et note (A. G.), 8 février 1894, fabrique Notre-Dame, à Saint-Lô.

Quêtes.

Une fabrique peut, sur sa demande, être autorisée à placer en rente 3 p. 100 des fonds existant dans sa caisse et provenant de quêtes. La rente est immatriculée au nom de la fabrique.

P. de décret, 13 mai 1891. Quêtes de l'église curiale de Draguignan.

Dons manuels.

Les dons manuels sont soumis à l'autorisation du Gouvernement après instruction régulière.

Avis, 12 mai 1886, fabrique de Saint-Sozy. — P. de décret et note, 21 novembre 1894, conseil presbytéral de l'église réformée de Nancy. — Avis, 19 mars 1896.

Lorsqu'un don manuel a été fait sous certaines charges par une personne décédée depuis, il est nécessaire que ces charges soient, préalablement à l'autorisation, consignées dans un acte authentique par celui qui a reçu les fonds.

Note, 5 août 1895, donation Barthel.

L'article 4 de l'ordonnance du 14 janvier 1831, qui prohibe les donations aux établissements ecclésiastiques avec réserve d'usufruit, est applicable aux dons manuels.

P. de décret et avis, 22 décembre 1897. Donation Dours.

Souscriptions.

Les souscriptions, lorsqu'elles sont importantes, sont soumises à l'autorisation prescrite par l'article 910 du Code civil au même titre que les dons manuels. En conséquence, il convient de réclamer, avant de statuer sur l'acceptation des libéralités de cette nature, des renseignements précis sur chacun des souscripteurs, avec l'indication du montant des sommes fournies respectivement par eux (1).

P. de décret, 30 avril 1884. Souscription Pape-Carpentier.

§ 4 : Clauses et conditions contraires aux lois

Lorsqu'une donation contient une clause qui paraît contraire aux lois, il y a lieu d'inviter le donateur à modifier sur ce point

---

(1) Toutefois cette justification n'a pas été réclamée dans différentes espèces : P. de décret et note, 1er avril 1890. Souscription d'une somme de 20.000 francs par le comité des Alsaciens-Lorrains pour l'érection d'un monument à Léon Gambetta. — P. de décret et note, 23 juillet 1890. Souscriptions recueillies pour l'érection d'un monument à élever au Panthéon en l'honneur de Lazare Carnot.

l'acte de donation; cette modification doit être faite en la forme authentique.

Note, 4 avril 1882. Donation Mordret. — Note, 24 octobre 1882. Donation Berger. — Note, 28 février 1893, Donation Rallière. — P. de décret et note 25 novembre 1896. Donation Goulden.— Note, 27 décembre 1897. Donation Dutuit. — Note 27 décembre 1897. Donation de Werbrouck.

La modification faite par un acte sous seing privé ne saurait légalement modifier les termes de la donation. Toutefois, il peut y avoir intérêt à viser le dit acte dans le projet de décret comme impliquant le consentement donné par le donateur à ce que la clause, réputée contraire aux lois, soit considérée comme non écrite en vertu du droit commun.

P. de décret et note, 21 octobre 1896. Donation Leblois. — P. de décret et note, 7 avril 1897. Donation Dagron.

Il n'y a pas lieu de modifier la donation, à la condition toutefois d'insérer dans le projet de décret la réserve qu'elle n'est autorisée qu'en tant qu'elle n'est pas contraire aux lois, dans des circonstances exceptionnelles, notamment dans les suivantes :

a) à raison du grand âge du donateur;

P. de décret et note, 22 décembre 1897. Donation Menechet de Barival.

b) quand il s'agit d'un don manuel dont l'auteur est décédé avant que soit rendu le décret qui peut intervenir à titre de régularisation.

P. de décret et note, 7 janvier 1896. Donation Barthel.

Il n'y a pas lieu d'autoriser une commune à accepter une donation d'immeubles, alors que le donateur déclare s'opposer à ce que ces immeubles soient vendus.

Avis, 13 janvier 1897. Donation Rouault.

Lorsqu'un testament contient une clause qui paraît contraire aux lois, il y a lieu soit d'inviter les héritiers à renoncer expressément à l'exécution de la dite clause, soit de n'autoriser l'acceptation du legs, aux clauses et conditions énoncées, qu'en tant qu'elles ne sont pas contraires aux lois.

Jurisprudence constante, voir notamment: P. de décret et note, 31 mai 1881. Legs Leygonie.

Toutefois si le testament contient des clauses contraires aux lois et que le testateur ait déclaré qu'en cas d'inexécution le legs deviendra caduc et fera retour à ses héritiers, il ne convient pas d'autoriser l'établissement bénéficiaire à accepter une libéralité dont l'exécution l'amènerait forcément à violer la loi ou à méconnaître de la façon la plus formelle les volontés du testateur.

Note, 16 juillet 1890. Legs Courteille.

Si la condition contraire aux lois paraît la clause impulsive d'un legs, cette libéralité ne peut être autorisée, à moins qu'à la suite d'une entente intervenue entre l'établissement bénéficiaire et les héritiers, ceux-ci aient renoncé à se prévaloir de la cause de caducité.

Note, 5 décembre 1893. Legs Tallotte. — P. de décret et note, 11 février 1896. Legs Jacob.

Un désir contraire aux lois manifesté par le testateur ne comportant pas une obligation pour l'établissement légataire, il n'y a pas lieu d'insérer, dans le projet de décret autorisant l'acceptation du legs, la réserve habituelle relative aux clauses contraires aux lois.

Jurisprudence constante.

Ont été considérées comme contraires aux lois:

La disposition par laquelle un testateur a légué à une commune une pièce de terre, en stipulant que « la terre donnée sera une annexe et partie intégrante du presbytère, sans pouvoir jamais en être distraite en tout ou en partie ». Cette clause doit être considérée comme portant atteinte au principe qui proscrit l'inaliénabilité des biens donnés ou légués et aux dispositions de l'ordonnance du 3 mars 1825 sur la distraction des dépendances du presbytère;

P. de décret et note, 26 octobre 1881. Legs Quesnel.

La disposition par laquelle un testateur fait une libéralité à une commune sous la condition que l'administration des revenus et même du capital légué appartiendrait à une commission du conseil municipal;

P. de décret et note, 27 juillet 1881. Legs Rampal.

La disposition par laquelle un testateur, après avoir fait une libéralité dont les revenus devront être distribués aux pauvres, confie à une commission spéciale désignée par lui le soin d'administrer et de gérer la chose léguée ;

Avis, 14 mars 1881. Legs Vallée.

La disposition par laquelle un testateur lègue un immeuble au bureau de bienfaisance, en stipulant que l'administration du dit immeuble devra appartenir au curé qui seul aura le droit d'en percevoir les revenus et de les distribuer aux pauvres de la commune, sans avoir à rendre compte à qui que ce soit. Cette disposition est contraire aux lois qui régissent les établissements publics de bienfaisance ;

Note, 16 juillet 1890. Legs Courteille.

La disposition par laquelle un testateur, en faisant une libéralité destinée à la création d'un bureau de bienfaisance dans une commune, stipule que son héritier et le curé seront de droit administrateurs ;

P. de décret et note, 7 février 1891. Legs Neveu.

La disposition par laquelle un testateur a fait au bureau de bienfaisance une libéralité sous cette condition que « les arrérages de la somme léguée devront être employés par le desservant en distributions de secours à domicile ». Cette disposition est contraire à l'article 4 de la loi du 7 frimaire an V, aux termes duquel la répartition des secours est faite par les bureaux de bienfaisance ;

Avis, 14 mars 1881. Legs d'Aoust. — P. de décret et note, 5 juillet 1894. Legs dame veuve Postel.

La disposition en vertu de laquelle des tiers seraient chargés de distribuer aux pauvres le revenu des biens légués aux bureaux de bienfaisance ;

Avis, 14 mars 1881. Legs Vallée. — Avis (A. G.), 12 mai et 7 juillet 1881. Legs Isaac. — P. de décret et note, 28 février 1894. Legs dame veuve Onfroy de Bréville.

La disposition par laquelle un testateur charge le curé de désigner les titulaires des lits fondés par lui dans l'hospice. Cette clause est incompatible avec les lois et règlements qui régissent les établissements publics de bienfaisance, en ce qu'elle a pour effet de priver la commission administrative d'un droit qui n'appartient qu'à elle seule;

P. de décret et avis, 4 décembre 1889. Legs Bourdon.

La disposition par laquelle un testateur après avoir fait un legs à un hospice à charge d'y recevoir les malades et les infirmes de la commune a stipulé que ceux-ci pourraient être admis sur un simple certificat du maire de la commune ou du curé;

P. de décret et note, 20 juillet 1887. Legs Mallye.

La disposition par laquelle un testateur après avoir fait un legs à un hospice a stipulé que les lits « seraient occupés par des personnes spécialement désignées par sa famille ». Cette clause n'est licite que si l'exercice du droit qu'elle confère à la famille est subordonné aux dispositions du règlement arrêté par la commission administrative pour l'admission des malades par application des articles 2 et 8 de la loi du 7 août 1851;

P. de décret et note, 16 mars 1887. Legs Roger. — P. de décret et note, 30 mars 1887. Legs Longue.

La disposition par laquelle un testateur a stipulé l'inaliénabilité de la rente sur l'État léguée par lui à un hospice;

P. de décret et note, 21 juin 1894. Legs Jacquinot. — P. de décret et note, 10 décembre 1896. Legs Labriffe. — P. de décret et note, 29 décembre 1896. Legs Viet.

La disposition par laquelle un testateur fait un legs à une commune à la charge de créer un hospice « qui sera desservi par une congrégation religieuse »;

P. de décret et note, 15 janvier 1885. Donation de Fourment. — P. de décret et note, 8 mars 1890. Donation Drouet.

La disposition par laquelle un testateur stipule l'inaliénabilité d'une maison léguée pour servir d'asile.

P. de décret et note, 17 janvier 1895. Legs Debucourt.

Voir dans le même ordre d'idées:

P. de décret et note, 21 octobre 1896. Legs Fourcauld. — P. de décret et note, 9 mars 1897. Legs Lombart.

La disposition par laquelle un testateur stipule que le produit d'un legs, fait au bureau d'assistance, sera employé à « payer une sœur chargée de soigner les malades »;

P. de décret et note, 22 février 1893. Legs dame veuve Laubier de Graufief.
P. de décret et note, 1er mai 1895. Legs Bourgeois.

La disposition par laquelle un testateur a légué à une fabrique l'usufruit d'une somme d'argent pendant deux cent cinquante ans. La durée de cet usufruit doit être réduite à trente ans, conformément à l'article 619 du Code civil;

P. de décret et note, 3 avril 1894. Legs Danis.

La disposition en vertu de laquelle une partie du produit d'un legs doit être affecté à l'entretien d'une chapelle de cimetière, qui n'est pas légalement ouverte à l'exercice du culte.

P. de décret et note, 24 octobre 1895. Legs Cousin.

La disposition par laquelle un donateur a stipulé que les biens donnés en vue d'agrandir les dépendances d'un presbytère « ne pourront jamais être détournés de la destination à laquelle ils sont affectés »;

Note, 20 janvier 1897. Donation Saulnier.

La disposition par laquelle un donateur a stipulé que l'immeuble donné serait affecté à usage de presbytère « pour y établir à perpétuité le logement du curé de la paroisse»;

Note, 27 décembre 1897. Donation Dutuit.

La disposition par laquelle un testateur a stipulé que la caisse des écoles, bénéficiaire d'un legs, ne pourra faire participer aux avantages de la libéralité que les élèves studieux qui rempliraient certaines obligations confessionnelles ;

P. de décret et note, 6 mars 1895. Legs Delimont.

La disposition par laquelle le produit d'un legs était destiné notamment « au paiement du traitement de l'instituteur, qui devra être congréganiste »;

P. de décret et avis, 3 mars 1885. Legs Monteau.

N'ont pas été considérées comme contraires aux lois :

La condition imposée par un testateur à l'établissement légataire de ne pas aliéner les obligations léguées par lui « afin que l'établissement puisse recueillir la plus-value qui résultera de leur extinction ». Cette condition ne constitue qu'une prescription pour l'établissement légataire de garder ces valeurs mobilières jusqu'à l'époque du remboursement que devront faire les sociétés qui les ont émises;

P. de décret et note, 19 mars 1889. Legs Lebadan.

La stipulation imposant à un conseil presbytéral l'obligation d'affecter à perpétuité, sous peine de révocation, l'immeuble donné à l'exercice du culte protestant ; cette stipulation n'avait pas, dans les termes où elle était formulée, et à raison de l'objet même de la donation, un caractère illicite.

P. de décret et note, 25 novembre 1896. Donation Goulden.

§ 5 : APPLICATION DE L'ARTICLE 910

A. — *Autorisation.*

Le fait qu'un legs a été exécuté ne peut enlever au Gouvernement le droit de statuer sur cette libéralité.

Note, 29 octobre 1879. Legs Bertrac. — P. de décret et note, 5 septembre 1888. Legs Hutin.

Le Gouvernement ne peut autoriser un établissement public à accepter une libéralité qu'autant que l'établissement a été appelé à délibérer sur cette acceptation.

Note (A. G.), 27 février 1890. Legs veuve Simon. — Note, 21 octobre 1891. Legs Pialot.

La pièce constatant la demande des établissements légataires doit toujours être visée.

Note, 5 novembre 1890. Legs Banneville.

Les établissements légataires reconnus ou approuvés postérieurement au décès du testateur peuvent obtenir l'autorisation d'accepter les dispositions faites en leur faveur, alors surtout que les héritiers naturels donnent leur consentement à cette libéralité.

Note, 30 juillet 1884. Legs Limandas.

Lorsque le donateur est décédé avant que l'acceptation de l'établissement ait été rendue définitive par l'autorisation du Gouvernement, il n'y a pas lieu d'accorder à l'établissement l'autorisation d'accepter la libéralité, cette libéralité étant devenue caduque (1).

Avis, 30 mai 1888. Donation Grain. — P. de décret et note, 13 juin 1888. Legs Dlle Pone. — Note, 18 juin 1889. Legs Pauliny. — Note, 28 mai 1895. Donation dame veuve Émile Augier. — Note, 19 octobre 1895. Donation Geffroy.

Il n'y a pas lieu d'autoriser un établissement à répudier un legs, qui est entré régulièrement en sa possession. Il convient seulement de l'autoriser à abandonner aux ayants droit du testateur le produit du legs.

P. de décret et note, 9 avril 1897. Legs Montariol.

L'autorisation d'accepter un legs implique l'autorisation de faire tous les actes qui sont la conséquence nécessaire de cette acceptation, notamment de procéder au partage des biens indivis, objet du legs.

Note, 3 mars 1897. Fabrique de Fay-aux-Loges.

Emploi. — Le Gouvernement ne saurait déléguer à l'autorité préfectorale le droit qu'il tient de l'article 4 de l'ordonnance de 1817 de déterminer l'emploi des sommes léguées.

P. de décret et note (A. G.), 13 mars 1884. Legs veuve Poinsart.

En principe, les établissements publics ne peuvent être autorisés à conserver en nature les immeubles, productifs de revenus, légués ou donnés, mais cette règle ne s'applique pas aux immeubles affectés à des services publics.

P. de décret et note, 13 juillet 1885. Legs Chardin. — Note, 4 mai 1887. Legs Lelong. — Note, 6 avril 1892. Legs Bouthier de Rochefort. — P. de décret et note, (A.G) 12 juillet 1892, même affaire. — Note, 4 août 1896. Legs Boutrou.

---

(1) Cette décision ne saurait s'appliquer aux établissements spécialement autorisés par la loi à faire une acceptation provisoire.

Il n'a pas été fait exception à cette règle dans le cas où, parmi les immeubles légués, se trouvait une chapelle qui, n'étant ni reconnue ni ouverte au culte, n'avait pas d'existence légale.

Note, 31 octobre 1893. Legs Contrainc.

En conséquence, le décret qui autorise ces établissements à accepter doit, en même temps, prescrire la vente aux enchères publiques des immeubles légués et le placement du produit de la vente.

Note, 11 mars 1890. Legs Delarue.

Les établissements bénéficiaires doivent être mis en demeure de consentir à la vente.

Note, 10 janvier 1883. Legs Bourlot. — Note, 16 avril 1890. Legs Chasseloup. — Note, 27 juillet 1893. Legs Dlle Gabriel. — Note, 21 février 1894. Legs Le Bouvillois.

En conséquence il y a lieu de viser dans les projets de décret l'engagement d'aliéner que prennent les établissements bénéficiaires et la disposition prescrivant la vente est ainsi conçue: *Les immeubles provenant   seront aliénés aux enchères publiques.*

P. de décret et note, 24 octobre 1893. Legs Guyse. — P. de décret et note, 24 décembre 1895. Legs Legendre.

L'autorisation d'accepter a été refusée à un bureau de bienfaisance, qui n'a pas consenti à s'engager à aliéner un immeuble légué.

P. de décret et note, 9 avril 1895. Legs Litaudon.

Avant qu'il soit statué sur la mise en vente des immeubles légués, une enquête peut être ordonnée sur l'opportunité de la vente.

Note, 8 décembre 1888. Legs Sirost.

Il y a lieu d'indiquer dans le décret, dans le but de simplifier la procédure, qu'en cas de non-adjudication la mise à prix fixée par ce décret pourra être abaissée par décision préfectorale.

P. de décret et note, 11 décembre 1894. Legs Durut.

D'après l'article 987 du Code de procédure civile, la fixation de la mise à prix appartient au tribunal civil en cas de vente d'immeubles dépendant d'une succession acceptée sous bénéfice d'inventaire. Le décret autorisant l'acceptation ne doit donc pas, en pareil cas, fixer la mise à prix.

P. de décret et note, 10 décembre 1896. Legs Orelut. — P. de décret et note, (A. G) 11 mars 1897. Legs Poyat. — P. de décret et note, 9 juillet 1897. Legs de la Ville de Mirmont.

Il peut y avoir lieu, exceptionnellement et par dérogation à la règle habituellement suivie, d'autoriser les établissements bénéficiaires à conserver provisoirement en nature les dits immeubles.

P. de décret et note (A. G.), 22 juillet 1886. Legs Jamet. — P. de décret, 26 février 1889. Legs Clément.

Un grand séminaire a été autorisé à conserver en nature des bois « à titre provisoire et jusqu'à ce qu'il en soit autrement ordonné par décret ».

P. de décret et note (A. G.), 6 août 1896. Legs Villatte.

Un établissement public a été autorisé à ne vendre l'immeuble légué qu'à l'expiration d'un délai fixé par le décret d'autorisation (dans l'espèce dix ans).

Note, 20 octobre 1892. Legs Gontard.

Lorsque le legs d'un immeuble ne comprend que la nue propriété ou que cet immeuble est loué à long terme, la vente de l'immeuble peut n'être prescrite que lors de l'extinction de l'usufruit ou de l'expiration du bail en cours.

P. de décret et note, (A. G.), 31 mars 1890. Legs Jupin. — P. de décret et note (A. G.), 31 juillet 1895. Legs Jobin.

Un établissement public a été autorisé à n'aliéner un immeuble légué qu'à l'expiration d'un délai qu'il appartiendrait au Gouvernement de fixer ultérieurement.

P. de décret et note (A. G.), 7 février 1895. Legs Denis de Cuzieu.

En principe, les valeurs mobilières léguées doivent être employées ou transformées en rentes 3 p. 100 sur l'État.

Jurisprudence constante. P. de décret et note, 10 mars 1885. Legs sieur Régny. — P. de décret et note 23 mars 1891. Legs Nouguier. — Note 4 mai 1897. Legs Lelong.

Le décret qui autorise l'acceptation d'une libéralité portant constitution de rentes doit prescrire qu'en cas de remboursement le capital en provenant sera placé en rentes 3 p. 100 sur l'État.

P. de décret et note, 1er juin 1893. Legs Dlle Bineau.

Lorsque le testateur n'a pas spécifié si la somme léguée par lui devait être placée ou faire l'objet d'une distribution immédiate, il y a lieu, dans le doute, de prescrire le placement de la somme en rentes 3 p. 100.

P. de décret et note, 18 juillet 1890. Legs veuve Delorme. — P. de décret et note, 11 janvier 1893. Legs Dlle Le Josne Coutay.

A été prescrit d'office le placement en rentes 3 p. 100 du produit d'une libéralité faite à un bureau de bienfaisance et sur l'emploi de laquelle n'avait pas délibéré la commission administrative de cet établissement.

P. de décret, 8 octobre 1893. Legs Dlle Spannent.

Lorsque le produit d'un legs n'est pas suffisant pour couvrir la dépense des travaux dont le testateur veut assurer l'exécution, il y a lieu de prescrire le placement en rentes 3 p. 100 et la capitalisation des arrérages de la rente, jusqu'à ce que l'emploi prévu par le testament puisse être réalisé; il en est de même lorsque l'exécution des travaux ne doit pas être immédiate.

P. de décret et note, 26 décembre 1882. Legs Chavin. — P. de décret et note A. G.), 29 novembre 1883. Legs de la Chataigneraie.

Les menses curiales ne sont pas au nombre des établissements publics admis à placer leurs fonds en compte courant au Trésor avec intérêts.

Note, 20 mai 1897. Legs Lemière.

Les titres de rente provenant d'un legs accepté par le maire au nom des pauvres doivent être immatriculés, non pas au nom du maire, mais au nom des pauvres.

P. de décret et note, 24 octobre 1895. Legs Fontaine.

En vue d'alléger les charges des contribuables, une commune a été autorisée à employer le produit d'un legs, fait sans affectation spéciale, aux dépenses pour lesquelles avaient été votés des centimes extraordinaires.

Note, 30 juin 1896. Legs Richard. — P. de décret et note (A. G.), 3 décembre 1896, même affaire.

Les établissements publics et d'utilité publique ne peuvent être autorisés à employer le produit des libéralités qui leur sont faites au paiement de leurs dépenses courantes. Ces établissements doivent, en effet, pourvoir à leurs dépenses courantes, au moyen de leurs ressources ordinaires. Les libéralités qui leur sont faites sont destinées à accroître leur patrimoine et, par suite, à assurer leur fonctionnement pour l'avenir.

P. de décret et note, 19 juillet 1883. Legs sieur Adert.

Par application de ce principe un bureau de bienfaisance n'a pas été autorisé à employer le produit d'un legs au paiement de ses comptes arriérés.

P. de décret et note, 24 janvier 1894. Legs sieur et dame Luneau.

Lorsqu'une libéralité doit profiter indirectement à un établissement public, il y a lieu d'autoriser le dit établissement à accepter le bénéfice de cette libéralité. Il importe, en effet, que les établissements bénéficiaires soient mis à même de contrôler l'emploi des fonds et d'en exiger une affectation conforme à la volonté du testateur.

P. de décret et note, 27 juillet 1881. Legs Blondeau.

B. — *Autorisation d'office.*

Le Gouvernement peut-il autoriser d'office un établissement public à accepter un legs (1) ?

C. — *Sursis à statuer.*

Deux bureaux de bienfaisance ayant revendiqué le même legs, il a été sursis à statuer jusqu'à ce que l'établissement légataire ait été désigné par l'autorité judiciaire.

P. de décret et note, 5 août 1896. Legs Leglise.

(1) La question ne peut se poser pour les communes (voir l'art. 112 de la loi de 1884), mais elle peut se poser pour tout autre établissement. Comme elle n'a été tranchée qu'à propos des fabriques et des cures ou succursales, les décisions qui s'y rapportent ont été renvoyées aux règles spéciales à ces établissements.

D. — *Réduction.*

En conférant au Gouvernement un droit de contrôle sur l'exécution des libéralités faites aux établissements publics, le législateur lui a imposé pour devoir de s'opposer à la fois dans l'intérêt
public et dans l'intérêt des familles à l'extension excessive du
patrimoine des établissements de main morte. Il appartient, par
suite, au Gouvernement de réduire dans la proportion qu'il juge
convenable, et à raison soit de la situation digne d'intérêt des
héritiers, soit de l'importance du patrimoine de l'établissement
légataire, le montant de la libéralité faite à cet établissement.

Note, 19 novembre 1879. — P. de décret et avis, 22 septembre 1880. Legs
Tafforeau. — P. de décret et note (A. G.), 16 juin 1881. Legs Capet. — P. de
décret et avis, 6 juillet 1887. Legs Marchal. — P. de décret et note (A. G.),
13 juillet 1887. Legs Boudet. — P. de décret et note (A. G.), 26 juillet 1888. Legs
Vinas. — P. de décret et note (A. G.), 18 janvier 1894. Legs Ramadié. — Note,
19 juillet 1893. Legs Mesplès.

Dans le cas où les forces d'une succession ne permettraient pas
de remplir les volontés du testateur, le projet de décret n'en doit
pas moins autoriser l'acceptation totale de la somme portée au
testament. La réduction de la libéralité résultera de plein droit
de la liquidation de la succession.

P. de décret et note, 24 janvier 1894. Legs dame veuve Roux.

Dans le cas où le legs comprend une créance contestée, il n'y a
pas lieu d'excepter cette créance de l'autorisation accordée;
l'établissement légataire doit être autorisé à accepter purement
et simplement et c'est exclusivement à l'autorité judiciaire qu'il
appartient de trancher la question litigieuse.

P. de décret et note (A. G.), 18 janvier 1894. Legs Poisson.

Le droit de réduction conféré par l'article 910 au Gouvernement
ne saurait être exercé que dans l'intérêt de la famille, et non au
profit de légataires universels.

Note, 19 mai 1897. Legs Dlle Précourt.

Il n'appartient pas au Conseil d'État de faire des attributions de
part ni d'ordonner d'office des allocations au profit de tels ou tels
héritiers. Les représentants des établissements légataires ont seuls

qualité pour consentir ces allocations, le Gouvernement intervenant simplement pour sanctionner, s'il y a lieu les, délibérations prises à cet effet par les établissements intéressés.

Jurisprudence constante, voir notamment: Note, 18 février 1891. Legs Drugeon. — Note, 28 octobre 1891. Legs Brosset — P. de décret et note (A. G.), 19 janvier 1893. Legs Dlle Allain. — Note, 21 février 1894. Legs Dlle Delanne. — Note, 21 novembre 1894. Legs dame veuve Blancheton (1).

Quand la présence d'un légataire universel ne permet pas au Conseil d'État de prendre l'initiative d'une réduction au profit d'héritiers malheureux il y a lieu, avant de statuer sur l'acceptation, d'inviter les établissements publics légataires à consentir une allocation à ces héritiers.

Note, 18 avril 1893. Legs Pinette. — Note, 20 février 1893. Legs Motet.

Un établissement institué a été invité à indiquer qu'il entend donner à l'allocation consentie par lui, en faveur d'un héritier, le caractère d'une pension alimentaire insaisissable.

Note, 19 novembre 1896. Legs Bouisson. — P. de décret et note (A. G.), 28 janvier 1897. Même affaire.

Des allocations ont pu être consenties par des établissements légataires en faveur des héritiers, alors même qu'elles s'adressaient à des héritiers de nationalité étrangère.

Note, 9 avril 1895. Legs Kasparek.

E. — *Refus d'autorisation.*

A été refusée à une fabrique l'autorisation d'accepter un legs, même fait à charge de services religieux, dans une espèce où il était établi que les héritiers ne s'étaient abstenus de réclamer que dans la crainte de se voir appliquer une clause du testament qui privait « ceux des héritiers qui réclameraient de la part leur revenant dans la succession ».

P. de décret, 5 mai 1891. Legs Legendre.

---

(1) Cette jurisprudence est rappelée dans un avis du 24 avril 1873. Legs Capitaine.

Un établissement public ne saurait être autorisé à recevoir un legs quand il se fonde, pour refuser toute allocation de secours à un héritier malheureux, sur cette circonstance que le légataire universel aurait manifesté son intention, au cas où le legs ne serait pas autorisé, d'exécuter quand même les volontés du *de cujus*. Si le Gouvernement ne peut empêcher l'exhérédation non justifiée de parents malheureux, il peut, du moins, s'opposer à ce qu'un établissement public placé sous sa tutelle profite de cette exhérédation.

Avis, 29 novembre 1881. Legs Dlle Dony.

L'autorisation d'accepter un legs n'a pas été donnée à un établissement qui refusait de tenir compte de l'intérêt que devaient lui inspirer des héritiers malheureux.

Avis, 2 décembre 1896. Legs Laffin. — P. de décret et note, 19 mai 1897. Même affaire.

F. — *Application du principe de la spécialité.* — *Refus opposé à l'institué.* — *Autorisation accordée au bénéficiaire.*

En vertu du principe de la spécialité des établissements publics formulé ci-dessus, page 141,

1° Les fabriques, ayant été instituées exclusivement pour l'administration des paroisses, ne peuvent être autorisées à recevoir :

a) Les libéralités destinées à la fondation ou à l'entretien d'une école,

Avis (A. G.), 13 avril 1881. Legs Bonhoure. — P. de décret et note, 2 mai 1894 Legs Fayet.

ou d'une salle d'asile ;

P. de décret (A. G.), 26 mai 1882. Legs Favier.

b) Les libéralités faites en vue d'assurer l'instruction chrétienne des enfants de la paroisse ;

P. de décret et note, 20 juin 1883. Legs Palisse.

c) Les libéralités faites dans l'intérêt des pauvres.

Avis (A. G.), 13 juillet 1881. Legs Lauzero. — P. de décret et note, 9 janvier 1883. Legs Mercier. — P. de décret et note, 21 juin 1890. Legs Rollin.

Une fabrique ne peut accepter un legs qui lui est fait pour en employer le produit à « de bonnes œuvres » ; ce legs doit être accepté par le bureau de bienfaisance.

Note, 7 février 1895. Legs Viannay.

2° Les consistoires protestants et israélites et les conseils presbytéraux ayant été institués exclusivement en vue de l'administration temporelle des cultes protestant et israélite ne peuvent être autorisés à recevoir :

a) Les libéralités faites en vue de la fondation ou de l'entretien d'une école,

Avis (A. G.), 4 mai 1881. Legs Muller. — Avis (A. G.), 8 avril 1886. Legs Beyfus.

d'une salle d'asile ;

P. de décret et avis, 21 juin 1881. Legs Rangier.

b) Les libéralités faites dans l'intérêt des pauvres,

Avis (A. G.), 13 juillet 1881. Legs Lauzero.

en vue de la fondation d'un hospice ou d'une maison de retraite pour la vieillesse (1) ;

P. de décret et note (A. G.), 22 décembre 1881. Legs Bréau. — P. de décret et note, 13 avril 1886. Donation Léon.

c) Les libéralités destinées à aider les jeunes gens qui se destinent au ministère ecclésiastique.

P. de décret et avis, 8 mai 1883. Legs Aurillon.

---

(1) Un conseil presbytéral n'ayant pas qualité pour gérer un asile protestant de femmes âgées, il peut y avoir lieu d'inviter l'Administration à examiner si cet asile est susceptible d'être reconnu comme établissement d'utilité publique, de manière à le soustraire à cette gestion.
P. de décret et note, 7 novembre 1895, conseil presbytéral de Crest (aliénation).

3° Les menses épiscopales et curiales ayant été instituées exclusivement en vue de l'amélioration du sort des titulaires successifs, les évêques et curés ne peuvent être autorisés à recevoir :

a) Les libéralités faites en vue de la fondation ou de l'entretien d'une école;

P. de décret et note (A. G.), 27 février 1890. Legs Simon.

d'une salle d'asile;

Avis, 7 août 1888. Legs Ruin.

b) Les libéralités faites dans l'intérêt des pauvres;

Avis (A. G.), 31 mars 1881. Legs Louvel de Montceaux.

c) Les libéralités faites en vue de favoriser les vocations religieuses;

P. de décret et note, 29 mars 1881. Legs Marlin. — P. de décret et note (A. G.) 26 février 1890. Legs Simon.

d) Les libéralités faites pour les œuvres diocésaines et paroissiales.

P. de décret et note (A. G.), 16 février 1887. Legs Lison. — Note, 2 décembre 1890. Legs Lenain.

Si un établissement public peut être autorisé à accepter une libéralité à laquelle le testateur a mis pour condition l'entretien de son tombeau, lorsque cette condition ne constitue qu'une charge accessoire du legs, il n'en saurait être de même lorsque la libéralité a pour objet unique l'entretien d'un tombeau, et que tout l'émolument du legs est absorbé par cette charge.

P. de décret et note, 4 mai 1891. Legs Beaufre. — P. de décret et note, 24 décembre 1895. Legs Dufourmantelle. — P. de décret et note, 23 décembre 1896. Legs Fanguin.

Lorsqu'un testateur institue légataire un établissement qui, par suite de l'application du principe de la spécialité, est incapable de recevoir la libéralité, et que celle-ci peut être revendiquée par un autre établissement capable de la recevoir et susceptible d'en être considéré, d'après les termes du testament, comme le véritable bénéficiaire, il y a lieu soit de provoquer une entente entre les héritiers et ce dernier établissement en vue de l'attribution du legs à son profit, soit même de l'autoriser directement à l'accepter, s'il en fait la demande.

En pareil cas, il convient de s'attacher moins aux termes du testament qu'aux intentions du testateur et de considérer l'établissement institué comme n'étant qu'un simple intermédiaire qui peut être écarté sans que deviennent caduques les dispositions testamentaires dont l'exécution lui a été à tort confiée par le testateur.

Décidé, par application de ce qui précède que l'autorisation d'accepter un legs fait à une fabrique ou à un curé pour le soulagement des pauvres doit être accordée non à la fabrique ou au curé, mais au représentant légal des pauvres, c'est-à-dire le bureau de bienfaisance, ou le maire à défaut de bureau de bienfaisance.

Jurisprudence constante, notamment: P. de décret, 25 janvier 1881. Legs Phélypeaux. — P. de décret (A. G.) et note, 17 février 1883. Legs Perrier. — Note, 15 juillet 1885. Legs Palseur. — Note, 21 mai 1890. Legs Augier. — P. de décret et note, 20 février 1894. Legs Mariani.

En conséquence, il y a lieu d'insérer dans le projet de décret une première disposition refusant à l'établissement institué l'autorisation d'accepter le legs, et une seconde accordant cette autorisation à l'établissement bénéficiaire.

P. de décret et note, 17 mars 1891. Legs de Sauvaige.

Toutefois ces règles cessent de recevoir leur application lorsqu'il résulte des termes du testament que le testateur a entendu faire de la distribution ou de l'emploi du legs par l'établissement incapable qu'il a institué la condition expresse de sa libéralité.

Dans ce cas le projet de décret doit se borner à refuser l'autorisation d'accepter le legs à l'établissement institué qui n'est pas apte à recevoir, sans donner à l'établissement bénéficiaire une autorisation qui aurait pour effet de méconnaître ouvertement la volonté du testateur.

P. de décret et avis (A. G.), 6 mai 1891. Legs Saint-Aubin.

Lorsqu'un testateur a légué aux pauvres d'une commune une certaine somme « dont les intérêts seront perçus par le curé et distribués par lui aux pauvres de la paroisse qu'il jugera à propos, sans être obligé d'en rendre compte et cela à perpétuité », et que le testateur a entendu faire de la distribution par le curé une condition essentielle de la libéralité, le bureau de bienfaisance ne saurait être autorisé à accepter cette libéralité. L'autorisation d'accepter donnée à cet établissement, sans tenir compte de la distribution par le curé, aurait, en effet, pour résultat de méconnaître la volonté du testateur. Le curé ne pourrait être davantage autorisé à accepter la libéralité, à raison de la clause illégale qui l'accompagne.

P. de décret et note, 13 avril 1892. Legs Soulages.

G. — *Transactions.*

Un établissement public ne peut transiger utilement sur un legs qu'autant qu'il a été préalablement autorisé à l'accepter. En conséquence, l'acceptation de la libéralité et l'approbation des conventions intervenues entre l'établissement légataire et les héritiers constituent deux actes distincts qui doivent, dans le décret, faire chacun l'objet d'un article spécial.

P. de décret et note (A. G.), 13 avril 1881. Legs Panassac. — P. de décret et note (A. G.), 23 novembre 1882. Legs Gellusseau. — P. de décret et note, 9 janvier 1883. Legs Mercier. — P. de décret et note, 19 mai 1886. Legs Garry. — P. de décret et note, 4 juillet 1894. Legs Dlle Jouin.

Il y a lieu de soumettre à l'approbation des héritiers naturels du *de cujus* la transaction intervenue entre le légataire universel et l'établissement légataire. Si, en effet, la présence d'un légataire universel enlève aux héritiers tout intérêt pécuniaire, ils peuvent avoir un intérêt moral à intervenir pour faire respecter la volonté du testateur.

Note, 31 mars 1885. Legs Burgevin.

Lorsque l'établissement légataire se trouve manifestement dans l'impossibilité d'exécuter les conditions imposées par le testateur, il y a lieu d'inviter le dit établissement à transiger avec les héritiers.

Note, 21 novembre 1883. Legs Seroin.

Une convention passée entre un héritier naturel et l'établissement légataire ne saurait être approuvée si elle ne s'inspire pas de la volonté du testateur.

P. de décret et note, 6 juin 1888. Legs Le Masson. — Note, 24 décembre 1891. Legs Gouriet.

H. — *Rapport ou modification de décisions antérieures.*

Lorsqu'une donation, dont l'acceptation a été régulièrement autorisée, est annulée par l'autorité judiciaire, l'autorisation donnée par l'administration tombe d'elle-même à dater du jour où le jugement est passé en force de chose jugée et sans qu'il soit besoin de la rapporter par décret.

Avis, 3 décembre 1883. Donation Mazeret.

Lorsqu'une donation faite à un établissement public est devenue définitive par l'acceptation régulièrement autorisée, le décret d'autorisation ne saurait être rapporté sur la demande de l'établissement. En effet l'acceptation a créé, tant au profit de l'établissement qu'au profit des donateurs, des droits auxquels l'autorité administrative ne peut porter atteinte. C'est seulement par une convention passée avec le donateur ou ses ayants cause que la commune pourrait se dégager des obligations résultant de la donation.

Avis, 15 juillet 1884. Donation Cazet, commune de Fontaine-lès-Châlons.

Le Gouvernement ne saurait, sans excès de pouvoir, interpréter par décret des décrets précédents constituant des actes de tutelle.

Avis (A. G.), 12 avril 1888. Donations Martelot, interprétation des décrets d'acceptation.

Il n'y a pas lieu de rapporter les dispositions d'un décret d'autorisation prescrivant un emploi de fonds lorsque l'établissement sans motifs plausibles s'est refusé à les exécuter.

Avis, 16 février 1887, fabrique de Saint-Pierre-de-Montbrison.

DEUXIÈME SECTION

Règles spéciales.

§ 1ᵉʳ : RÈGLES SPÉCIALES A L'ÉTAT, AUX DÉPARTEMENTS,
AUX COMMUNES ET SECTIONS DE COMMUNE

(Ordonnance du 2 avril 1817. — Loi du 10 avril 1871. —
Loi du 5 avril 1884.)

A. — *État.*

Lorsqu'une libéralité est faite au profit d'un service public de
l'État qui n'a pas de personnalité civile, elle est considérée comme
faite à l'État et doit être acceptée par le Ministre dans le département duquel rentre ce service, au nom de l'État et pour le
compte de ce service.

Il y a lieu de faire accepter :

a) Par le Ministre de l'Intérieur, les libéralités faites en faveur
des Cours d'appel (1) ;

Note, 9 mai 1882. Legs Laval.

b) Par le Ministre des Finances, les libéralités faites à l'administration des monnaies et médailles ;

Note (A. G.), 25 janvier 1883. Legs Gatteaux.

c) Par le Ministre de l'Instruction publique et des Beaux-arts :

Les libéralités faites à l'École des beaux-arts ;

Avis, 10 mai 1880. Legs Lecou. — P. de décret et note (A. G.), 4 avril 1889.
Legs Chenavard.

---

(1) Le soin de préparer le décret d'autorisation appartient au Ministre de l'Intérieur auquel incombe la gestion du crédit inscrit chaque année au budget de l'État
pour les dépenses du matériel et du mobilier des Cours d'appel.

Les libéralités faites en faveur des élèves des écoles du département de la Seine « qui auront remporté les trois premiers prix de dessin appliqué à la peinture sur porcelaine » ;

Note, 14 avril 1886. Legs Mayer.

Les libéralités faites aux musées nationaux (1), à la Bibliothèque nationale ; au musée Guimet ;

P. de décret et note, 1er avril 1890. Legs Fayet. — P. de décret, 1er juillet 1890. Legs Piot. — P. de décret et note, 14 février 1894. Legs dame Silbernagel.

A l'École française de Rome ;

P. de décret, 12 juillet 1881. Donation Engel Dolfus. — P. de décret, 2 août 1881. Donation Steinbach.

A l'État quand les libéralités devront servir : 1° à fonder des prix à décerner à des élèves pauvres fréquentant les écoles publiques de communes n'appartenant pas au même département ; 2° à entretenir pendant la durée de ses études dans un lycée et ensuite soit dans un séminaire, soit dans une école militaire ou à l'École polytechnique, un enfant pauvre de ces mêmes communes ;

P. de décret et note, 8 mars 1890. Legs Robequin.

d) Par le Ministre de la Guerre, les libéralités faites à la caisse des pompiers de Paris ;

P. de décret, 22 février 1882. Legs Homberg.

e) Par le Ministre de la Marine, les libéralités faites à charge de distributions de secours aux veuves de marins sans ressources.

Note, 13 mars 1889. Legs Richaud.

f) Par le Ministre de l'Agriculture, les libéralités faites à l'école de Grignon.

P. de décret et note, 27 juillet 1893. Legs Isbecque.

---

(1) Par application du règlement d'administration publique en date du 16 janvier 1896, les libéralités faites aux musées du Louvre, de Versailles, de Saint-Germain et du Luxembourg doivent être acceptées par la réunion des musées nationaux si elles consistent en des sommes destinées à l'achat d'objets d'art. C'est, au contraire, à l'État qu'il appartient d'intervenir si la libéralité a pour objet des œuvres d'art.
P. de décret et note, 9 juillet 1896. Legs Alexandre Dumas.

Mais le Préfet, au nom de l'État, a qualité pour accepter la cession faite par une ville à l'État « de la tour du clocher de la cathédrale et de l'horloge ».

P. de décret et note, 18 juillet 1888. Cession par la ville de Digne à l'État.

B. — Communes et sections de commune.

Cultes. — Une commune n'a pas été autorisée à accepter le legs d'une chapelle, qui d'ailleurs n'était pas régulièrement ouverte au culte, par ce motif que cette libéralité ne présentait aucun intérêt pour la commune et pouvait l'entraîner à des dépenses d'entretien.

Note, 1er décembre 1886. Legs Pichonnier.

Une commune n'a pas été autorisée à accepter le legs d'un terrain, destiné à l'érection d'une croix, par le motif que cette condition était contraire à la neutralité religieuse de la commune.

P. de décret et note, 3 avril 1894. Legs Danis.

Instruction publique. — Il n'y a pas lieu, depuis la loi du 30 octobre 1886, d'autoriser une commune :

a) A recevoir un legs « pour l'instruction chrétienne des enfants ». Les communes ne sauraient en effet, depuis la nouvelle législation sur l'instruction primaire, être chargées de pourvoir à l'instruction religieuse ;

P. de décret et note, 22 février 1890. Legs Fumel.

b) A recevoir un legs destiné « à assurer le traitement d'une institutrice congréganiste » ;

P. de décret et note, 17 juillet 1888. Legs Perdrieux.

c) A recevoir un legs dont les revenus devront être affectés à l'établissement et à l'entretien d'une salle d'asile desservie par des congréganistes ;

Note, 11 juillet 1888. Legs Géliot. — Avis (A. G.), 17 novembre 1892. Legs Lemoine.

d) A accepter un legs destiné à subventionner un enseignement confessionnel.

P. de décret et note, 13 janvier 1891. Legs Gavell.

C'est à l'État, et non aux communes, qu'il appartient d'accepter les legs faits à charge d'en employer le produit à augmenter les traitements des instituteurs publics.

P. de décret et note (A. G.), 28 janvier 1897. Legs Dugast-Matifeux. — P. de décret et note (A. G.), 11 février 1897. Legs Valeton de Boissières.

Mais une commune a été autorisée à accepter un legs dont le produit devait être distribué aux instituteurs à titre de gratifications ayant un caractère accidentel et temporaire.

P. de décret et note, 3 février 1897. Legs Malassagne.

Sapeurs-pompiers. — Les libéralités faites aux compagnies de sapeurs-pompiers doivent être acceptées par le maire au nom de la commune.

P. de décret et note, 7 juillet 1886. Legs Bargoin.

Cimetières. — L'entretien des cimetières étant une dépense obligatoire pour les communes, c'est à celles-ci et non aux fabriques qu'il appartient d'accepter les libéralités faites « pour les cimetières ».

Note, 18 septembre 1884. Legs Jeannin.

Par contre, une commune ne peut être autorisée à accepter un legs fait à charge d'entretenir un tombeau, alors que tout l'émolument de la libéralité doit être absorbé par cet entretien.

P. de décret et note (A. G.), 17 janvier 1895. Legs Bonzom.

Une commune peut être autorisée à recevoir un legs fait à charge d'en employer le revenu à l'entretien du tombeau du testateur, lorsqu'il est établi qu'il doit rester un certain bénéfice à la dite commune après l'acquit des charges.

P. de décret et note, 22 février 1888. Legs Lebleu.

Gardes-malades. — Une commune peut être autorisée à accepter un legs destiné à assurer le traitement d'une garde-malade, qui ne sera pas spécialement affectée au service des pauvres,

mais se tiendra à la disposition de tous les habitants de la commune.

P. de décret (A. G.), 31 mars 1892. Legs Mauboussin.

Indigents de passage. — Une commune peut être autorisée à
accepter un legs destiné à assurer des secours aux indigents de
passage, une libéralité de cette nature intéressant plutôt le service
de la police locale que celui de l'assistance proprement dite.

P. de décret et note, 12 juillet 1892. Legs Schindler.

Sections de commune. — Les libéralités faites aux sections de
commune doivent être acceptées par le maire, non pas au nom
de la commune, mais au nom de la section.

P. de décret et note (A. G.), 22 janvier 1880. Legs Naigeon. — P. de décret et
note, 27 novembre 1880. Legs Serasser.

§ 2 : RÈGLES SPÉCIALES AUX ÉTABLISSEMENTS PUBLICS DE BIENFAISANCE
PAUVRES. — HÔPITAUX ET HOSPICES. —
BUREAUX DE BIENFAISANCE ET D'ASSISTANCE

(Loi du 7 frimaire an V. — Avis du Conseil d'État du 17 janvier 1806. — Article 910 du Code civil. — Ordonnance du
2 avril 1817. — Ordonnance du 21 février 1841. — Loi du
10 janvier 1849. — Lois des 7 août 1851, art. 17, et 21 mai 1873,
art. 7. — Lois des 10 août 1871 et 5 avril 1884. — Loi du
15 juillet 1893.)

A. — *Pauvres.*

Pauvres du département et de l'arrondissement. — C'est au Préfet,
au nom des pauvres du département, qu'il appartient d'accepter
les libéralités faites :

a) Aux pauvres du département ;

P. de décret et note (A. G.), 21 juin 1882. Legs Godard des Marêts.

b) A charge d'instituer à perpétuité un concours quinquennal
entre les jeunes garçons de charrue ou valets de ferme pauvres
de plusieurs communes du département.

P. de décret et note, 8 mars 1890. Legs Robequin.

C'est au Préfet au nom du département qu'il appartient d'accepter les libéralités faites :

a) A une ville et destinées à la création d'un établissement ayant pour objet de recueillir les enfants abandonnés du département;

Note, 20 juin 1895. Legs Moreau. — Note, 5 août 1895. Legs Moreau.

b) Au profit « des enfants orphelins et des mères de famille, pauvres et méritantes, des communes rurales qui auront le plus de vieillards et d'infirmes à secourir », à raison de l'impossibilité de déterminer pour l'avenir les noms des communes bénéficiaires.

P. de décret et note (A. G.), 3 décembre 1896. Legs Bercier.

Lorsqu'une libéralité est faite « à un arrondissement » pour la fondation d'un asile de vieillards, il y a lieu : 1° de reconnaître comme établissement d'utilité publique l'asile de vieillards et d'approuver ses statuts; 2° d'autoriser la commission administrative de cet établissement conjointement avec le Préfet, non pas au nom du département, mais au nom des pauvres des communes comprises dans l'arrondissement, à accepter la libéralité.

Note, 21 juillet 1885. Legs Gobert.

C'est au Préfet de la Seine au nom du département et non au Directeur général de l'assistance publique qu'il appartient d'accepter :

a) Les libéralités dont le produit doit être affecté au dépenses du service départemental des enfants assistés ;

Note, 1er août 1888. Legs Godin.

b) Les libéralités faites aux « enfants abandonnés les plus méritants du département de la Seine »;

P. de décret et note, 25 février 1891. Legs Robert.

c) Les libéralités faites « aux enfants moralement abandonnés », bien que le legs ait été fait nominalement à l'assistance publique;

P. de décret et note (A. G.), 19 février 1891. Legs Lamare.

d) Les libéralités faites « aux orphelins de la ville de Paris ».

P. de décret (A. G.), 17 décembre 1891. Legs Patou. — P. de décret et note, (A. G.) 3 décembre 1896. Legs Bercier. — P. de décret et note (A. G.), 7 janvier 1897. Legs Gadet.

Pauvres du canton. — Un legs, fait en vue de la création d'un hospice cantonal, doit être accepté, au nom des pauvres du canton, par les maires de toutes les communes intéressées.

P. de décret et note (A. G.), 10 avril 1895. Legs Griboulard.

Pauvres de la commune. — C'est au maire, comme représentant légal des pauvres, qu'il appartient d'accepter les libéralités faites en leur faveur, lorsqu'elles ne rentrent pas dans la spécialité des établissements publics de bienfaisance existant dans la commune.

Jurisprudence constante.

La substitution, du maire, agissant au nom des pauvres, à un établissement institué, ne doit pas être faite d'office par le décret d'autorisation. Il est nécessaire que le maire soit préalablement appelé à accepter la libéralité.

Note, 5 août 1895. Legs Bruyant.

En pareil cas, c'est au maire et non au conseil municipal qu'il appartient, sous le contrôle de l'autorité supérieure, de consentir des allocations au profit des parents du testateur dont la situation paraît digne d'intérêt.

P. de décret et note, 11 mars 1891. Legs Lafitte.

Le conseil municipal n'est point appelé à délibérer sur l'acceptation de libéralités de cette nature par application des articles 111 et 112 de la loi du 5 avril 1884, mais à donner un simple avis dans les termes de l'article 70. Les visas du projet de décret doivent faire mention de cet avis.

P. de décret et note, 12 février 1891. Legs Barraud. — P. de décret et notes, 12 février 1891. Legs de Petitville. — P. de décret et note, 3 juin 1891. Legs Barbier.

C'est au maire comme représentant légal des pauvres qu'il appartient d'intervenir pour l'acceptation des dons et legs faits :

a) A des crèches qui, n'étant pas reconnues comme établissements d'utilité publique, se rattachent cependant par des liens étroits à l'administration municipale.

P. de décret et note, 7 décembre 1881. Legs Bruneau. — P. de décret et note, 22 février 1882. Legs Bruneau. — P. de décret et note (A. G.), 27 février 1890. Legs Simon.

Exceptionnellement, le bureau de bienfaisance a été autorisé à accepter un legs fait à une crèche.

P. de décret et note, 23 janvier 1883. Legs Ruelle.

La formule généralement adoptée est la suivante :

Le maire est autorisé à accepter au nom des enfants pauvres secourus par la crèche de cette ville.......

P. de décret et note (A. G.), 2 février 1882. Legs Forney.

b) Pour la fondation d'un hospice.

P. de décret et note, 11 mars 1891. Legs Lafitte. — P. de décret et note (A. G.), 8 février 1894. Legs Fays.

Les libéralités faites aux communes pour la fondation d'établissements hospitaliers doivent être acceptées par le maire au nom des pauvres et non par le maire au nom de la commune.

P. de décret et note (A. G.), 4 avril 1895. Legs Delandes. — Note, 23 décembre 1896. Legs Goguillot.

Un legs fait à une paroisse pour fondation d'un hospice doit être accepté, par le maire au nom des pauvres.

P. de décret et note, 8 novembre 1895. Legs Bruneau.

C'est au maire, comme représentant légal des pauvres, qu'il appartient d'intervenir pour l'acceptation des dons et legs faits à la commune, à charge de fondation de lits dans un hospice. La commission administrative intervient seulement pour l'acceptation du bénéfice résultant pour l'établissement du legs précité.

P. de décret et note, 2 février 1892. Legs Calimbre.

C'est le maire, *au nom des pauvres*, et non pas le bureau de bienfaisance, qui a qualité pour accepter un legs dont les revenus doivent être affectés à l'entretien des orphelins de la commune.

Note, 10 janvier 1896. Legs Fraisse.

Le maire, au nom des pauvres, a été autorisé à accepter le legs d'un titre de rente dont les arrérages doivent servir, chaque année, à doter deux filles naturelles, orphelines et pauvres.

Note, 3 juillet 1895. Legs Fontaine.

C'est au maire, *au nom des pauvres,* et non pas au nom de la commune qu'il appartient d'accepter un legs destiné à la création d'un orphelinat et à la distribution de rentes viagères à des vieillards indigents. Ces fondations ayant un caractère exclusivement charitable et ne rentrant pas, d'ailleurs, dans les attributions normales du bureau de bienfaisance, il y a lieu de leur appliquer la règle qui réserve au maire, au nom des pauvres, le droit d'accepter les legs faits aux pauvres ou à la commune pour les pauvres, lorsque ces legs, par leur objet, ne cadrent pas avec la mission en vue de laquelle les établissements publics de bienfaisance ont été spécialement institués.

P. de décret et note (A. G.), 12 juillet 1892. Legs Vial.

Le maire, au nom des pauvres, a été autorisé à accepter un legs dont les revenus devaient être employés à l'achat de livrets de caisse d'épargne et de fournitures scolaires en faveur des élèves d'une école libre de la commune. Il a paru que, dans l'espèce, les dispositions testamentaires pouvaient recevoir leur exécution, la libéralité ne présentant pas le caractère d'une subvention à une école privée, mais constituant un secours à des élèves pauvres.

P. de décret et note, 27 décembre 1893. Legs Dumoulin.

Lorsqu'un testateur a légué ses immeubles à diverses communes indivisément pour leurs pauvres, il y a lieu d'inviter les représentants des pauvres dans ces communes et les héritiers à passer une convention en vue d'opérer la répartition du dit legs entre les communes au prorata de la population de chacune d'elles. Il appartient en ce cas au représentant des pauvres dans chaque commune d'accepter la libéralité, chacun en ce qui le concerne. Cette façon de procéder a l'avantage d'éviter les difficultés de distribution qui pourraient surgir et de ramener l'emploi de la libéralité à un procédé plus en harmonie avec le principe qui réduit à la circonscription communale l'étendue des services charitables.

Note, 5 janvier 1887. Legs Hubert (aux communes de Coutances, de Saint-Pierre et de Saint-Nicolas-de-Coutances, etc.).

Le Directeur de l'assistance publique, au nom de chacun des bureaux de bienfaisance des vingt arrondissements de Paris, a seul qualité pour accepter les legs faits aux pauvres de la ville de Paris.

P. de décret et note, 10 novembre 1891. Legs Carlier.

Les libéralités, faites aux pauvres d'un arrondissement de Paris, doivent être acceptées par le directeur de l'assistance publique au nom du bureau de bienfaisance de l'arrondissement.

P. de décret et note, 13 mai 1896. Legs Rau.

Les libéralités, faites aux pauvres de deux paroisses de Paris, doivent être acceptées par le directeur de l'assistance publique au nom du bureau de bienfaisance dans la circonscription duquel se trouvent ces paroisses.

P. de décret et note, 18 juin 1895. Legs Brébion.

Les libéralités, faites à l'hospice des enfants assistés de Paris, doivent être acceptées par le directeur de l'assistance publique. Toutefois, il convient de prescrire l'immatriculation de la rente acquise avec le produit de la libéralité au nom de l'hospice légataire.

Note, 11 avril 1888. Legs Degalasse.

C'est à l'administration de l'assistance publique qu'il appartient de recueillir un legs fait « au consistoire de Paris pour être versé dans la bourse des pauvres ».

Note, 27 juin 1883. Legs Lescure-Bellerine.

C'est au directeur de l'assistance publique, représentant légal des pauvres de Paris, et non au comité de bienfaisance israélite, qui a été reconnu comme établissement d'utilité publique, qu'il appartient d'intervenir pour l'acceptation d'un legs fait au consistoire israélite de Paris pour « les indigents israélites de Paris ».

Note, 14 mai 1890. Legs Hirsch.

Les maisons de secours des filles de la charité de Saint-Vincent de Paul situées sur les paroisses de Notre-Dame de Clignancourt et de Saint-Pierre de Montmartre, à Paris, étant des dépendances de l'administration de l'assistance publique et les sœurs de la charité de Saint-Vincent de Paul n'étant que les auxiliaires de cette administration, le Directeur de l'assistance publique à Paris doit seul être autorisé à accepter les libéralités faites à ces établissements.

P. de décret et note, 24 mai 1880. Legs Baurens.

L'assistance publique a capacité pour recueillir les libéralités faites à la chambre des notaires de Paris, « à charge de distribution aux pauvres ».

P. de décret et avis (A. G.), 1er décembre 1881. Legs Bonnomet de Vedreuil.

C'est au Préfet de la Seine, au nom de la ville de Paris, qu'il appartient d'accepter un legs dont « le produit devra servir à l'achat de livres et de jouets pour les enfants pauvres de Paris ». Les jouets, pas plus que les livres, ne rentrent, en effet, dans les objets de première nécessité que l'administration charitable est dans l'usage de distribuer.

P. de décret et note (A. G.) 7 août, 1884. Legs Vincent.

B. — *Hospices et Hôpitaux.*

Lorsqu'un legs est fait en vue de la fondation d'un hospice et qu'il est suffisamment important pour que la création soit possible, il y a lieu de statuer par un seul et même décret, tant sur l'acceptation du legs que sur la création de l'hospice.

Note, 1er février 1882. Érection d'un hôpital-hospice à Champigny (Seine). — P. de décret et note (A. G.), 14 mars 1889. Legs Petit.

En conséquence, à raison du principe de la connexité, l'acte par lequel le Préfet aurait statué sur ces legs ne saurait être considéré que comme un simple avis.

Note, 1er février 1882. Création d'un hôpital-hospice à Champigny (Seine).

Lorsque le produit de la libéralité est insuffisant pour couvrir les frais de la fondation immédiate d'un lit dans l'hospice, il y a lieu de prescrire la capitalisation des revenus jusqu'à ce qu'elle ait constitué une somme suffisante pour assurer la fondation.

Note, 21 juin 1881. Legs Deschamps.

Il convient d'appliquer aux hospices, qui sont appelés à recueillir des libéralités consistant en immeubles, le principe qui tend à réduire, autant que possible, la mainmorte immobilière en les obligeant à les vendre et à en placer le produit en rentes sur l'État.

Note, 22 avril 1885. Legs Lago.

Il n'y a pas lieu d'autoriser l'acceptation d'un legs fait à un hospice lorsqu'il est établi par l'instruction que cet établissement hospitalier a été détourné du but qu'il doit remplir, par exemple lorsqu'il a été transformé en maison de santé payante.

Note (A. G.), 21 mars 1890. Legs Petel.

Les hospices ont capacité pour recevoir des libéralités destinées à la fondation d'un orphelinat. Mais l'autorisation d'accepter ne doit être donnée en pareil cas que sous la réserve que l'orphelinat sera administré conformément à un règlement présenté par la commission administrative et approuvé par décret en Conseil d'État.

P. de décret et note (A. G.), 3 février 1887. Legs Halleur. — P. de décret et note (A. G.), 5 janvier 1888. Legs Cordier.

Un hospice a été autorisé à recueillir une libéralité en faveur d'un orphelinat qui y était annexé et qui n'avait aucune existence indépendante de l'hospice qui l'entretenait. Il a été reconnu que dans ce cas on devait comprendre sous le nom d'orphelinat la réunion des orphelins pauvres recueillis par l'hospice.

P. de décret et note, 11 janvier 1893. Legs Dlle Sicard. — P. de décret et note (A. G.), 8 août 1893. Legs Bouvier.

Les communes ont également qualité, en vertu de l'article 37 de la loi du 23 juillet 1893, pour recevoir une libéralité faite en vue de la création d'un orphelinat.

Note, 4 février 1896. Legs Gavet.

Il n'y a pas lieu d'autoriser l'acceptation d'un legs fait à un hospice en vue de créer un établissement ayant tous les caractères d'une maison congréganiste d'enseignement. La gestion d'un semblable établissement ne saurait rentrer dans la mission exclusivement charitable des hospices.

P. de décret et avis (A. G.), 8 février 1883. Legs Buée.

Le principe de la spécialité ne s'oppose pas à ce que la commission administrative d'un hospice soit autorisée à accepter des libéralités faites à charge de services religieux si ces services sont une charge accessoire d'un legs véritablement avantageux.

P. de décret et note, 21 mai 1890. Legs Augier.

Mais, inversement et par application de ce même principe, la commission administrative d'un hospice ne saurait être autorisée à accepter un legs fait à charge de services religieux, dont les revenus seraient principalement affectés à l'acquit de la fondation. Il appartiendrait dans ce cas à la fabrique de la paroisse intéressée de revendiquer la libéralité.

P. de décret et note, 4 octobre 1894. Legs Boudouin.

La libéralité faite en faveur d'un hospice, à charge de services religieux à célébrer dans la chapelle de l'établissement, ne doit être autorisée aux clauses et conditions énoncées, qu'autant que cette chapelle est régulièrement ouverte au culte.

Note, 18 juillet 1890. Legs Durvis.

Dans le cas où la chapelle de l'hospice n'est pas régulièrement ouverte au culte, la libéralité peut néanmoins être autorisée si la commission de l'hospice a pris, d'accord avec les héritiers, l'engagement de verser chaque année, à la fabrique de l'église paroissiale, la somme nécessaire à l'acquit des messes imposées comme charge du legs charitable.

P. de décret et note, 5 juillet 1887. Legs Patau.

Lorsque la commission administrative d'un hospice s'est refusée à traiter avec la fabrique en vue d'assurer l'exécution des services religieux, il y a lieu d'inviter la fabrique du lieu du décès du testateur à prendre une délibération pour accepter la somme nécessaire à la célébration de ces services.

Note, 29 avril 1891. Legs Billardet.

Un hospice ne peut être autorisé à accepter un legs à charge d'entretien d'une chapelle et d'une tombe dans le cimetière, qu'autant que la dite chapelle constitue un simple monument funéraire et non un lieu de culte.

P. de décret et note, 12 février 1891. Legs Rivière.

Le consentement à délivrance donné au nom d'un enfant recueilli dans un hospice doit être donné par la commission admi-nistrative et non par le membre de cette commission chargé d'exercer la tutelle.

Note, 15 janvier 1889. Legs dame veuve Raynier.

C. — *Bureaux de bienfaisance.*

C'est au bureau de bienfaisance, alors même que la commune serait instituée directement légataire, qu'il appartient de recueillir les libéralités dont les revenus doivent être employés à des distributions de secours aux vieillards, aux indigents et aux infirmes.

Note, 18 mai 1892. Legs Pecqueux.

C'est au bureau de bienfaisance qu'il appartient d'intervenir pour l'acceptation d'un legs consistant dans le capital nécessaire à l'achat d'un titre de rente dont les arrérages devront être distribués, chaque année, à des familles malheureuses d'une localité. Le titre de rente doit être immatriculé au nom du bureau de bienfaisance.

P. de décret et note, 6 avril 1892. Legs Pilé.

Le bureau de bienfaisance peut être appelé à recueillir un legs fait pour les pauvres à un établissement dépourvu d'existence légale, en cas de consentement du légataire universel.

Note, 20 février 1893. Legs de Budé.

Il y a lieu de faire accepter par le bureau de bienfaisance les legs faits à charge de fondation de béguinage, le béguinage étant, en effet, une des formes des secours à domicile.

P. de décret, 23 juillet 1890. Legs Cartigny. — Note, 27 mai 1891. Legs Danjou. — P. de décret et note, 19 novembre 1896. Legs Lepot.

Mais si le béguinage comprenait, en dehors du logement, la nourriture et l'entretien, il devrait être considéré comme une des formes de l'hospitalisation et, dans ce cas, la libéralité, ayant pour objet de le fonder, devrait être acceptée par le maire au nom des pauvres.

Notes, 16 juillet et 28 octobre 1896. Legs Hébert. — P. de décret et note, 19 novembre 1896. Legs Lepot.

Les bureaux de bienfaisance exclusivement chargés, en vertu des dispositions de la loi du 7 frimaire an V, du service des secours à domicile ne sauraient être autorisés à accepter des libéralités destinées à la création et à l'entretien d'établissements hospitaliers.

Avis (A. G.), 11 août 1885; P. de décret et note (A. G.), 18 février 1886. Legs Beaufils. — Note, 10 août 1885. Legs Daliot. — Note, 16 mai 1895. Legs Rouxel. — Note, 12 mai 1896. Legs Lebon. — P. de décret et note, 24 novembre 1897. Legs Lemoigne.

Il y a lieu, par suite, de faire intervenir pour l'acceptation de ces libéralités le maire, au nom des pauvres, aux lieu et place du bureau de bienfaisance.

P. de décret et note (A. G.), 9 février 1888. Legs Delshens. — P. de décret et note (A. G.), 26 juillet 1888. Legs Savary.

L'administration d'un orphelinat ne rentre pas dans les attributions légales du bureau de bienfaisance.

En conséquence, cet établissement ne saurait être autorisé à accepter un legs destiné à un orphelinat placé en fait sous sa dépendance. Il convient donc, avant de statuer sur la libéralité, d'inviter l'administration à régulariser la situation de l'orphelinat en le séparant du bureau de bienfaisance.

Note, 5 août 1891. Legs Claudot. — Note, 20 juin 1893. Legs Larroque. — Note, 16 mai 1895. Legs Boutel. — P. de décret et note, 23 avril 1896. Legs Bruyant. — Note, 16 mai 1896. Legs Rouxel.

Mais un bureau de bienfaisance a été autorisé à employer une partie des fonds provenant d'une libéralité à la dotation d'un orphelinat reconnu d'utilité publique.

Note, 12 mai 1896. P. de décret et note, 5 août 1896. Legs Lebon.

Le bureau de bienfaisance ne saurait être autorisé à accepter un legs dont les revenus doivent être affectés à la création de prix de vertu. C'est au maire, au nom de la ville, qu'il appartient de recueillir cette libéralité.

P. de décret et note (A. G.), 22 mai 1895. Legs Paris.

Les bureaux de bienfaisance ne peuvent revendiquer l'attribution de sommes recueillies par des tiers dans l'intérêt des pauvres au moyen de quêtes et souscriptions.

Avis (A. G.), 24 mars 1880.

Un bureau de bienfaisance n'a pas été autorisé à accepter un legs fait aux pauvres secourus par une association de charité déjà dissoute, le legs pouvant dans ce cas être considéré à juste titre comme fait au profit de personnes incertaines.

P. de décret et note, 16 mars 1893. Legs dame veuve Target.

N'a été autorisée que pour partie l'acceptation par un bureau de bienfaisance d'un legs dont le montant était hors de proportion avec les besoins de la population pauvre de la commune.

P. de décret et avis (A. G.), 13 mai 1886. Legs Lenoble. — Note (A. G.), 20 décembre 1888. Legs Grassière. — P. de décret et note (A. G.), 26 janvier 1893. Legs Gleizes.

Lorsqu'un legs a été fait à une cure pour les pauvres et que le bureau de bienfaisance demande l'autorisation de l'accepter, mais en prenant l'engagement, conformément à une condition imposée par l'héritier de remettre chaque année aux curés successifs le revenu des sommes léguées, il n'y a pas lieu d'approuver ni même de viser dans le projet de décret un pareil engagement. La commission administrative du bureau de bienfaisance ne peut, en effet, abdiquer la mission qu'elle tient de la loi de répartir les secours destinés aux pauvres. En conséquence il convient, avant de statuer, d'inviter la commission administrative à demander, par une délibération nouvelle, l'autorisation d'accepter purement et simplement la libéralité qui lui a été faite.

Note, 15 mai 1889, Legs Leroux.

Si la commission administrative persiste dans sa première délibération, il y a lieu de lui refuser l'autorisation d'accepter.

P. de décret et note, 10 janvier 1893. Legs Rodrigues-Henriquès.

Les libéralités faites aux pauvres d'une commune à charge de distribution par le curé de la paroisse peuvent être autorisées, mais sous la réserve habituelle relative aux classes contraires aux lois. En aucun cas le curé ne saurait être autorisé à accepter le bénéfice du legs.

Avis 25 janvier 1882. Legs Dlle Loisel.

Il a été sursis à statuer sur le legs fait à un bureau de bienfaisance, dont le budget se confondait avec le budget communal jusqu'à ce que cet établissement ait justifié d'une comptabilité régulière.

Note, 23 juillet 1895. Legs Le Bart.

Il n'y a pas lieu d'autoriser un bureau de bienfaisance à employer le revenu d'un legs « à rémunérer les ouvriers nécessiteux que la commune ferait travailler en les occupant à l'entretien de ses chemins ruraux ». Cet emploi est incompatible avec la destination que doivent recevoir les fonds administrés par un bureau de bienfaisance.

P. de décret et note, 31 mars 1890, commune de Pouilly.

Lorsqu'un legs est fait à une fabrique avec charge de services religieux et affectation du surplus des revenus au soulagement des pauvres, il y a lieu, pour éviter les difficultés qui pourraient s'élever chaque année entre le bureau de bienfaisance et la fabrique relativement au partage des arrérages, de limiter l'autorisation d'accepter accordée à la fabrique à la somme nécessaire à l'acquit des charges qui lui sont spécialement imposées et d'autoriser le bureau de bienfaisance à accepter le surplus du legs.

P. de décret et note, 15 février 1890. Legs Aubry. — P. de décret et note, 10 juin 1890. Legs Goubert.

Les délibérations de la commission administrative d'un bureau de bienfaisance ne sont valables qu'autant qu'elles ont été prises par la moitié au moins des membres composant cette commission.

Note, 18 mai 1897. Legs de Gouvenain.

Les bureaux de bienfaisance de Paris ont une personnalité distincte de celle de l'administration générale de l'assistance publique. Si, en vertu de l'article 3 de la loi du 10 janvier 1849, les dons et legs faits à ces établissements doivent être acceptés par le Directeur de l'administration générale de l'assistance publique, cette acceptation doit être faite par celui-ci en leur nom et l'immatriculation des titres de rentes provenant des dons et legs doit avoir lieu au nom de l'établissement donataire ou légataire.

Avis, 18 mars 1890. Legs Hartmann.

Le Directeur de l'assistance publique a seul qualité pour représenter les bureaux de bienfaisance de Paris.

Comme conséquence de la décision qui précède, les allocations attribuées aux héritiers naturels ne peuvent être valablement consenties que par un arrêté du Directeur de l'assistance publique, pris après avis du conseil de surveillance et approuvé par le Préfet.

P. de décret et note (A. G.), 6 août 1896. Legs Challemel de la Rivière.

L'administration générale de l'assistance publique à Paris ne saurait être autorisée à accepter un legs fait à une fabrique pour les pauvres, quand elle déclare vouloir laisser à la fabrique la désignation des pauvres à gratifier.

P. de décret et note, 4 mai 1897, Legs Susset.

Dépôts de mendicité. — Les libéralités faites aux dépôts de mendicité ayant une personnalité propre sont acceptées par les directeurs, à moins que les statuts ne contiennent une disposition contraire.

P. de décret et note (A. G.), 26 juillet 1883. Legs Balthazar Puy. — P. de décret et avis (A. G.), 21 juin 1883. Legs Aubert.

Il y a lieu de faire accepter par le maire, au nom de la ville, un legs fait à un dépôt de mendicité, quand cet établissement est exclusivement municipal.

P. de décret et note, 23 octobre 1895. Legs Fauvel.

D. — *Bureaux d'assistance.*
(Loi du 15 juillet 1893.)

C'est au bureau d'assistance qu'il appartient, en vertu de la loi du 15 juillet 1893, de recueillir les libéralités faites aux pauvres malades.

Note, 16 janvier 1895. Legs Archidet. Transaction.

Un bureau d'assistance étant créé pour secourir les malades à domicile n'a pas qualité pour accepter un legs destiné à la création d'un hospice.

P. de décret et note (A. G.), 8 février 1894. Legs Fays. — P. de décret et note, 6 mai 1896. Legs Archambault.

Lorsqu'un legs est fait à un hôpital et qu'il a pour but l'hospitalisation d'un pauvre malade appartenant à une commune déterminée, cette disposition constitue au profit des pauvres malades de cette commune une libéralité qu'il appartient au bureau d'assistance d'accepter.

P. de décret et note, 4 mars 1897. Legs Destre.

Les libéralités faites aux pauvres d'une commune dépourvue de bureau de bienfaisance doivent, en vertu de la même loi, être acceptées par le bureau d'assistance. Il en est ainsi alors même que cette commune serait pourvue d'un hospice.

Avis (A. G.), 30 mai 1895. Legs Beauvais (1).

Décidé en conséquence que c'est au bureau d'assistance qu'il appartient d'accepter le legs fait à une commune en vue de la création d'un bureau de bienfaisance.

P. de décret et note, 3 avril 1895. Legs Godez (2).

E. — *Concours des bureaux de bienfaisance et d'assistance.* *Partages.*

Il y a lieu de faire accepter à la fois par le bureau de bienfaisance et le bureau d'assistance les libéralités faites *aux pauvres en général*; ces libéralités concernent en effet les indigents valides et les pauvres malades.

Note, 19 février 1895. Legs Tribou. — Note, 13 mai 1896. Legs dame veuve Dagoret.

Par application de cette règle, quand un legs a été fait au profit des communes d'un canton pour être employé à l'œuvre de l'assistance publique dans les campagnes, la compétence pour accepter cette libéralité appartient à la fois aux bureaux de bienfaisance et d'assistance de ces communes.

P. de décret et note (A. G.), 7 mai 1896. Legs Lucas.

---

(1) L'avis adopté par le conseil au sujet du legs Beauvais a été inséré *in extenso* à la page 149.

(2) Antérieurement à la loi du 15 juillet 1893, il appartenait au maire au nom des pauvres d'accepter un legs fait aux pauvres d'une commune en vue de la création d'un bureau de bienfaisance.

P. de décret et note, 11 novembre 1891. Legs Lafitte.

En principe et sauf dérogation dans des circonstances spéciales, le montant du legs fait aux pauvres d'une commune est réparti dans la proportion de quatre cinquièmes pour le bureau de bienfaisance et un cinquième pour le bureau d'assistance.

P. de décret (A. G.), 31 octobre 1895. Legs Bon à divers établissements de la Haute-Garonne.

La circonstance que le conseil général n'aurait pas encore organisé le service de l'assistance médicale gratuite, conformément à la loi du 15 juillet 1893, ne saurait faire obstacle à cette répartition.

Note, 8 juillet 1896. Legs Bastard.

Quand le bureau d'assistance exerce les attributions du bureau de bienfaisance et que la part revenant aux pauvres valides n'est pas assez importante pour motiver la création d'un bureau de bienfaisance, le projet de décret doit spécifier, conformément à la jurisprudence, que les quatre cinquièmes du produit de la libéralité seront affectés au service de bienfaisance et le dernier cinquième au service de l'assistance médicale.

P. de décret et note, 14 novembre 1895. Legs Duriat. — P. de décret et note, 18 avril 1896. Legs Dévigne. — P. de décret et note, 11 juin 1896. Legs Gouzerh. Jurisprudence constante.

Le bureau d'assistance n'a aucun droit de participation dans les legs qui sont faits nominativement au bureau de bienfaisance. En effet, si le testament est antérieur à la loi du 15 juillet 1893, le bureau de bienfaisance a un droit acquis à revendiquer la libéralité.

Note, 8 janvier 1896. Legs dame Regnard. — P. de décret et note, 12 février 1896. Legs Seignan de Sère. — Note, 16 avril 1896. Legs Viricel.

Si, au contraire, le testament est postérieur à la dite loi, il y a lieu de supposer que c'est en pleine connaissance de cause que le testateur a désigné le bureau de bienfaisance à l'exclusion du bureau d'assistance.

P. de décret et note, 4 mars 1896. Legs Cote.

Il convient toutefois, lorsqu'il s'agit d'un legs fait nominativement au bureau de bienfaisance par un testateur décédé avant la loi du 15 juillet 1893, d'examiner si, pour assurer l'exécution des volontés du testateur qui avait évidemment en vue la généralité des pauvres, il n'y a pas lieu de provoquer, de la part du bureau de bienfaisance, l'abandon d'une certaine somme au profit du bureau d'assistance, alors surtout que ce premier établissement, par suite de la loi précitée, va se trouver exonéré d'une partie des charges qui lui incombaient.

Note, 12 mars 1895. Legs Fradin.

Il est équitable que le bureau de bienfaisance, s'il est richement doté, vienne au secours du bureau d'assistance et il y a lieu d'approuver, en principe, l'abandon que la commission administrative du bureau de bienfaisance peut faire au bureau d'assistance d'une partie des libéralités qui lui sont faites ou d'une partie de sa dotation.

P. de décret et note, 17 mars 1896. Legs Payen. — P. de décret et note, 17 mars 1896. Legs Couvreux. — P. de décret et note, 29 avril 1896. Legs Colombet. — P. de décret et note, 3 juin 1896. Legs Vayssié.

Il convient de désigner sous le nom de service de bienfaisance et non sous celui de service des secours à domicile les secours à donner aux pauvres valides. L'expression de *service des secours à domicile* ne saurait, en effet, être employée correctement par opposition à celle de service de l'assistance médicale gratuite, puisque l'assistance médicale gratuite n'est elle-même le plus souvent qu'une des formes des secours à domicile.

P. de décret et note, 14 novembre 1895. Legs Duriat.

§ 3 : RÈGLES SPÉCIALES AUX ÉTABLISSEMENTS DE L'INSTRUCTION PUBLIQUE : INSTITUT, ACADÉMIES, UNIVERSITÉS, FACULTÉS, MUSÉUM D'HISTOIRE NATURELLE, LYCÉES, COLLÈGES, ÉCOLES NORMALES PRIMAIRES, ÉCOLES PRIMAIRES, CAISSE DES ÉCOLES.

(Loi du 11 floréal an X. — Ordonnance du 21 mars 1816. — Ordonnance du 2 avril 1817. — Ordonnance du 26 octobre 1832. — Ordonnance du 31 décembre 1844. — Décret du 22 août 1854. — Décret du 14 avril 1855. — Loi du 10 avril 1867, art. 15. — Loi du 28 mars 1882. — Décret du 25 juillet 1885. — Décret du 29 mars 1890. — Loi du 28 avril 1893, art. 71. — Décret du 9 août 1893. — Loi du 10 juillet 1896, art. 1er et 2. — Décret du 21 juillet 1897.)

A) *Institut.*

Les libéralités faites à l'Institut « à charge de fonder des prix qui seront décernés alternativement par l'Académie française et l'Académie des sciences » ou par chacune des cinq académies (1) doivent être acceptées par l'Institut et non par les académies.

P. de décret et note, 30 octobre 1889. Legs sieur de Joest.

B. — *Académies.*

Les libéralités faites aux académies doivent être acceptées par le secrétaire perpétuel de l'académie instituée légataire.

P. de décret et note, 15 juin 1887. Legs Martin Damourette.

L'Académie des sciences ne peut être autorisée à accepter une donation faite à charge de distribuer des prix dans un pays étranger.

Note, 26 mars 1895. Donation d'Abbadie.

A été autorisée l'acceptation, par l'Académie des sciences morales et politiques, de la donation d'une rente annuelle devant servir, sous le titre de fondation Carnot, à remettre chaque année des secours à des veuves d'ouvriers chargées d'enfants et que l'Académie aura jugées les plus méritantes.

P. de décret et note (A. G.), 7 août 1895. Donation Carnot.

Les académies ne peuvent être autorisées à recueillir des libéralités si elles n'ont fait connaître préalablement l'emploi qu'elles entendent faire du produit des dites libéralités ; les projets de décrets doivent faire mention de cet emploi.

Note, 23 juillet 1884. Legs Moncel.

C. — *Universités.*

Un don ou un legs étant fait à une université, il y a lieu par interprétation de l'article 4 du décret du 9 août 1893, d'employer dans le projet de décret autorisant l'acceptation l'expression « le recteur de l'académie est autorisé… » au lieu des mots « le président du conseil de l'université est autorisé… ».

P. de décret et note, 24 février 1897. Donation Falcouz.

---

(1) P. de décret et note, 5 mars 1879. Donation Regnaud.

D. — *Facultés.*

L'autorisation d'accepter les dons et legs faits aux facultés ne peut être donnée que sur l'avis du recteur d'académie.

Note, 8 avril 1895. Donation Philippart. — Note, 25 juin 1895. Legs Thierry.

E. — *École des Chartes.*

Il appartient au directeur de l'École nationale des Chartes d'accepter les libéralités au nom de cet établissement.

P. de décret et note du 22 janvier 1895. Donation de dame veuve Arconati.

F. — *Muséum.*

C'est au directeur du Muséum d'histoire naturelle qu'il appartient d'accepter les libéralités faites à cet établissement.

P. de décret et note (A. G.), 26 juin 1884. Legs Jeunesse.

G. — *Lycées.*

C'est au proviseur qu'il appartient d'accepter les libéralités faites au lycée, par application du décret du 11 floréal an X et de l'ordonnance du 2 avril 1817.

P. de décret, 18 mai 1881, lycée Louis-le-Grand. — P. de décret et note, 27 juin 1882. Donation Boilley au lycée de Lons-le-Saunier.

Il n'y a pas lieu d'autoriser le proviseur du lycée à accepter le bénéfice résultant pour l'établissement du legs fait à la ville « pour la création de bourses dans ce lycée ». Il suffit que le maire accepte cette libéralité dont la ville est seule à tirer profit.

P. de décret et note, 11 avril 1891. Legs Poydenot.

H. — *Collèges communaux.*

C'est au maire, au nom de la commune, qu'il appartient d'accepter les libéralités faites au collège communal.

P. de décret et note, 15 février 1881. Legs Rollier au collège de Salins. — P. de décret et note, 27 juin 1882. Donation Boilley, au collège d'Arbois (Jura).

C'est au maire qu'il appartient d'accepter le legs d'une rente dont les arrérages doivent être attribués à l'élève le plus méritant du collège.

P. de décret et note, 18 novembre 1896. Legs Gromard.

I. — *Écoles normales primaires.*

Par application du décret du 29 mars 1890, sur l'organisation des écoles normales primaires, c'est au directeur de l'école normale et non au président du conseil d'administration de cette école qu'il appartient de représenter l'école dans les actes de la vie civile et par suite d'accepter les dons et legs.

P. de décret et note, 26 novembre 1890. Legs Maubert.

J. — *Écoles primaires.*

La législation scolaire ayant établi la neutralité de l'école primaire publique, il n'y a pas lieu d'autoriser le maire à accepter un legs fait « à l'école protestante des filles de la commune ».

Avis, 14 mai 1884. Legs Fouquet.

K. — *Caisse des écoles.*

La loi du 28 mars 1882 a rendu obligatoire dans toutes les communes la création d'une caisse des écoles destinée à encourager et à faciliter la fréquentation de l'école par des récompenses aux élèves assidus et des secours aux élèves indigents. Par suite, et en vertu du principe de la spécialité, la création des caisses des écoles a eu pour effet d'investir exclusivement ces établissements du droit, qui appartenait jusque-là aux communes, d'accepter des libéralités destinées à encourager et faciliter la fréquentation des écoles.

Note, 15 juillet 1885. Legs Palseur.

C'est à la caisse des écoles qu'il appartient de recueillir les libéralités faites :

a) A la commune à charge de distribuer chaque année des livrets aux élèves les plus méritants de l'école et de remettre une allocation à l'instituteur ;

Note, 15 juillet 1885. Legs Palseur. — P. de décret, 18 mars 1891, commune de Passais (Orne).

b) A l'école des filles de la commune pour venir en aide aux enfants pauvres qui la fréquentent ;

P. de décret et note, 20 février 1884. Legs Dlle Jouaud.

c) Pour l'instruction des enfants pauvres de la commune ;

P. de décret et note, 30 avril 1884. Legs Bourdin, commune de Dommartin.

d) A la commune en vue de distribuer des soupes aux enfants admis dans l'asile et des prix aux élèves les plus méritants d'une école de filles ;

Note, 22 avril 1885. Legs Rouargue. — Note, 24 juin 1885. Legs Riberprey.

e) En faveur des salles d'asile (aujourd'hui écoles maternelles) d'une commune ;

P. de décret et note, 5 août 1884. Legs Audiffret. — Note, 3 août 1892. Legs Pargaud.

f) Au bureau de bienfaisance « en faveur des enfants pauvres fréquentant les écoles publiques de la ville » ;

P. de décret et note, 8 février 1890. Legs Meslier.

g) Au bureau d'assistance « pour aider les parents des enfants pauvres à subvenir à leur éducation ».

P. de décret et note, 16 mars 1897. Legs Lacoste.

Appartient-il à la caisse des écoles de recueillir des libéralités faites en faveur des écoles privées ?

Dans le sens de l'affirmative.

Note, 24 juin 1885. Legs Riberprey.

Dans le sens de la négative.

Note, 22 juin 1887. Legs Smyttère. — P. de décret et note, 25 mars 1890. Legs Donnaz. — Note, 27 décembre 1893. Legs Dumoulin.

Les libéralités faites aux caisses des écoles des vingt arrondissements de Paris doivent être acceptées par les présidents de ces caisses.

P. de décret et note (A. G.), 5 mars 1885. Legs Daguan.

Lorsque les statuts de la caisse des écoles ont omis de désigner la personne chargée de la représenter dans les actes de la vie civile, c'est au comité administratif qu'il appartient de recevoir les libéralités faites à cette caisse.

P. de décret et note, 20 février 1884. Legs Jouaud.

§ 4 : Règles spéciales aux établissements publics du culte :
Menses épiscopales, chapitres, séminaires, caisses des prêtres
agés et infirmes, fabriques, cures et succursales, consistoires
protestants et israélites, conseils presbytéraux.

(Loi organique du 18 germinal an X.— Loi du 23 ventôse an XII,
art. 1er. — Décret du 30 décembre 1809. — Décret du 6 novembre 1813, art. 49.— Ordonnance du 5 octobre 1814. — Loi
du 2 janvier 1817. — Ordonnance du 2 avril 1817. — Ordonnance du 12 janvier 1825. — Ordonnance du 25 mai 1844.
— Décret du 26 mars 1852. — Décret du 31 juillet 1854. —
Décret du 15 février 1862. — Décret du 29 août 1862. — Décret du 27 mars 1893.)

A. — Menses épiscopales.

Par application du principe de la spécialité, la mense épiscopale,
instituée uniquement en vue de l'amélioration du sort des titulaires successifs, ne saurait être autorisée à accepter les libéralités ayant pour objet :

a) De favoriser les vocations religieuses dans le diocèse ou de
fonder des bourses dans le séminaire ;

P. de décret et note, 18 mai 1886. Legs Julien. — P. de décret et note (A. G.),
27 février 1890. Legs Simon. — Avis et note (A. G.), 2 mai 1883. Legs Delpech.
— Note (A. G.), 22 janvier 1891. Legs Cesbron-Lamotte.

b) D'affecter le produit de la libéralité aux besoins des écoles
privées congréganistes ;

P. de décret et note (A. G.), 27 février 1890. Legs Simon.

c) De pourvoir au logement et à l'entretien de deux sœurs
chargées de l'instruction des petites filles ;

P. de décret et note, 14 mai 1889. Legs Pougnet.

d) D'encourager et de perfectionner l'éducation catholique
dans le diocèse ;

P. de décret et note (A. G.), 25 juin 1885. Legs Bertrand.

e) De faire célébrer des services religieux.

Note, 29 décembre 1896. Legs Pastoret.

Mais s'il n'y a pas lieu d'autoriser la mense épiscopale à accepter une libéralité ayant pour objet de faire célébrer des services religieux, rien ne s'oppose toutefois à ce que les services religieux demandés par la testatrice comme une des charges du legs fait à l'évêque reçoivent leur exécution. Il convient d'inviter la fabrique de l'église du domicile du testateur à demander l'autorisation d'accepter la somme nécessaire à l'acquit de ces services.

Note, 18 octobre 1893. Legs dame veuve de la Martinière.

Par application du même principe, il n'y a pas lieu d'autoriser les menses épiscopales à accepter des legs ayant une destination charitable ni même les legs pour bonnes œuvres; néanmoins, si la libéralité peut être attribuée à des œuvres diocésaines érigées par la loi en personnes civiles, on a quelquefois considéré l'évêque comme un simple exécuteur testamentaire chargé de désigner les œuvres qui doivent bénéficier du legs, et autorisé directement l'acceptation au nom de ces œuvres.

Note, 2 décembre 1890. Legs Lenain.

Un évêque ne saurait être autorisé à accepter un legs pour le produit en être affecté aux « œuvres diocésaines à son gré ». Les œuvres diocésaines ne doivent pas, en effet, être considérées comme rentrant dans les attributions de la mense épiscopale.

P. de décret et note, 24 février 1892. Legs Marguienne.

Une mense épiscopale a été autorisée à conserver en nature un immeuble qui lui était légué pour servir de maison de campagne aux évêques.

P. de décret et note (A. G.), 8 février 1894. Legs dame veuve Provost.

Il y a lieu de refuser à l'archevêque de Paris l'autorisation d'accepter les libéralités faites à l'œuvre du Sacré-Cœur de Montmartre.

P. de décret et note, 16 février 1887. Legs Damène. — P. de décret et note, 21 mai 1889. Legs Droulez.

B. — *Chapitres.*

Il y a lieu de refuser au chapitre l'autorisation d'accepter le legs d'un immeuble destiné à créer une chanoinerie ou maison de retraite pour les chanoines, la création et l'entretien d'un semblable établissement ne rentrant pas dans la mission légale du chapitre.

P. de décret et note, 2 avril 1889. Legs Lignières.

S'il n'appartient qu'aux fabriques, dans les églises cathédrales comme dans les autres églises, de passer avec les particuliers des contrats commutatifs ayant pour objet la fondation de services religieux, néanmoins les chapitres peuvent être autorisés à accepter des libéralités ayant le même objet.

Note, 7 mai 1890. Fondation Richard.

C. — *Séminaires.*

Il peut y avoir lieu de refuser à un séminaire l'autorisation d'accepter des libéralités, lorsque la situation de l'établissement est très prospère et que sa dotation paraît suffisamment élevée pour satisfaire largement à ses besoins.

Note, 8 novembre 1882. Legs Cousin au petit séminaire d'Arras. — P. de décret et avis, 4 avril 1883. Legs Chrétien au séminaire du diocèse de Cambrai. — P. de décret et avis (A. G.), 24 mai 1883. Legs Barreaud au séminaire de Bordeaux. — P. de décret et note, 29 avril 1896. Legs Rose au séminaire de Cambrai.

Il n'y a pas lieu d'autoriser l'acceptation d'une libéralité faite à un petit séminaire lorsqu'il résulte de l'instruction que cet établissement sortant de ses attributions est devenu un établissement d'enseignement secondaire.

P. de décret et avis, 25 janvier 1882. Legs Martin à l'école secondaire ecclésiastique de Saint-Cyr (Nièvre). — P. de décret et avis (A. G.), 5 octobre 1882. Legs Guillaume. — Note, 17 octobre 1888. Legs Vattemare au petit séminaire du diocèse de Paris. — P. de décret et avis, 25 octobre 1882. Legs Monnot. — P. de décret et avis, 8 novembre 1882. Legs Servonat. — Note, 5 février 1889. Legs Vivier, au petit séminaire de Séez. — Note, 26 avril 1893. Legs Reulet. — Note, 24 octobre 1895. Legs Bouchout. — Note, 27 octobre 1897. Legs Villaret de Joyeuse.

En conséquence l'instruction doit, dans les affaires de cette nature, fournir des renseignements précis sur les points suivants:

L'école prépare-t-elle exclusivement les jeunes gens se destinant à entrer au grand séminaire?

L'école n'est-elle qu'un simple établissement d'enseignement secondaire?

Combien l'établissement a-t-il reçu d'élèves pendant les trois dernières années? Sur ce nombre, combien sont entrés au grand séminaire ?

Note, 29 novembre 1882. Legs Lutho. — Note, 24 octobre 1895. Legs Bouchout.

Avant d'autoriser une commune à accepter un legs fait à charge de créer des bourses dans une école secondaire ecclésiastique, il y a lieu de prendre l'avis du Ministre des Cultes en même temps que des renseignements sur l'école qui doit bénéficier de la libéralité.

Note, 17 janvier 1894. Legs Néron.

Les séminaires peuvent recevoir des libéralités à charge de services religieux.

P. de décret et avis, 2 février 1887. Legs Prost.

Toutefois, il ne résulte pas de là qu'ils puissent passer des conventions destinées à assurer la célébration de messes.

P. de décret, 2 février 1887. Legs Tardif.

Un séminaire ne saurait être autorisé à accepter une libéralité dont le produit doit être employé en totalité à la célébration de services religieux. Les séminaires sont, en effet, des établissements constitués uniquement en vue de donner l'éducation aux jeunes gens qui se destinent à la carrière ecclésiastique et il ne rentre pas dans leur mission d'assurer la célébration de services religieux. C'est aux fabriques, instituées par le décret du 30 novembre 1809, qu'il appartient de pourvoir à la célébration des services religieux.

P. de décret et note (A. G.), 28 janvier 1892. Legs Javerzac.

Il y a lieu de faire intervenir le séminaire pour l'acceptation :
a) D'un legs fait « pour ce séminaire » à un établissement qui n'a pas d'existence légale ;

P. de décret et note, 11 novembre 1885. Legs Vincent.

b) D'un legs fait à une fabrique, à charge « d'employer le revenu à aider les enfants de la maîtrise à parcourir la carrière ecclésiastique ».

Note, 24 avril 1888. Legs Pelissier.

D. — *Caisses de secours pour les prêtres âgés ou infirmes.*

Il y a lieu de surseoir à statuer sur les libéralités faites aux caisses de secours pour les prêtres âgés ou infirmes d'un diocèse, lorsque les statuts de ces caisses ne sont pas conformes aux principes consacrés par la jurisprudence.

Note collective, 15 février 1887. Legs Eyriaud des Vergnes à la caisse de secours pour les prêtres du diocèse d'Angoulême. — P. de décret, 16 novembre 1887. Legs Machet (diocèse de Reims). — Note, 18 juillet 1888. Legs Roger à la maison de retraite des prêtres âgés ou infirmes du diocèse de Paris.

Lorsque le conseil d'administration d'une caisse pour les prêtres âgés ou infirmes d'un diocèse a été dissous et remplacé par un administrateur-séquestre, c'est à cet administrateur et non à l'évêque qu'il appartient d'accepter les legs faits à la caisse. Le décret de dissolution a, en effet, pour conséquence de remettre à l'administrateur-séquestre les droits qui appartenaient au conseil d'administration dissous.

Note (A. G.), 21 février 1884. Legs Picault. — Note (A. G.), 27 mars 1884. Legs Lehou à la caisse des prêtres du diocèse d'Angers.

E. — *Fabriques.*

Services religieux. — Les conventions pour des services religieux passées avec les fabriques par actes sous seings privés ne peuvent être assimilées à des contrats à titre onéreux et par suite dispensées des formalités prescrites pour les actes de donation entre vifs, que lorsque ces conventions ont uniquement pour objet une fondation de services religieux dont le prix d'après le tarif des oblations représente une somme à peu près équivalente aux revenus dont disposera la fabrique. En conséquence, une convention portant que les revenus des sommes et rentes remises à une fabrique seront employés en partie à des services religieux et pour le surplus à l'entretien des ornements sacrés, ou à faire donner des stations de l'avent et du carême, constitue une véritable libéralité qui doit être faite dans les formes prescrites par l'article 931 du Code civil.

Note, 6 août 1889. Fondation Manegot, fabrique d'Albert. — Note, 8 avril 1891. Fondation Villaret-Joyeuse.

Lorsqu'il est établi par l'instruction que la convention passée en vue d'assurer la fondation de services religieux ne doit imposer à la fabrique, eu égard aux dispositions du tarif diocésain, qu'une dépense de beaucoup inférieure au revenu des sommes attribuées à cet établissement, et qu'elle constitue par suite, non un contrat à titre onéreux, mais bien une véritable donation grevée de charges, il y a lieu d'inviter les intéressés à recourir aux formes prescrites par l'article 931 du Code civil.

Note, 8 avril 1891. Legs Tixier.

Il n'y a pas lieu, en principe, de prononcer la réduction des libéralités destinées à assurer la célébration des services religieux.

Jurisprudence constante : P. de décret et note, 29 décembre 1891. Legs Dugué. — P. de décret et note, 4 février 1892. Legs Lebardier. — P. de décret et note, 6 septembre 1894. Legs Hautcœur. — P. de décret et note, 10 juin 1896. Legs Lamotte.

Exceptionnellement, cette règle générale ne reçoit pas son application dans le cas où les héritiers sont très-proches parents et dans un état d'extrême misère.

P. de décret et note, 9 février 1892. Legs Libérat.

Mais une réduction proposée par la fabrique au profit d'un héritier ne saurait être approuvée que si cet établissement s'engageait à faire exécuter, malgré la réduction, tous les services religieux réclamés par le testateur.

Note, 29 octobre 1895. Legs Coutouy.

Dans tous les cas, une fabrique ne saurait être autorisée à renoncer en faveur des héritiers à la totalité d'un legs entièrement affecté à des services religieux.

P. de décret et note, 14 juin 1892. Legs Dlle Deschamps.

S'il convient de tenir compte, autant que possible, des volontés du testateur en lui assurant les services religieux qu'il a demandés, le Gouvernement ne saurait autoriser une fabrique à accepter une fondation d'une importance telle qu'il lui serait impossible de faire célébrer le nombre de services correspondant à la fondation ou même que toute nouvelle fondation de messes dans l'église deviendrait inexécutable pour l'avenir.

P. de décret et note (A. G.), 27 février 1890. Legs Bertin, 100.000 francs à charge de messes. — P. de décret (A. G.), 24 juillet 1890. Legs Amouroux.

Les fabriques ne sauraient être autorisées à répudier des legs faits à charge de services religieux sous le prétexte que ces legs ne leur procureraient pas un bénéfice suffisant. Les legs de cette nature constituent moins, en effet, des libéralités en faveur de la fabrique que la rémunération de prières que le testateur a entendu s'assurer.

P. de décret et note, 19 mai 1886. Legs Messier. — P. de décret et note, 25 février 1896. Legs Mercier. — P. de décret et note, 11 mars 1896. Legs Vital. — Note, 22 avril 1896. Legs Tanguy. — En sens contraire : P. de décret et note, 20 février 1889. Legs Mingot.

Le Gouvernement peut autoriser d'office une fabrique à accepter un legs fait à charge de services religieux, bien que le conseil de fabrique ait déclaré refuser le dit legs par le motif qu'il ne lui laisserait pas un bénéfice suffisant. Les fondations de services religieux ne peuvent jamais être onéreuses pour les fabriques, puisque le décret du 30 décembre 1809, prévoyant le cas où les charges imposées excéderaient le chiffre des sommes données ou léguées, permet aux évêques de réduire le nombre de services à célébrer, en se conformant aux tarifs régulièrement approuvés.

P. de décret et avis, 12 mars 1884. Legs Gazel. — Avis, 20 décembre 1882. Legs Laurin.

La formule qu'il convient d'adopter dans les décrets imposant aux fabriques l'acceptation d'office est la suivante :

N'est pas approuvée la délibération du conseil de fabrique portant refus d'accepter......

En conséquence, le trésorier de la fabrique est autorisé à accepter aux clauses et conditions énoncées......

P. de décret et note, 12 mai 1885. Legs Ménétré. — P. de décret et note, 21 décembre 1887. Legs Gariépuy. — Note, 10 janvier 1889. Legs Despujols. — P. de décret et avis, 19 février 1890. Legs Gallot.

Les trésoreries des églises paroissiales et succursales des vingt arrondissements de Paris ont été autorisées d'office à accepter, sous bénéfice d'inventaire, un legs universel consistant en tout le restant disponible de la succession, « *pour les besoins des paroisses* ».

P. de décret (A. G.), 23 décembre 1892. Legs Bernay.

Lorsqu'un legs a été fait à une fabrique à charge de services religieux, il n'y a pas lieu d'approuver l'accord intervenu entre cet établissement et les héritiers du testateur pour réduire le nombre de ces services, lorsque l'émolument du legs est suffisant pour assurer l'acquit de la fondation.

P. de décret et note, 25 octobre 1894. Legs Dlles Barre-Puechbusque.

L'autorisation donnée aux fabriques de recevoir des libéralités à charge de services religieux ne fait pas obstacle à l'exercice du droit réservé à l'autorité épiscopale de réduire le nombre de ces services lorsqu'il est en disproportion avec l'importance de la somme donnée ou léguée.

P. de décret et avis, 2 août 1882. Legs Mourot. — P. de décret et note, 10 janvier 1894. Legs Ferté.

Le nombre des messes ou services à célébrer ne doit pas être fixé arbitrairement par l'évêque et doit être déterminé en prenant uniquement pour base, d'une part, les arrérages de la somme léguée, et, d'autre part, le taux des honoraires portés au tarif diocésain pour la rémunération des messes de fondation.

Note, 15 juin 1880. Legs Munier. — Note, 6 avril 1881. Legs Jarnole. — Note, 19 juillet 1881. Legs Delatour. — Avis, 16 novembre 1881. Legs Depierre. — Note, 26 avril 1882. Legs Arnaud.

Il y a lieu, dans toutes les affaires relatives à des fondations de services religieux, de réclamer, outre la décision de l'évêque fixant le nombre des services religieux calculé eu égard à la somme léguée et aux dispositions du tarif diocésain, une expédition du tarif des oblations ainsi qu'un extrait du sommier des fondations permettant de connaître le nombre exact des messes qui doivent être célébrées dans l'église.

Note, 9 novembre 1881. Legs Edelin. — Note, 2 décembre 1885. Legs Rondel.

Une fabrique ne peut être autorisée à accepter un legs pour services religieux qu'autant que le sommier des fondations lui permet d'assurer ces services.

P. de décret, 30 juin 1892. Legs Viger.

Le projet de décret, tendant à autoriser une fabrique à placer en rentes nominatives sur l'État une somme provenant de diverses libéralités faites à charge de services religieux, doit indiquer les noms des personnes au profit desquelles les services seront célébrés.

P. de décret et note, 12 juin 1894. Fabrique de Vicq. — P. de décret et note, 12 juin 1894. Fabrique de La Chapelle.

Généralités. — Lorsque le testateur a omis de désigner l'église qu'il entend faire bénéficier de sa libéralité, il y a lieu d'inviter la fabrique de l'église de son domicile à délibérer sur l'acceptation ou sur le refus de cette libéralité.

Note, 20 décembre 1887. Legs Raudon.

Un legs fait à une fabrique doit être accepté par le conseil de fabrique et non par le bureau des marguilliers, en vertu de l'article 12 du décret du 30 décembre 1809.

Note, 24 octobre 1895. Legs Perrot.

Le budget des fabriques vérifié et certifié conforme par le Préfet peut suppléer à l'état de l'actif et du passif, mais à la condition que ce budget renferme des indications très précises sur la provenance et la valeur des biens non productifs de revenus ou qu'il soit accompagné d'une attestation certifiée conforme par l'autorité préfectorale et établissant que la fabrique ne possède pas de biens affectés à un autre service que celui du culte.

Note, 5 décembre 1882. Legs Pivert. — Note, 9 janvier 1884. Legs Charvériat.

Il y a lieu de surseoir à statuer sur la libéralité faite à une fabrique jusqu'à ce que cet établissement justifie avoir déposé au greffe du conseil de préfecture ses comptes de gestion, en exécution du décret du 27 mars 1893.

P. de décret et note, 18 mars 1896. Legs Dlle Gabriel. — P. de décret et note, 21 avril 1896. Legs sieur Barbas. — P. de décret et note, 3 juin 1896. Legs Trouplin. — P. de décret et note, 5 novembre 1896. Legs Ledoux. — Note, 29 décembre 1896. Legs Martin. — Note, 4 mars 1897. Fabrique de Saint-Augustin-des-Bois. Aliénation.

Conformément aux prescriptions de l'article 59 du décret du 30 décembre 1809, il y a lieu de mentionner dans les visas d'un projet de décret, relatif à une libéralité faite à une fabrique, l'avis de l'évêque ou à son défaut l'attestation du Préfet certifiant que l'évêque a été régulièrement mis en demeure de se prononcer.

Note, 18 octobre 1893. Legs Dlle Chouet.

Par application de l'article 70 de la loi du 5 avril 1884, les conseils municipaux doivent être appelés à donner leur avis sur les dons et legs faits aux fabriques.

Note, 31 octobre 1893. Legs Guiméty.

Il n'y a pas lieu d'autoriser une fabrique à placer le produit d'un legs à la caisse d'épargne; la règle, d'après laquelle les valeurs léguées aux établissements publics doivent être placées ou transformées en rente 3 p. 100 sur l'État, doit s'appliquer avec d'autant plus de rigueur aux fabriques que ce mode d'emploi est prescrit par l'article 63 du décret du 30 novembre 1809.

P. de décret et note, 22 janvier 1890. Legs Dubail.

Missions et prédications extraordinaires. — Il n'y a pas lieu d'autoriser une fabrique à accepter une libéralité faite à condition que « le revenu en sera appliqué à donner dans la paroisse des exercices religieux et périodiques appelés missions », les missions à l'intérieur étant prohibées par le décret du 26 septembre 1809.

P. de décret et note, 3 août 1880. Legs Pinget.

Une fabrique ne saurait être autorisée à recueillir une libéralité dont les revenus « devront être employés à faire donner dans la paroisse tous les cinq, huit ou dix ans, des prédications extraordinaires ». Ces prédications ont, en effet, le caractère de missions, interdites par le décret du 26 septembre 1809.

P. de décret et note, 19 novembre 1884. Legs d'Imbert. — P. de décret et avis, 14 janvier 1885. Legs Loustalot. — Note, 9 juillet 1896. Fabrique de Saint-Martin-de-Limont, aliénation.

L'article 50 de la loi du 18 germinal an X ayant prévu la prédication dans les paroisses de sermons connus sous le nom de stations d'avent et de carême, et implicitement autorisé ces stations sous la seule réserve qu'elles soient prêchées par des prêtres agréés par l'autorité diocésaine, rien ne s'oppose à ce qu'une fabrique soit

autorisée à accepter une libéralité destinée à assurer de semblables
prédications. Toutefois, il est nécessaire de spécifier, dans le
décret d'autorisation, que les prêtres agréés par l'autorité diocésaine pour faire les prédications d'avent et de carême ne pourront
être que des membres d'un clergé paroissial.

P. de décret et note, 3 septembre 1890. Legs Bard.

L'engagement pris par le conseil de fabrique de se conformer à
la loi et de consacrer entièrement un legs, destiné à une prédication extraordinaire, à une prédication de l'avent ou du carême
par des prêtres séculiers, peut justifier l'acceptation du legs.

P. de décret et note, 6 mars 1889. Legs Laclavère.

Pauvres. — Par application du principe de la spécialité, les
fabriques ne sont pas autorisées à recevoir des legs dans l'intérêt
des pauvres.

Avis (A. G.), 13 juillet 1881. Legs Lauzero.

En conséquence il y a lieu de refuser à la fabrique l'autorisation d'accepter un legs à charge d'en employer le revenu :

a) A des distributions de vêtements aux pauvres ;

b) A la fondation de prix pour les familles les plus méritantes
de la paroisse ;

Avis (A. G.), 3 août 1881. Legs Bottin.

c) A des distributions de pain aux pauvres de la commune.

P. de décret et note, 9 janvier 1883. Legs Mercier. — P. de décret, 27 octobre 1886. Legs Blanc. — Avis, 23 avril 1884. Legs Yvelin. — P. de décret et
note, 21 juin 1890. Legs Rollin.

Toutefois la distribution de pain ou d'une somme d'argent
modique prescrite par un testateur, lorsqu'elle doit avoir lieu à
l'issue d'un service religieux, peut être considérée comme l'accessoire de ce service et comme la charge d'une disposition licite.
En conséquence la fabrique peut être autorisée à accepter un legs
fait sous cette charge.

P. de décret et note (A. G.), 24 mars 1881. Legs Ménard. — P. de décret
et note, 20 juin 1894. Legs Prévost. — P. de décret et note, 22 janvier 1896. Legs
Rémy.

Lorsqu'une libéralité est faite à une fabrique à la fois pour le soulagement des pauvres et pour la célébration de services religieux, l'incapacité de cet établissement de recueillir pour les pauvres ne saurait faire obstacle à son droit de recevoir pour la célébration de services religieux. Les charges du legs, quoique figurant dans une seule et même disposition testamentaire, n'en restent pas moins distinctes, et si la fabrique ne peut remplir l'une d'elles, rien ne s'oppose à ce qu'elle soit mise en état d'accomplir celle qui rentre dans ses attributions. Il convient en pareil cas de limiter l'autorisation d'accepter, accordée à la fabrique, à la somme nécessaire à l'acquittement des charges qui lui sont spécialement imposées, et d'autoriser le bureau de bienfaisance à accepter le surplus du legs (1).

Avis, 25 janvier 1882. Legs Loisel. — P. de décret et note, 15 février 1890. Legs Aubry.

Au cas où la rente acquise par la fabrique deviendrait insuffisante pour assurer l'acquit des messes, le bureau de bienfaisance serait tenu de parfaire la différence, mais seulement jusqu'à concurrence des revenus de la somme lui revenant. En conséquence le projet de décret doit contenir une disposition en ce sens.

P. de décret et note, 14 mai 1890. Legs Gérard.

Écoles. — Par application du principe de la spécialité, les fabriques ne sont pas autorisées à recevoir des libéralités en vue de fonder ou d'entretenir :

a) Des écoles ;

Avis (A. G.), 13 avril 1881. Legs Bonhoure.

b) Des salles d'asile ;

P. de décret (A. G.), 25 mai 1882. Legs Favier.

c) Un établissement des frères de la doctrine chrétienne ou de tout autre ordre religieux dirigeant l'école.

P. de décret et avis, 11 mars 1884. Legs Rossignol.

---

(1) Antérieurement à cette décision, il était de jurisprudence d'autoriser la fabrique à accepter la totalité des legs à charge par elle de verser annuellement au bureau de bienfaisance l'excédent disponible après acquittement des sommes nécessaires aux services religieux. Mais cette solution a été modifiée parce qu'elle était une source de difficultés entre les deux établissements.

De même, une fabrique ne peut être autorisée à recevoir une libéralité faite en vue de payer la pension d'un élève du grand ou du petit séminaire.

Même décision.

Instruction religieuse. — Si une fabrique peut être autorisée à accepter une libéralité affectée au catéchisme de la première communion, lequel a pour but de donner aux enfants l'instruction religieuse nécessaire pour être admis à l'un des sacrements de l'Église, il n'en résulte pas qu'elle puisse être autorisée à accepter une libéralité destinée au catéchisme de persévérance, qui n'est qu'un exercice religieux facultatif ne se rattachant directement à aucun acte du culte.

P. de décret et note, 25 janvier 1887. Legs Laurent. — P. de décret et avis, 13 mai 1890. Legs Delbarré.

Une fabrique ne peut être autorisée à accepter une libéralité consistant dans un terrain, à charge d'affecter les constructions qui y seront élevées à une chapelle pour les catéchismes, que sous la réserve que « le terrain donné sera affecté à la construction d'une salle de catéchisme et non d'un lieu de culte ».

P. de décret et note, 17 mai 1890. Donation Ravailhe.

Il n'y a pas lieu d'autoriser l'acceptation par une fabrique des libéralités faites en vue d'assurer « l'instruction chrétienne des enfants de la paroisse », ces termes ayant une signification trop large pour ne s'appliquer qu'à l'enseignement du catéchisme. L'acceptation d'une semblable libéralité aurait pour effet de faire sortir la fabrique de sa mission.

P. de décret et note, 20 juin 1883. Legs Palisse.

La fabrique a capacité pour recueillir les libéralités faites pour l'habillement des enfants de la première communion.

P. de décret et note, 25 janvier 1887. Legs Laurent. — Note, 21 décembre 1893. Legs dame veuve Leconte.

Maîtrise. — Une fabrique peut être autorisée à accepter des libéralités faites pour l'entretien de la maîtrise de l'église, à moins que cette maîtrise n'ait perdu son caractère d'école de chant pour devenir un véritable établissement d'instruction.

Note, 31 juillet 1880. Legs Loyaulté. — P. de décret et note, 26 juillet 1890. Legs Pellissier. — P. de décret et note, 10 mai 1892. Legs veuve Montès.

Entretien de tombes. — Si une fabrique peut être autorisée à accepter une libéralité faite sous la condition d'entretenir un tombeau, lorsque cette condition ne constitue qu'une charge accessoire du legs, il n'en saurait être de même lorsque les frais d'entretien du tombeau doivent absorber les revenus du legs ou même ne laisser à la fabrique qu'un émolument insuffisant.

P. de décret et note, 29 février 1888. Legs de Béhague. — Avis, 21 novembre 1888. Legs Bourdereau. — P. de décret et note, 20 février 1889. Legs Mingot. — Note, 15 mars 1890. Legs Hébert. — P. de décret et note, 22 octobre 1890. Legs Guilloteau. — P. de décret et note, 29 mars 1893. Legs Petit. — P. de décret et note, 23 décembre 1896. Legs Fanguin.

C'est ainsi qu'il a été décidé que la somme annuelle nécessaire à l'entretien d'une tombe étant évaluée à 30 francs, cet entretien ne pouvait être considéré comme une charge accessoire d'un legs de 1.500 francs en capital.

P. de décret et note, 24 décembre 1895. Legs Dufourmantelle.

Les mêmes solutions doivent être admises dans le cas où la condition d'entretenir le tombeau, tout en résultant d'ailleurs du même testament, fait l'objet d'une disposition distincte et spéciale. Il n'y aurait lieu de refuser à la fabrique l'autorisation d'accepter que si les frais d'entretien du tombeau ne devaient lui laisser sur les libéralités prises dans leur ensemble qu'un émolument insuffisant.

P. de décret et note, 17 novembre 1891. Legs Guédé. — Note, 2 août 1893. Legs Bohin.

Par application de la même règle, le conseil d'administration des pompes funèbres de Marseille n'a pas été autorisé à accepter un legs dont les revenus devaient être affectés à l'entretien du tombeau du testateur; d'ailleurs, les attributions de l'administration des pompes funèbres de Marseille ont été, par l'arrêté préfectoral du 7 juillet 1808 et le décret du 10 septembre suivant, limitées au transport et à l'inhumation des corps (1).

P. de décret et avis, 5 mai 1891. Legs Paux.

Il n'y a pas lieu d'autoriser l'acceptation par une fabrique d'un legs « d'une pièce de terre sur laquelle est établie une sépulture de famille, et d'une allée conduisant à la tombe ».

L'acceptation de cette libéralité aurait, en effet, le double inconvénient de constituer un bien de mainmorte dans des conditions qui n'ont été prévues par aucune loi, et de rendre la fabrique propriétaire à perpétuité d'une sépulture de famille en dehors du cimetière communal.

P. de décret et note, 23 juillet 1890. Legs Massacré.

Une fabrique ne saurait être autorisée à accepter la donation d'une chapelle funéraire dans le cimetière communal, les concessions perpétuelles dans les cimetières ne pouvant être transmises au moyen de donations entre vifs (2).

Note, 3 décembre 1883. Donation Pouria à la fabrique de la Roë.

Lorsque la charge de la libéralité consiste dans l'entretien d'une chapelle funéraire, il convient de n'autoriser l'acceptation que sous la réserve relative aux clauses et conditions contraires aux lois. Cette réserve est destinée à prévenir la transformation de la chapelle en un lieu de culte non autorisé.

P. de décret et note (A. G.), 15 février 1883. Legs Maurin.

Construction et agrandissement d'églises. — Lorsqu'une libéralité est faite à une fabrique en vue de la reconstruction ou de l'agrandissement d'une église, qui est propriété communale, il appartient au maire, au nom de la commune, d'accepter cette libéralité, la fabrique n'ayant à intervenir qu'à titre bénéficiaire.

P. de décret et note, 5 avril 1895. Legs Moutault.

---

(1) La section, dans cette affaire, n'a pas eu à examiner si l'administration des pompes funèbres de Marseille a une personnalité distincte de celle des fabriques qu'elle représente, et si cette administration a la capacité de recevoir des dons et legs.

(2) Cette règle résulte de la jurisprudence des tribunaux.

Toutefois la fabrique peut être autorisée à accepter une libéralité lorsqu'elle est destinée à l'exécution de travaux en cours dont elle a la direction.

P. de décret et note, 31 janvier 1894. Legs Rossary. — P. de décret, 17 juin 1897. Legs Anjas.

Ou encore, lorsque le conseil municipal, régulièrement invité à accepter la libéralité, a refusé de se substituer à la fabrique.

P. de décret, 17 juin 1897. Legs Garbay.

Dans le cas où un terrain serait légué à une fabrique pour la construction d'une nouvelle église et où l'ancien édifice religieux appartiendrait à la commune, il y a lieu, avant de statuer sur ces legs, d'engager la fabrique et la commune à régler à l'avance la question de propriété du nouvel édifice.

Note, 6 décembre 1893. Legs de Pententenyo de Kerverguin.

Lorsqu'un legs est fait à une fabrique en vue de contribuer à la construction d'une nouvelle église, il y a lieu d'insérer au projet de décret autorisant la fabrique à accepter cette libéralité, une disposition prescrivant le placement du montant du legs en rentes 3 p. 100 sur l'État jusqu'à ce qu'il puisse recevoir l'emploi prescrit par le testateur.

P. de décret et note (A. G.) 15 février 1883. Legs Mousaint.

Maisons vicariales. — Lorsqu'une libéralité faite à une fabrique consiste en une maison destinée au logement d'un vicaire, la fabrique ne peut être autorisée à l'accepter qu'à condition que l'immeuble sera vendu et le produit de la vente placé en rentes 3 p. 100 avec affectation des arrérages à l'acquit de la charge.

Note, 10 mai 1890. Donation Bocquet.

L'affectation d'une maison au logement d'un vicaire ne saurait être autorisée, car elle aurait pour résultat de placer dans le patrimoine des fabriques une catégorie d'immeubles de mainmorte, dont l'existence n'est prévue par aucune des lois en vigueur (1).

Note, 31 janvier 1895. Donation Brières. — Note, 8 mai 1895. Legs Fourcauld.

---

(1) Cette décision ne s'appliquerait pas s'il s'agissait d'assurer le logement d'un chapelain.

Il y a lieu, par le même motif, de refuser à une fabrique l'autorisation d'accepter le legs d'une maison destinée à servir de logement gratuit à un vicaire, lorsque le testateur a stipulé qu'au cas où « la fabrique ne pourrait garder la maison dont il s'agit, la propriété en ferait retour à sa famille. »

P. de décret et note, 5 février 1890. Legs Lemercier.

Exceptionnellement une fabrique a été autorisée à conserver en nature, mais seulement jusqu'à l'expiration d'un bail emphytéotique, l'immeuble à elle légué pour le logement des vicaires.

P. de décret et note, 26 juillet 1890. Legs Detournay.

Peut être autorisée l'acceptation du legs d'une maison destinée au logement du desservant de la commune voisine, lorsque ce desservant fait le service du culte dans la commune où est situé l'immeuble légué.

Note, 12 juillet 1892. Legs Laplace.

Cloches. — Lorsque l'église appartient à la commune les libéralités destinées à l'acquisition de cloches doivent être acceptées par le maire, au nom de la commune, et non par la fabrique. Ce dernier établissement ne doit être appelé à recueillir que le bénéfice de ces libéralités. Il ne serait pas, en effet, de bonne administration de faire placer dans le clocher de l'église, propriété communale, une cloche qui resterait propriété de la fabrique.

Note, 21 février 1888. Legs Gallin-Martel. — P. de décret et note, 17 avril 1888. Legs Paillard. — P. de décret et note, 9 janvier 1889. Legs Fosse. — P. de décret et note, 6 août 1894. Donation Teyssèdre.

Il y a lieu d'appliquer les mêmes règles, à moins qu'il n'y ait opposition des héritiers, aux libéralités faites en vue de l'acquisition d'une horloge à placer dans la tour de l'église, d'un lustre ayant le caractère d'immeuble par destination, d'un autel en marbre, d'un orgue pour l'église.

Note, 8 janvier 1889. Legs Poupart et Herluison. — P. de décret et note, 16 juin 1894. Legs Lantheaume. — P. de décret et note, 16 juin 1894. Legs Lombert. — P. de décret et note, 18 novembre 1896. Legs Baville.

Par application de ce principe, une fabrique n'a pas été autorisée à employer la partie disponible d'une libéralité à l'acquisition de cloches dont elle s'était refusée à céder la propriété à la commune.

P. de décret et note, 10 juillet 1894. Legs dame Sabathier.

Par contre, il a été décidé qu'il n'y avait pas lieu de substituer la commune à la fabrique dans l'attribution d'un legs fait pour l'installation d'un vitrail dans l'église paroissiale, l'installation d'un vitrail pouvant être considérée comme une dépense d'entretien, qui incombe à la fabrique en vertu de la loi du 5 avril 1884.

P. de décret et note, 7 juin 1893. Legs Habay.

Calvaire. —Il n'y a pas lieu d'autoriser une fabrique à recueillir une libéralité consistant en un calvaire qui ne se rattache à aucune tradition historique ou religieuse.

P. de décret et avis, 24 octobre 1882. Legs Duflo. — Note, 4 août 1886. Legs Gosse. — Note, 21 décembre 1887, et P. de décret, 14 mars 1888. Legs Delcroix. — P. de décret et note, 14 novembre 1893. Legs veuve Coupé. — Note, 6 mai 1897. Legs Demont.

Une fabrique n'a pas été autorisée à accepter une donation faite à charge d'entretenir deux croix érigées par la famille de la donatrice sur des terrains lui appartenant.

Note, 8 novembre 1895. Donation Alips.

Grosses réparations. — Dans tous les cas où la fabrique est autorisée à accepter une libéralité destinée aux grosses réparations de l'église, le maire, au nom de la commune, doit intervenir pour en accepter le bénéfice.

Note, 9 mars 1887. Legs Groussiane. — P. de décret et note, 8 février 1893. Legs Blanchard.

C'est à la fabrique seule, et non à la commune et à la fabrique conjointement, qu'il appartient d'accepter une libéralité destinée « aux réparations de l'église ou du presbytère ». L'article 136, §§ 11 et 12, de la loi du 5 avril 1884 n'a en effet maintenu à la charge des communes les grosses réparations des édifices consacrés au culte qu'après l'application préalable des revenus et ressources disponibles des fabriques à ces réparations. Quant aux réparations d'entretien elles ne peuvent jamais être à la charge des communes.

Note, 14 mai 1884. Legs Bousquet. — Note, 9 mars 1887. Legs Groussiane.

Par le même motif, il appartient à la fabrique, et non à la commune, d'accepter un legs fait pour l'entretien des autels de l'église.

Note, 7 novembre 1888. Legs Rebeyrol. — P. de décret et note, 6 septembre 1894. Legs Turin.

Il n'y a pas lieu de faire accepter par le maire le bénéfice d'un legs fait à la fabrique pour l'achat d'une chasuble, pour l'entretien de la lampe du sanctuaire, ou pour l'achat d'ornements d'église et de vases sacrés.

Note, 30 avril 1884. Legs Legrand.

Chapelles. — La fabrique d'une église paroissiale ou succursale a capacité pour recueillir les legs faits à une chapelle de secours dépendant, pour le culte, de cette église.

P. de décret et note, 22 décembre 1891. Legs Dégrugillier. — Note, 25 avril 1894. Legs Gaveau.

Lorsqu'une libéralité est faite à une chapelle régulièrement ouverte au culte, le décret autorisant l'acceptation de la libéralité doit mentionner le titre et la date du titre de cette chapelle.

Note, 16 novembre 1892. Legs Bochet-Critan.

Lorsqu'un legs est fait en faveur d'une chapelle sans titre, le décret statuant sur cette libéralité est ainsi conçu : *Il n'y a pas lieu de statuer*.

Dans le cas où le legs est fait à une fabrique pour une chapelle non autorisée, la formule adoptée est la suivante : *Le trésorier de la fabrique n'est pas autorisé*.

Note, 21 mai 1890. Legs Bonnet.

Toutefois, lorsqu'un legs est fait à une chapelle sans titre à charge de services religieux, il peut y avoir lieu d'autoriser la fabrique de l'église paroissiale dans la circonscription de laquelle se trouve située la chapelle à recueillir cette libéralité, sous la condition toutefois que les services seront célébrés dans l'église paroissiale.

P. de décret et note, 26 avril 1888. Legs Girin.

Lorsqu'un legs est fait à la fabrique d'une église paroissiale à charge de faire célébrer des messes dans une chapelle sans titre, l'autorisation d'accepter ne peut être donnée à la fabrique que sous la condition que les services religieux seront célébrés dans l'église paroissiale.

P. de décret et note, 28 juin 1894. Legs Frizon.

La fabrique d'une église paroissiale peut être autorisée à accepter une libéralité faite à charge de services religieux dans une chapelle, mais seulement sous cette condition que les services ne seront célébrés dans la chapelle qu'autant que celle-ci serait pourvue d'un titre légal.

P. de décret et note, 18 avril 1894. Legs Tillette de Buigny.

Une libéralité faite à une chapelle reconnue par un décret, qui paraît entâché d'un vice de forme, peut cependant être autorisée, puisque, tant qu'il n'a pas été rapporté, ce décret constitue un titre légal.

P. de décret (A. G.), 13 juin 1895. Legs Hermitte.

F. — *Fabriques cathédrales.*

L'évêque, au nom de sa cathédrale, a capacité pour accepter les libéralités destinées à l'embellissement ou à l'amélioration de cet édifice. Mais c'est au trésorier de la fabrique de l'église cathédrale qu'il appartient d'accepter les libéralités destinées à la fondation de services religieux.

P. de décret et note, 8 janvier 1889. Legs Bermond.

G. — *Cures et succursales.*

Les curés et les desservants peuvent être autorisés à recevoir des legs à charge de services religieux, mais il convient, dans ce cas, d'appeler les fabriques à accepter le bénéfice résultant pour elles de ces mêmes libéralités.

Trois projets de décret et note collective, 19 février 1889. Legs Bernouville. Laronce et Lagrèze. — P. de décret et note, 19 mars 1889. Legs Travers.

Dans le cas où un desservant refuserait d'accepter un legs à charge de services religieux, il appartiendrait à la fabrique de le recueillir.

Note, 26 avril 1893. Legs Dlle Janssone. — P. de décret et note, 15 février 1893. Legs Jarnot.

Toutefois, il peut y avoir lieu d'autoriser d'office un desservant à accepter un legs fait à lui-même et à ses successeurs à charge de services religieux.

P. de décret et note, 20 octobre 1897. Legs Périsse. — P. de décret et note, 30 novembre 1897. Legs Gounon-Darcieux.

Un curé peut être autorisé à accepter un legs à lui fait, à charge de célébrer gratuitement les services funéraires des pauvres. Mais il y a lieu de faire accepter le bénéfice du dit legs par le maire, au nom des pauvres.

P. de décret et note, 16 avril 1890. Legs Richard.

Il n'y a pas lieu d'autoriser les curés et desservants à recueillir des libéralités qui constituent des fondations charitables. La cure, comme tous les établissements publics, a une capacité spéciale, limitée aux objets que la loi fait rentrer dans sa mission. Or, aucun texte de loi n'a donné à la cure le droit d'administrer ou de distribuer des fonds destinés au soulagement des pauvres.

P. de décret et avis (A. G.), 3 août 1881. Legs Aviat. — Avis (A. G.), 31 mars 1881. Legs Louvel de Montceaux (Distribution aux pauvres par les curés successifs).

Il n'y a pas lieu d'autoriser un curé à accepter un legs à lui fait « pour ses œuvres paroissiales », lorsque cet ecclésiastique a refusé de préciser l'emploi qu'il entendait faire du produit de la libéralité.

P. de décret et note (A. G.), 20 novembre 1884. Legs Massip.

Par application du principe de la spécialité, il n'y a pas lieu d'autoriser la mense curiale à accepter un legs qui lui a été fait pour être employé par le desservant en bonnes œuvres (1).

P. de décret et note, 16 février 1887. Legs Lison.

---

(1) Cette solution a l'avantage d'éviter que des libéralités en réalité destinées aux pauvres soient attribuées, contrairement au principe de la spécialité, aux établissements publics du culte. Il a paru d'ailleurs impossible de donner au mot « bonnes œuvres » un sens exclusivement religieux.

Néanmoins un curé peut être autorisé à accepter un legs dont les revenus sont destinés « à donner des vêtements aux enfants pauvres de la première communion ». Une semblable disposition constitue, en effet, plutôt un legs pieux qu'un legs charitable. Il rentre, d'ailleurs, dans les attributions des curés de faciliter l'accès de la première communion aux enfants pauvres en les mettant à même de participer à cet acte de la vie religieuse.

P. de décret et avis (A. G.), 22 décembre 1881. Legs Le Bricquier du Meshir.

Lorsqu'un legs est fait au desservant « à charge de distribution d'habillements aux pauvres de la paroisse », il y a lieu, pour prévenir les difficultés ultérieures, d'inviter le desservant à consentir le versement immédiat dans la caisse du bureau de bienfaisance du capital de la rente devant servir à faire, chaque année, aux pauvres la distribution prescrite par le testateur.

Note, 10 mars 1888. Legs Thévot.

Il n'y a pas lieu d'autoriser un curé à accepter un legs fait à charge de fonder ou d'entretenir une salle d'asile.

Avis, 7 août 1888. Legs Ruin.

La cure n'a pas capacité pour recevoir des libéralités destinées à l'entretien de jeunes gens dans un séminaire.

P. de décret et note, 29 mars 1881. Legs Marlin. — P. de décret et note, 20 janvier 1897. Legs de Verna.

Mais ce legs peut être accepté par le véritable bénéficiaire, c'est-à-dire par le séminaire intéressé.

P. de décret et note, 4 octobre 1894. Legs Gilles.

Les libéralités faites au curé « pour les besoins de l'église » doivent être recueillies par la fabrique et non par la mense.

P. de décret et note, 7 mars 1883. Legs Lafarge.— P. de décret et note, 20 novembre 1892. Legs Foulon.

Les menses étant instituées exclusivement en vue de l'amélioration du sort des titulaires successifs, une mense succursale ne peut accepter une libéralité faite à charge « d'orner l'autel de la Vierge ». Cette libéralité doit être acceptée par la fabrique.

P. de décret et note, 18 avril 1896. Legs Dévigne.

Les libéralités faites à la mense pour prédications extraordinaires doivent également être recueillies par la fabrique.

Note 22 novembre 1893. Legs Dlle Pardiès.

Il y a lieu de faire accepter par la commune la libéralité résultant de la disposition par laquelle un testateur a légué à la cure une somme déterminée pour l'installation dans l'église d'un calorifère qui aurait le caractère d'immeuble par destination.

Note, 5 juillet 1890. Legs Sassot.

Il y a lieu de faire accepter, non seulement par le trésorier de la fabrique, mais encore par le maire, au nom de la commune, lorsque celle-ci est propriétaire du presbytère, le bénéfice d'un legs fait aux desservants successifs d'une succursale et consistant en deux pièces de terre enclavées dans les dépendances du dit presbytère et destinées à son agrandissement.

P. de décret et note, 5 mai 1891. Legs Lemarchand.

Il y a lieu d'autoriser par un article spécial le desservant d'une paroisse à accepter le bénéfice résultant en sa faveur d'un legs fait à la fabrique, à charge d'affecter annuellement une certaine somme au paiement de l'impôt des portes et fenêtres du presbytère.

P. de décret et note, 4 février 1892. Legs Guillemin.

H. — *Consistoires protestants et israélites.* — *Conseils presbytéraux.*

Par application du principe de la spécialité, les consistoires et conseils presbytéraux ne sont pas autorisés à recevoir des libéralités :

a) Dans l'intérêt des pauvres ;

Avis (A. G.), 13 juillet 1881. Legs Lauzero, Torras, Mettetal.

b) Des salles d'asile ;

P. de décret et avis, 21 juin 1881. Legs Rangier.

c) Des hospices ;

P. de décret et note (A. G.), 22 décembre 1881. Legs Bréau.

d) En vue de fonder ou d'entretenir des écoles.

Avis (A. G.), 4 mai 1881. Legs Muller. — Avis (A. G.), 8 avril 1886. Legs Beyfus

Un consistoire n'a pas été autorisé à accepter une libéralité dont le produit « devra être employé à aider les jeunes gens pauvres de la circonscription consistoriale qui se destinent au ministère ecclésiastique », la charge imposée ne rentrant pas dans les attributions du consistoire.

P. de décret et avis, 8 mai 1883. Legs Aurillon.

Un consistoire n'a pas qualité pour recueillir un legs dont les revenus doivent être répartis, chaque année, le jour anniversaire du décès du testateur, entre tous les indigents qui auront assisté aux prières dites à son intention. Il y a lieu d'inviter le bureau de bienfaisance à revendiquer ce legs.

Note, 10 mars 1897. Legs Baquis.

La gestion d'asiles ayant pour but de recueillir des convalescents et des infirmes, appartenant à la religion réformée, ne rentre pas dans les attributions des conseils presbytéraux. On ne peut donc autoriser un conseil presbytéral à accepter un legs fait à un asile administré par lui. Pour éviter la caducité du legs, il peut y avoir lieu de détacher l'asile du conseil presbytéral et de le reconnaître comme établissement d'utilité publique.

Note, 10 novembre 1897. Legs Johannot.

Il y a lieu de faire accepter par le Préfet le legs fait à un consistoire de l'église réformée pour secourir les enfants pauvres, orphelins et protestants d'une circonscription consistoriale, qui ne dépasse pas les limites du département.

P. de décret et note, 1er mai 1894. Legs Buvrel.

Le legs, fait à un consistoire à charge de construire un oratoire du culte de la confession d'Augsbourg dans un lieu déterminé de la circonscription, doit être accepté par le conseil presbytéral et non par le consistoire.

P. de décret et note, 13 mai 1896. Legs Bühler.

Il convient de spécifier dans le décret autorisant un legs, fait en faveur d'un conseil presbytéral pour évangélisation, que les exercices religieux auxquels il sera procédé ne devront avoir lieu que dans des temples régulièrement ouverts au culte.

P. de décret et note, 28 mars 1893. Legs dame veuve Moulinié.

Par application du principe de la spécialité un consistoire israélite ne saurait être autorisé à accepter :

a) Un legs fait à une société de bienfaisance israélite, à des institutions religieuses et charitables israélites, au bureau de bienfaisance israélite, aux indigents israélites ;

P. de décret et note, 13 avril 1886. Legs Albert. — P. de décret et note, 10 mars 1888. Legs Billard de Vinches. — Note, 14 mai 1890. Legs Hirsch.

b) Une donation faite en vue de la fondation d'une maison de retraite pour la vieillesse ;

P. de décret et note, 13 avril 1886. Donation Léon.

c) Un legs fait à une salle d'asile israélite, aux écoles israélites.

P. de décret, 22 décembre 1886. Legs Rodrigues Henriquès.

Il y a lieu de surseoir à statuer sur les libéralités faites à un consistoire israélite jusqu'à ce que la preuve du dépôt au greffe du conseil de préfecture des comptes de gestion de ce consistoire ait été fournie.

Note, 24 juin1896. Legs Léon

§ 5 : Règles spéciales a divers établissements

(Loi du 15 juillet 1850. — Décret du 26 mars 1852.)

A. — *Établissements d'utilité publique en général.*

Il n'appartient pas au Gouvernement d'approuver les délibérations d'un établissement d'utilité publique, mais de décider, sur le vu de ces délibérations, s'il y a lieu d'autoriser l'acceptation d'un legs. En conséquence la formule des projets de décret approuvant l'acceptation par un établissement d'un legs à lui fait est la suivante: Le (*représentant de l'établissement*) *est autorisé à accepter le legs* ....

P. de décret et note, 11 avril 1891. Legs Bailly. — P. de décret et note, 13 mai 1891. Legs Mirabail.

Il n'y a pas lieu de statuer sur les libéralités faites à des sociétés ou associations qui n'ont pas été reconnues comme établissements d'utilité publique.

P. de décret et note, 16 juillet 1890. Legs Lardi. — P. de décret et note 19 juillet 1881. Legs Vallet. — P. de décret et note, 5 avril 1894, Legs Poujol.

Une société pour l'encouragement de l'instruction primaire parmi les protestants de France ne peut être autorisée à accepter des libéralités qu'autant que le comité de direction de cette société a pris l'engagement d'en employer le produit, soit à la fondation de bourses dans les écoles publiques, soit à l'amélioration du sort des enfants qui fréquentent ces écoles, soit à des subventions ou encouragements aux écoles privées mais seulement; dans cette dernière hypothèse, au cas où il s'agirait d'écoles privées instituées dans les communes où elles répondraient à un véritable intérêt public et non à un but confessionnel.

Note, 4 février 1892. Legs de Brou.— P. de décret et note, 20 juillet 1897. Legs André.

Lorsqu'une libéralité est faite en faveur d'une œuvre dépourvue d'existence légale, mais dépendant d'un établissement public ou reconnu d'utilité publique, il peut y avoir lieu d'autoriser cet établissement à recueillir la libéralité (1).

P. de décret et note (A. G.), 15 décembre 1887. Legs Brissac à l'orphelinat de la rue Picpus dépendant de l'œuvre de la « Fondation Rothschild ».

Un bureau de bienfaisance n'a pas été autorisé à recueillir un legs fait à un orphelinat dépourvu d'existence légale et ne se rattachant par aucun lien de droit au dit bureau.

Avis, 19 mars 1884. Legs Leroux.

---

(1) Avis de la section de l'intérieur du 7 décembre 1858 :

« Considérant qu'aux termes de l'ordonnance réglementaire ci-dessus (2 avril 1817), c'est aux maires qu'il appartient d'accepter les dons et legs faits pour le soulagement et l'instruction des pauvres : que dès lors l'autorité municipale est fondée à réclamer l'autorisation d'accepter les legs faits à des établissements non légalement reconnus, lorsque ces legs portent évidemment le caractère de dispositions faites au profit, soit de la généralité des pauvres, soit d'une catégorie spéciale des indigents de la commune ;

« ....qu'il existe d'ailleurs un grand nombre d'établissements charitables qui, non légalement reconnus, se rattachent par des liens étroits à l'administration municipale, soit par les subventions qui leur sont attribuées sur le budget communal, soit même par les détails de leur organisation intérieure, qu'ils peuvent être considérés comme ayant réellement acquis le caractère d'établissements communaux ;

« Est d'avis :

« qu'en règle générale il y a lieu d'autoriser les administrations municipales à accepter les libéralités faites à des établissements non légalement reconnus, lorsque ces libéralités rentrent dans les prévisions de l'ordonnance réglementaire du 2 avril 1817. »

Un maire n'a pas été autorisé à accepter, au nom des pauvres, un legs fait à un orphelinat non reconnu qui n'a d'autre lien avec la ville que celui de recevoir d'elle une subvention à charge d'entretenir des pensionnaires désignés par l'autorité municipale.

Note, 16 mai 1895. Legs Rouxel.

Un maire n'a pas été autorisé à recueillir au nom des pauvres une libéralité faite à un orphelinat qui n'avait pas d'existence légale et dépendait d'une congrégation.

P. de décret du 20 juillet 1881. Legs Costallat. — P. de décret et note (A. G. du 8 novembre 1895. Legs Rouxel.

En ce qui concerne les établissements d'utilité publique, la substitution d'un établissement jouissant de la capacité civile à un établissement qui en serait dépourvu, ne saurait être autorisée.

P. de décret et note, 29 juin 1892. Legs Reinbole.

Dans une espèce où un legs était fait à des œuvres ne jouissant pas de la capacité civile et subsidiairement au curé, la mense n'a pas été autorisée à recevoir le legs subsidiaire par ce motif qu'elle pouvait être considérée comme personne interposée.

P. de décret et note, 19 juillet 1892. Legs Hébert.

Un établissement, qui n'avait pas d'existence légale au moment du décès du testateur, peut être autorisé à accepter des libéralités, à la condition toutefois que les héritiers donnent leur consentement à la délivrance de ces libéralités et que la reconnaissance de l'établissement ait été autorisée après le décès.

Note, 30 juillet 1884. Legs Limandas. — Note, 18 juin 1889. Legs de Pauligny. — Note, 2 décembre 1896. Legs Bouiller. — P. de décret et note, 2 juin 1897. Legs Micol.

Le droit de refuser des libéralités faites à des établissements d'utilité publique rentre dans les pouvoirs propres de ces établissements, à moins de disposition statutaire en sens contraire; l'exercice de ce droit n'a pas besoin d'être autorisé par le Gouvernement.

Avis (A. G.), 18 mars 1897. Legs Duhamel.

Il n'y a pas lieu de statuer sur une libéralité faite à une association établie en vue de l'exécution de travaux qui ne se rattachent à aucune des catégories de travaux limitativement énumérés à l'article premier de la loi du 21 juin 1865 sur les associations syndicales.

P. de décret et note, 16 avril 1889. Legs Cadots.

B. — Sociétés de secours mutuels.

En principe les sociétés de secours dont le but est d'assurer des secours temporaires aux sociétaires malades, blessés ou infirmes, et de pourvoir à leurs frais funéraires, ne possèdent la personnalité civile et la capacité de recevoir aux termes de la loi du 15 juillet 1850, qu'à la condition d'avoir été reconnues comme établissements d'utilité publique.

Si, par dérogation à cette loi, le décret du 26 mars 1852 a permis de suppléer à la reconnaissance par une approbation des statuts, résultant d'un arrêté préfectoral, c'est seulement lorsque ces statuts se renferment dans les limites tracées par les lois ou décrets précités, et que toutes les conditions et formalités imposées à leur constitution ont été remplies.

Il en résulte que l'approbation, donnée en vertu du décret du 26 mars 1852 à une société dont les statuts s'écartent du but spécial assigné aux sociétés de secours mutuels, ne peut conférer à cette société la personnalité civile et la capacité de recevoir des dons et legs (1).

Avis (A. G.), 25 janvier 1883. Legs Campbell à l'association générale de prévoyance des médecins de France.

Décidé, par application des règles précitées, que, les statuts de l'association générale de prévoyance et de secours mutuels des médecins de France s'écartant du but spécial assigné aux sociétés de secours mutuels, l'approbation donnée à ces statuts par application du décret du 26 mars 1852 n'a pu conférer à l'association

(1) Il est fait observer que, depuis la publication de ces notes, est intervenue la loi du 1er avril 1898, qui modifie sur plusieurs points la législation des sociétés de secours mutuels.

la personnalité civile, et que, par suite, il n'y a pas lieu d'autoriser celle-ci à accepter les libéralités qui lui sont faites.

Avis, 10 janvier 1896. Legs Brun. — P. de décret et note, 16 juin 1897. Legs Dupierris à la même société.

La même décision a été appliquée à une société de secours mutuels, affiliée à l'association générale des médecins de France.

Note, 3 juin 1896. Legs Bancel-Dupuis. — P. de décret et note, 30 décembre 1896. Legs Perroud. — Note, 2 juin 1897. Legs Despagne.

Il peut y avoir lieu d'autoriser une société de secours mutuels à accepter un legs fait à charge d'entretien de sépulture.

P. de décret et note, 16 juin 1896. Legs Lebrun.

Par application de l'article 8 du décret du 26 mars 1852, lorsqu'un legs fait à une société approuvée comprend à la fois des meubles et des immeubles, l'autorisation d'accepter est accordée « jusqu'à concurrence des valeurs mobilières seulement ».

P. de décret et note (A. G.), 13 mars 1884. Legs Poulain.

Le décret qui autorise l'acceptation d'une libéralité par une société de secours mutuels approuvée doit en principe prescrire le versement du montant du legs à la Caisse des dépôts et consignations, pour être inscrit au crédit de la caisse des retraites de la société.

P. de décret (A. G.), 24 décembre 1879. Legs Couturier. — Note, 25 juillet 1888. Legs Tumbeuf.

C. — *Établissements situés à l'étranger.*

Les établissements publics étrangers qui jouissent régulièrement de la personnalité civile, quand ils sont légataires ou donataires de biens meubles et immeubles situés en France, sont soumis à la règle de l'article 910: En conséquence, les dons et legs qui leur sont faits ne peuvent avoir d'effet qu'autant qu'ils ont été autorisés par le Gouvernement français (1).

Note, 13 décembre 1880. Legs Léoni à la ville de Vintimille. — P. de décret et note, 13 mai 1896. Legs Kau. — P. de décret et note, 21 janvier 1896. Legs Planot de la Faye.

_____

(1) Le Conseil d'État qui a pris connaissance d'un rapport dans lequel sont posées les questions suivantes, savoir:
1° Un établissement d'utilité publique étranger a-t-il qualité pour recevoir une donation ou un legs de biens meubles ou immeubles situés en France?

Mais le Gouvernement ne peut autoriser que l'exécution du testament et n'a point qualité pour donner une autorisation à un établissement qui, comme le séminaire français de Rome, constitue une personne morale étrangère, fondée en vertu d'actes du Saint-Siège.

P. de décret et note, 9 août 1887. Legs Sucy d'Auteuil.

La formule des projets de décrets statuant sur des libéralités de cette nature est la suivante :

Est autorisée l'exécution de la disposition testamentaire en date du....etc.

P. de décret (A. G.), 3 août 1881. Legs Léoni. — P. de décret et note, 15 mai 1889. Legs Hubner à l'hospice de Mulhouse et à la société industrielle d'Alsace-Lorraine. — P. de décret et note, 26 octobre 1893. Legs dame veuve Linart à l'église de Notre-Dame-de-Bon-Secours de Peruvelly, Hainaut (Belgique).

2° L'autorisation du Gouvernement français est-elle nécessaire pour qu'un pareil établissement puisse être mis en possession des dits biens ?

Vu la loi du 14 juillet 1819, relative à l'abolition du droit d'aubaine ;

Vu le Code civil, articles 3 et 910 ;

Sur la première question :

Considérant qu'aux termes de l'article premier de la loi ci-dessus visée, du 14 juillet 1819, tout étranger a qualité pour recevoir des biens situés en France ;

Que la dite loi n'a fait aucune exception en ce qui touche les personnes civiles ;

Que les discussions et les rapports qui ont précédé l'adoption de la dite loi, dans le sein des deux chambres, établissent au contraire que l'intention du législateur avait été de consacrer de la manière la plus large et la plus complète, l'abolition de l'ancien droit d'aubaine, dans toutes les applications dont il était susceptible ;

Et que, dès lors, le bénéfice des dispositions de la loi du 14 juillet 1819 ne saurait être refusé à tout établissement d'utilité publique étranger constituant régulièrement une personne civile ;

Sur la deuxième question :

Considérant qu'aux termes de l'article 910 du Code civil, les dispositions entre vifs ou par testament, au profit des hospices, des pauvres, d'une commune, ou d'établissements d'utilité publique n'ont effet qu'autant qu'elles sont autorisées par le chef de l'Etat ;

Considérant que le but de cette disposition, tel qu'il a été défini par les orateurs du Gouvernement lors de la discussion du Code civil, est non seulement l'exercice du droit de tutelle qui appartient à l'autorité supérieure, à l'égard des établissements charitables et des autres établissements d'utilité publique qui existent en France, mais aussi la consécration d'un droit de souveraineté, en vertu duquel il appartient au chef de l'État, d'annuler ou de modérer toute libéralité faite au profit d'un établissement public quelconque, s'il la juge susceptible de porter atteinte, soit à l'intérêt des familles, soit à l'intérêt de l'État ;

Et que, dès lors, l'application des dispositions de l'article 910 ne saurait dépendre de la nationalité de l'établissement public auquel la libéralité a été faite ;

Considérant, d'ailleurs, que les termes de l'article 910 sont absolus et qu'aucune autre disposition de la loi n'y a dérogé, en ce qui touche les établissements publics étrangers ;

Est d'avis :

1° Que tout établissement d'utilité publique constituant régulièrement une personne civile a qualité pour recevoir des dons et legs de biens meubles ou immeubles situés en France ;

2° Que les dits dons et legs faits au profit d'établissements d'utilité publique étrangers ne peuvent avoir d'effet qu'autant qu'ils ont été autorisés par le Gouvernement français.

Avis, 12 janvier 1854, connu sous le nom d'avis de Bussierre.

Il y a lieu de viser dans le projet de décret : 1° l'avis du Conseil d'État du 12 janvier 1854 ; 2° l'avis du Ministre des Affaires étrangères.

P. de décret et note, 15 mai 1889. Legs Hubner. — P. de décret et note 11 juin 1890. Legs Troyaux.

Lorsque l'état de l'instruction ne permet pas de statuer immédiatement sur un legs fait à un établissement public étranger, et que le testament contient d'ailleurs d'autres dispositions soumises à la nécessité de l'autorisation, il y a lieu d'insérer au projet de décret une disposition portant qu'il sera statué ultérieurement sur l'autorisation d'exécuter la libéralité.

P. de décret et note, 10 janvier 1888. Legs Süssmann, dit Oppenheimer, aux œuvres de bienfaisance israélites de Hambourg. — P. de décret et note, 10 janvier 1888. Legs Chassagnolle en faveur des musées de Bruxelles et de Florence.

Avant d'autoriser l'exécution d'une disposition testamentaire aux termes de laquelle un testateur a légué à un établissement public étranger tous ses biens immeubles situés en France, il convient d'inviter l'établissement légataire à prendre l'engagement d'aliéner, après l'autorisation accordée, la totalité des dits immeubles.

Il n'y a pas lieu, en effet, d'autoriser la constitution, en France, de biens de mainmorte, au profit d'un établissement public étranger.

Note, 10 juin 1884. P. de décret et note (A. G.), 4 décembre 1884. Legs fait par le sieur Gros au collège d'Oulx (Italie) de tous ses biens immeubles situés en France.

Le règlement des successions mobilières laissées par les sujets russes en France appartenant exclusivement aux autorités russes, en vertu de l'article 10 de la convention pour le règlement des successions, passée entre la France et la Russie, le 1er avril 1874, le Gouvernement français n'a pas à statuer sur les legs mobiliers faits aux pauvres d'une ville russe par un sujet russe.

P. de décret et note, 4 février 1892. Legs Galitzui.

§ 6. — Règles applicables aux congrégations

(Décret du 7 prairial an XII. — Décret du 17 mars 1808. —
Loi du 2 janvier 1817. — Ordonnance du 2 avril 1817. — Lois
des 24 mai 1825 et 16 avril 1895. — Décret du 31 janvier 1852.)

A. — *Règles générales.*

Avant d'autoriser un établissement religieux légalement
reconnu à accepter un legs ou une donation, il est nécessaire que
cet établissement fournisse la preuve, soit qu'il a acquitté les
droits établis par la loi du 16 avril 1895, soit qu'il en a été exonéré par décret spécial conformément à l'article 3, § 3 de la
dite loi.

Note, 29 avril 1896. Sœurs de la Compassion de la Vierge à Saint-Denis.
Acquisition. — Note, 29 avril 1896. Legs Plauzoles. — Note, 13 mai 1896. Legs
Despatys. — P. de décret et note, 3 juin 1896. Legs Brunet. — P. de décret et
note, 2 juin 1896. Legs Monicault. — P. de décret et note, 3 juin 1896. Legs Trouplin. — P. de décret et note, 21 octobre 1896. Legs Rozey. — P. de décret et
note (A. G.), 8 juillet 1897. Legs Gimelli. — P. de décret (A. G.), 16 décembre
1897. Legs Peccot.

Lorsqu'il est établi qu'une communauté religieuse n'a pas
acquitté les droits d'accroissement et n'en a pas été exemptée,
l'acceptation de la libéralité qui lui est faite peut néanmoins être
autorisée, mais sous la réserve que le produit sera employé, soit
en totalité, soit en partie, au paiement des droits dus au Trésor
par application de l'article 4 de l'ordonnance du 2 avril 1817.

P. de décret et note, 3 mars 1897. Legs Bontemps. — P. de décret et note,
19 mai 1897. Legs Caralp.

L'administration de l'enregistrement entendant percevoir la
totalité des droits d'accroissement au siège de la congrégation et
refusant de recevoir des établissements particuliers la part qui
leur incombe dans le paiement de ces droits, il n'y a pas lieu,
avant de statuer sur l'acceptation d'un legs, de rechercher si
l'établissement institué a payé les droits d'accroissement, mais
seulement s'il offre de les payer.

Note, 24 novembre 1897. Ainsi décidé à propos du legs Depierre.

B. — *Règles spéciales aux congrégations d'hommes.*

Les congrégations religieuses d'hommes ne peuvent, avec l'autorisation du Gouvernement, recevoir des libéralités ou acquérir des biens immeubles ou des rentes que si elles ont été reconnues par une disposition législative.

Avis, P. de décret et note, 1er février 1883. Legs Béroud.

Les ordonnances ou décrets qui auraient autorisé ces congrégations comme établissements d'utilité publique ne sauraient avoir eu pour effet de leur conférer la personnalité civile. Ces actes qui rentrent dans le droit commun ne peuvent, en effet, conférer la personnalité civile à des associations qui, à raison de leur nature et de la qualité des personnes qui les composent, sont régies par des lois spéciales.

Avis (A. G.), 1er février 1883. Legs Béroud à l'institut des petits-frères de Marie. — P. de décret et note, 12 décembre 1888. Legs Mercié de Villehervé à l'institut des frères de Saint-Gabriel. — P. de décret, 16 janvier 1889. Legs Lepecq. — Avis, 10 juin 1896. Frères de Saint-Gabriel. — Avis, 10 juin 1896. Frères de la doctrine chrétienne de Nancy.

Toutefois par application du décret du 2 germinal an XIII et de l'ordonnance du 2 mars 1815, l'association des prêtres des missions étrangères existant à Paris a été autorisée à accepter des libéralités.

Le projet de décret stipule qu'il sera justifié de l'emploi de la libéralité auprès du Ministre des Affaires étrangères et du Ministre des Cultes.

P. de décret (A. G.), 31 mars 1892. — Legs Lallemand. — P. de décret et note 21 juin 1894. Legs de Gallard de Brissac. — P. le décret et note, 2 août 1894. Legs Dlle de Virieu.

C. — *Règles spéciales à l'Institut des frères des écoles chrétiennes.*

L'institut des frères des écoles chrétiennes ne saurait être autorisé à accepter des libéralités faites en faveur d'un établissement scolaire placé sous sa direction et dans lequel, contrairement aux statuts de la congrégation, tous les élèves ne seraient pas reçus gratuitement.

P. de décret et note (A. G.), 17 juillet 1884. Legs Cécile. — Avis (A. G.), 18 décembre 1884. Legs Faye. — P. de décret (A. G.), 7 juillet 1891. Legs Laborde.

En conséquence, l'institut ne peut être autorisé à accepter une libéralité faite à charge de fonder dans une commune un pensionnat où il serait perçu une rétribution quelle qu'en soit d'ailleurs la modicité. La congrégation des frères des écoles chrétiennes, étant tenue par ses statuts de donner gratuitement l'enseignement, ne saurait réaliser la condition imposée par le testateur.

P. de décret et note, 25 janvier 1888. Legs Loslier.

Il n'y a pas lieu d'autoriser le supérieur général de l'institut des frères des écoles chrétiennes à accepter un legs consistant en une maison avec dépendances destinée à la tenue de l'école libre dirigée par les frères dans la commune, lorsque cette commune possède une école publique dans laquelle toute sa population scolaire peut-être reçue.

Avis, 30 avril 1884. Legs Lapeyre. — P. de décret (A. G.), 16 juillet 1891. Legs Galvaing.

De même, il n'y a pas lieu d'autoriser le supérieur général de l'institut des frères des écoles chrétiennes à accepter le legs d'une somme d'argent, fait en faveur de l'école libre dirigée par les frères dans une commune, lorsque cette commune possède une école publique dans laquelle toute sa population scolaire peut être reçue.

P. de décret, 5 août 1891. Legs Laurent. — P. de décret, 31 octobre 1891. Legs Clérique.

Le supérieur général de l'institut des frères des écoles chrétiennes peut être autorisé à accepter les libéralités faites aux orphelinats dirigés par l'institut.

P. de décret (A. G.), 19 juin 1884. Legs Fosseret. — P. de décret (A. G.), 16 juillet 1891. Legs Ronce.

D. — *Règles spéciales aux congrégations de femmes.*

Les libéralités faites aux établissements particuliers d'une congrégation doivent être acceptées par la supérieure de l'établissement légataire, la supérieure générale ayant seulement qualité pour accepter les libéralités faites à la maison mère considérée comme établissement ayant un patrimoine propre et sa personnalité distincte.

Avis (A. G.), 4 juin 1891 (1).

On ne saurait, en présence de l'article 4 de la loi du 24 mai 1825, distinguer entre les établissements qui, à raison de leur importance, ne pourraient accepter aucune libéralité avant d'avoir obtenu leur reconnaissance préalable, et ceux qui, moins importants, se confondraient dans la personnalité des congrégations elles-mêmes, lesquelles accepteraient, à leur place, les libéralités faites en leur faveur. Une pareille distinction aurait l'inconvénient de reconnaître l'existence d'une possession collective commune à tous les établissements d'une même congrégation et de faciliter ainsi aux congrégations le moyen de s'étendre indéfiniment et d'échapper aux prescriptions de la loi du 24 mai 1825 (2).

Chaque établissement autorisé ayant son patrimoine propre, les libéralités faites soit à un établissement particulier, soit à la supérieure générale pour un établissement particulier, doivent être converties en rentes immatriculées non pas au nom de la congrégation, mais au nom de l'établissement particulier.

Avis, 18 février et 21 juillet 1880. Legs Ardy. — Avis, 17 janvier 1881. Legs Bérard.

Lorsqu'un legs est fait à un établissement non reconnu d'une congrégation autorisée, le décret statuant sur cette libéralité est ainsi conçu: *Il n'y a pas lieu de statuer*.

P. de décret et avis (A. G.), 23 janvier 1884. Legs Balmont.

Dans le cas où le legs est fait à la congrégation pour l'établissement non autorisé, la formule des décrets est la suivante:

La supérieure générale n'est pas autorisée à accepter.

P. de décret et avis, 20 février 1884. Legs Lecerf. — P. de décret, 10 novembre 1885. Legs Borgoltz.

Il y a lieu de faire accepter par la congrégation des filles de la charité de Saint-Vincent de Paul un legs fait aux lazaristes «pour

---

(1) Voir cet avis reproduit *in extenso* à la page 191.
(2) Cette distinction avait été faite dans un avis antérieur en date des 19 juillet et 13 août 1861.

la création ou l'entretien de maisons de sœurs de la charité dans la banlieue », les établissements des sœurs de Saint-Vincent de Paul devant seuls profiter du legs.

Note (A. G.), 13 décembre 1883. Legs Bresson.

Le congrégation des filles de la charité de Saint-Vincent de Paul n'a pas été autorisée à accepter une donation consistant en une rente destinée « à des distributions pour le paiement de leurs loyers à des familles pauvres ». La distribution de secours de loyers, dans les conditions prévues par l'acte de donation, ferait sortir la congrégation des attributions qui sont fixées par ses statuts.

Avis, 29 janvier 1890. Donation Galliera.

La congrégation des petites sœurs des pauvres ne saurait être autorisée à accepter un legs fait « à charge de distribution de secours à domicile », ses statuts ne lui permettant pas, en effet, la distribution de secours de cette nature.

P. de décret janvier 1884. Legs Paillette.

Il n'y a pas lieu d'autoriser une congrégation enseignante à accepter une donation immobilière à charge de fonder dans les immeubles légués un établissement de sœurs de son ordre « qui se consacreront à l'instruction des jeunes filles de cette commune et des communes environnantes ». Si, en effet, la loi du 15 mars 1850 autorise les congrégations religieuses à fonder et entretenir des écoles libres, le Gouvernement ne saurait, en présence du principe de la neutralité de l'enseignement primaire public proclamé par la législation en vigueur, reconnaître, en leur accordant la personnalité civile, un caractère d'utilité publique à des établissements qui donnent un enseignement confessionnel.

Avis (A. G.), 10 juillet 1884. Donation Vigouroux.

N'a pas été autorisée une libéralité faite en faveur d'un établissement de religieuses enseignantes, comprenant un externat payant, alors que ses statuts l'obligeaient à donner l'instruction gratuite aux enfants pauvres.

P. de décret et note, 10 janvier 1894. Legs dame veuve Fourrat.

Il n'y a pas lieu, à moins de circonstances exceptionnelles, d'autoriser une congrégation à conserver en nature les immeubles qui font l'objet d'une libéralité.

P. de décret et avis, 4 juin 1889. Donation Clauzade.

Un établissement de sœurs hospitalières peut être autorisé à conserver en nature un immeuble légué, à condition qu'il soit justifié que cet immeuble servira à l'agrandissement de l'hospice existant et ne sera pas affecté à la création d'un nouvel établissement.

Note, 27 juillet 1893. — P. de décret et note (A. G.), 28 février 1894. Legs Toulouse.

Un évêque refusant, en vertu d'ordres à lui donnés par la congrégation romaine des évêques et réguliers, de fournir son avis sur des libéralités faites à des établissements religieux de femmes existant dans son diocèse, il y a lieu de surseoir à statuer sur ces libéralités jusqu'après production du dit avis.

P. de décret et note, 10 mars 1897. Legs Guiot de Saint-Remy.

CHAPITRE QUATRIÈME

EMPRUNTS

---

§ 1er : RÈGLES GÉNÉRALES

Avant d'autoriser un emprunt, il convient d'examiner si la dépense en vue de laquelle est projeté l'emprunt est en rapport avec les ressources de l'établissement.

Note, 20 septembre 1882, fabrique de Belle-Isle-en-Terre.

Il n'y a pas lieu d'autoriser un emprunt dont le produit, joint aux autres ressources de l'établissement serait insufffisant pour couvrir la totalité de la dépense à engager afin de ne pas entraîner l'établissement dans une voie où son budget serait un déficit.

Avis, 5 août 1893, fabrique de Plémet.

A moins de circonstances exceptionnelles, il n'y a pas lieu d'autoriser un emprunt dont le produit doit servir au paiement de travaux qui ont été entrepris sans autorisation préalable.

Note, 16 décembre 1879, fabrique de Saint-Ferdinand des Ternes. — Note, 1er août 1882, fabrique de Saint-Genest. — Avis, 13 février 1889, fabrique de Landavran. — Avis, 21 juin 1890, fabrique de Carnoët.

Il n'y a pas lieu d'autoriser un emprunt si le remboursement n'est pas assuré au moyen des ressources de l'établissement.

Note, 15 décembre 1879, fabrique de Saint-James. — Avis, 29 novembre 1881, fabrique de Prémery. — Note, 25 octobre 1882, fabrique de la Bastide-d'Anjou.

Il n'y a pas lieu d'autoriser un emprunt dont le produit ne devrait pas être entièrement utilisé.

Avis, 5 juillet 1881, fabrique de Saint-Sorlin.

L'emprunt ne saurait être autorisé si le délai de remboursement est trop considérable eu égard au montant de l'emprunt et aux excédents des recettes de l'établissement.

Note, 20 juin 1883, fabrique de Marlieux. — Note, 4 octobre 1894, fabrique de Villenave.

Les emprunts des établissements publics doivent être remboursés en principe dans un délai n'excédant pas trente années ; il ne peut être dérogé à cette règle qu'à raison de circonstances exceptionnelles.

Note, 21 juin 1881, P. de décret, 2 août 1881, asile public d'aliénés d'Armentières. — Note, 18 avril 1893, P. de décret et note, 4 octobre 1893, fabrique de Sainte-Madeleine à Paris (jurisprudence constante).

§ 2 : EMPRUNTS COMMUNAUX
(Loi du 5 avril 1884, art. 141, 142, 143.)

Il n'y a pas lieu d'autoriser une commune à emprunter en vue d'équilibrer son budget ordinaire.

Les dépenses ordinaires doivent être couvertes au moyen de revenus de même nature et, s'il y a lieu, par le vote de centimes pour insuffisance de revenus.

Nombreuses décisions en ce sens, notamment : Note, 25 mars 1885, commune d'Aiguebelle. — Note, 27 juin 1888, commune de Carrouges. — Note, 28 décembre 1893, commune de Largentière.

Par application de cette règle, une commune ne saurait être autorisée à contracter un emprunt en vue d'allouer des indemnités au secrétaire de la mairie et au garde champêtre.

Note, 24 juillet 1895, commune de Doyet.

Il n'y a pas lieu d'autoriser une commune à emprunter en vue d'une dépense qu'elle pourrait facilement acquitter au moyen d'une imposition pendant une année.

Note, 16 février 1886, commune de La Rochefoucauld.

Une commune ne peut être autorisée à contracter un emprunt destiné à payer des dettes communales que s'il est établi que les dépenses ont été engagées en vertu d'autorisations régulières.

Note, 12 janvier 1892, commune de Caunes. — Note, 4 février 1892, commune de Journet.

Dans le calcul du chiffre auquel s'élève le passif d'une ville et qui est fait en vue de déterminer l'autorité compétente pour autoriser un nouvel emprunt, il n'y a pas lieu de tenir compte des emprunts contractés à titre d'avance pour le casernement. Les annuités de ces emprunts, acquittées au moyen de sommes versées par le Trésor, ne sont inscrites en quelque sorte que pour ordre au budget communal.

P. de décret (A. G.), 9 décembre 1880, ville de Lodève. — P. de décret et note, 4 octobre 1894, fabrique de Villenave.

Les communes algériennes peuvent, sous réserve des droits de l'autorité appelée à régler le budget, affecter des catégories déterminées de leurs revenus ordinaires et notamment le produit de l'octroi de mer au remboursement des emprunts qu'elles se proposent de contracter.

Avis (S. réun. I. et F.), 20 juillet et 3 août 1892.

Les engagements à long terme, pris par les communes, sont assimilés au point de vue de l'autorisation aux emprunts.

Note, 4 février 1896, 8 communes de Seine-et-Oise. Subventions pour le tramway de Versailles à Maule. — P. de décret et note, 4 février 1896, 24 communes de l'Oise. Chemin de fer de Milly à Formerie. — Note, 21 avril 1896, 8 communes de Seine-et-Oise. Subventions pour le tramway de Versailles à Maule. — Note, 3 mars 1896, communes de Bouillargues et de Bellegarde.

Les décrets approuvant les engagements à long terme pris par des communes, doivent, d'une part déterminer le maximum des centimes extraordinaires destinés à en assurer l'exécution et d'autre part, donner au Préfet le droit de fixer dans la limite de ce maximum la quotité des centimes additionnels à percevoir chaque année.

P. de décret et note, 4 février 1896, 24 communes de l'Oise. Chemin de fer de Milly à Formerie. — Note, 3 mars 1896, communes de Bouillargues et de Bellegarde. — Note, 21 avril 1896, 8 communes de Seine-et-Oise. Subventions pour le tramway de Versailles à Maule.

Il y a lieu, en général, de réduire à trente ans au maximum la durée d'amortissement des emprunts communaux.

Jurisprudence constante, voir notamment: Note, 6 août 1885, commune de Saint-Calais. — Note, 14 avril 1886, commune de Fontenay-Trésigny.

Toutefois, ont été autorisés des emprunts remboursables en des délais variant de trente-cinq à quarante ans, dans des cas où cette durée d'amortissement était justifiée, soit par la situation financière obérée de la commune;

Nombreuses décisions en ce sens, voir notamment: P. de décret (A. G.), 9 décembre 1880, ville de Montélimar. — P. de décret (A. G.), 2 mars 1882, ville de Privas. — P. de décret, 28 décembre 1887, ville de Beaugency. — P. de décret, 30 avril 1890, commune de Villeneuve-sur-Lot. — P. de décret, 12 avril 1893, commune de Notre-Dame-de-Vaulx. — P. de décret, 12 avril 1897, commune de Dourdan.

Soit par la considération que les générations futures étaient appelées à profiter dans une large mesure des dépenses auxquelles l'emprunt avait pour but de faire face, comme lorsqu'il s'agit de distribution d'eau, de construction de marchés couverts, d'abattoirs, de reconstruction d'églises, etc.

Nombreuses décisions en ce sens, voir notamment: P. de décret (A. G.), 6 février 1884, commune de Fontenay-le-Comte. — P. de décret (A. G.), 24 juillet 1884 commune de Meyrieu-Trouet. — P. de décret, 11 janvier 1887, commune d'Allauch. — P. de décret et note 7 août 1896, ville de Bressuire. — P. de décret et p. de loi (A. G.) 11 mars 1897, ville de Remiremont (Vosges).

Dans ces derniers cas, la durée de l'amortissement a même parfois, mais très rarement, été portée jusqu'à quarante-cinq et cinquante ans.

P. de décret (A. G.), 9 décembre 1880, ville de Fougères. — P. de décret, 5 avril 1887, ville de Bolbec. — P. de décret, 11 février 1897, commune de Gespunsart.

Une commune ne saurait être autorisée à contracter un emprunt pour une durée ne dépassant même pas trente ans, lorsque ce nouvel emprunt, destiné à convertir des emprunts antérieurs, aurait pour résultat de prolonger au delà d'une limite normale la durée primitive de l'amortissement.

Note, 11 novembre 1897, commune de Blangy.
Jurisprudence constante.

Bien que la loi du 20 juin 1885 ait fixé à une durée de trente à quarante ans le délai d'amortissement des emprunts contractés en vue de la construction et de l'aménagement des maisons d'école, il y a lieu en règle générale de restreindre cette durée à trente ans.

Jurisprudence constante, voir notamment: Note, 7 avril 1886, commune de Royat.

Mais dans des cas nombreux où les charges de la commune motivent une semblable décision, on a autorisé des emprunts remboursables dans des délais allant jusqu'à quarante ans.

Voir notamment: P. de décret, 11 mai 1886, commune d'Ornon.

Il en est ainsi surtout au cas où le conseil municipal a déjà fait des difficultés pour assurer les voies et moyens et qu'il serait à craindre de le voir ajourner l'exécution du projet.

P. de décret, 8 septembre 1886, commune de Saint-André-de-Cubzac.

Une ville peut être autorisée à rembourser par anticipation un emprunt alors même qu'elle ne se serait pas formellement réservé ce droit lors de l'émission de cet emprunt.

P. de décret (A. G.), 22 décembre 1881, ville de Béthune.

Lorsque le gage d'un emprunt consiste principalement en coupes extraordinaires de bois, il y a lieu de réclamer l'avis du Ministre de l'Agriculture.

Note, 14 avril 1885, commune de Gespunsart.

L'autorisation d'emprunter doit être refusée si le Ministre de l'Agriculture ne consent pas à approuver d'avance les coupes extraordinaires de bois.

Avis (A. G.), 12 novembre 1885 et 30 juin 1886, commune de Gespunsart.

Lorsqu'une commune demande à contracter un emprunt en vue d'exécuter divers travaux d'adduction et de distribution d'eau, le dossier doit contenir l'avis du Comité d'hygiène établissant la qualité de l'eau.

Note, 31 janvier 1894, commune de Bagnols-sur-Céze.

Il est désirable d'autoriser par un seul et même projet de loi un emprunt et les surtaxes d'octroi destinées à procurer les ressources nécessaires au remboursement de cet emprunt.

Lettre, 9 décembre 1897, octroi de Fécamp. — Lettre, 28 décembre 1897, octroi d'Amiens.

§ 3: EMPRUNTS DES ÉTABLISSEMENTS PUBLICS

Bureaux de bienfaisance. — Un bureau de bienfaisance a été autorisé à contracter un emprunt en vue de la conservation de son patrimoine immobilier.

Dans l'espèce la durée de l'amortissement a été fixé à cinquante ans de manière à réduire l'annuité de remboursement et à ne pas épuiser les revenus nécessaires à l'assistance des pauvres.

P. de décret (A. G.), 3 juillet 1884, bureau de bienfaisance de Chaussy (Loiret).

Hospices. — Un hospice ne peut être autorisé à emprunter en vue de l'installation d'un quartier d'aliénés dépendant de l'établissement sans avoir satisfait aux prescriptions de la loi du 30 juin 1838.

Notes, 25 juillet 1882 et (A. G.) 8 février 1883, hospice de Pontorson.

Asiles d'aliénés. — Un asile public d'aliénés ne peut être autorisé à contracter un emprunt que s'il justifie d'une personnalité distincte de celle du département.

Note, 18 avril 1888, asile de Saint-Pierre à Marseille.

Menses épiscopales. — Par application du principe de la spécialité, un emprunt par une mense épiscopale ne saurait être autorisé lorsque le produit doit en être affecté à une œuvre qui ne rentre pas dans ses attributions légales, par exemple, lorsqu'il a pour objet de pourvoir aux travaux d'agrandissement d'une maison destinée à recevoir des prêtres malades.

Note, 26 décembre 1882. Emprunt par l'évêché de Fréjus.

Caisse de secours pour les prêtres âgés ou infirmes. — Il y a lieu d'autoriser l'administrateur séquestre d'une caisse de secours à emprunter la somme nécessaire pour poursuivre devant les tribunaux les divers débiteurs de l'établissement qui ne veulent pas solder leurs dettes entre ses mains. Il peut en même temps être autorisé à hypothéquer en garantie du dit emprunt un immeuble appartenant à l'établissement.

P. de décret (A. G.), 27 mars 1884. Emprunt par l'administrateur séquestre de la caisse de secours du diocèse d'Angers.

Fabriques. — Il n'y a pas lieu, en règle générale, d'autoriser une fabrique à contracter un emprunt destiné à payer des dépenses irrégulièrement engagées.

Avis, 12 février 1891. Emprunt par la fabrique de l'église succursale de Montlaur. — Avis, 29 mars 1893. Emprunt par la fabrique de l'église de Guéméné Penfao.

Il n'y a pas lieu d'autoriser une fabrique à contracter un emprunt qui ne doit être réalisé que plusieurs années après l'autorisation.

P. de décret et note, 28 juin 1894. Emprunt par la fabrique de Plancoët.

Le délai de remboursement d'un emprunt peut être réduit d'office.

P. de décret et note, 23 février 1881, fabrique de Cordemais. — P. de décret et note, 1er mai 1895, fabrique de Lannebert.

Dans le cas où l'emprunt est contracté en vue de construire une église sur un terrain appartenant à la commune, il y a lieu au préalable de régler la question de la propriété de la future église.

Note, 21 février 1883. Emprunt par la fabrique de Chemillé. — Note, 19 avril 1893. Emprunt par la fabrique de Saint-Mathieu à Quimper. — Note, 7 août 1894. Emprunt par la fabrique de Saint-Hilaire-de-Chaléons.

Une fabrique peut être autorisée à emprunter par la voie de l'émission publique.

P. de décret, 18 juillet 1883. Emprunt par la fabrique de Saint-Aubin, à Rennes.

Si une fabrique peut faire face aux dépenses projetées au moyen de l'aliénation d'immeubles, il n'y a pas lieu de l'autoriser à contracter un emprunt.

Note, 24 avril 1895. Emprunt par la fabrique de Bapaume. — Note, 4 novembre 1896. Emprunt par la fabrique de Tinques.

Lorsque des particuliers prennent l'engagement d'assurer le remboursement de l'emprunt pour le cas où les ressources de la fabrique ne seraient pas suffisantes, il convient de viser cet engagement.

Note, 9 janvier 1884. Emprunt par la fabrique de Puceul.

Consistoires israélites. — Les communautés israélites ne constituent pas des personnes civiles.

En conséquence, les emprunts faits dans leur intérêt doivent être contractés au nom du consistoire.

P. de décret et note, 14 juin 1890. Emprunt par la communauté israélite de Lille.

§ 4: Emprunts des établissements d'utilité publique

En principe, les établissements d'utilité publique peuvent emprunter sans autorisation, à moins de dispositions contraires des statuts.

§ 5: Emprunts des congrégations

Les congrégations ne peuvent emprunter sans y avoir été spécialement autorisées par décret.

Jurisprudence constante.

Un emprunt ne saurait être autorisé :

a) Si l'établissement de la congrégation aux besoins duquel le produit doit être employé n'a pas été régulièrement reconnu ;

Note, 13 juillet 1880. Emprunt par la congrégation de Sainte-Marthe, à Romans.

b) Si l'opération est faite dans un but non prévu par le décret d'autorisation de la congrégation ou par ses statuts ;

Avis, 18 janvier 1888. Emprunt par la congrégation des Augustines, à Cambrai.

c) Si la congrégation peut faire face aux dépenses projetées au moyen d'autres ressources: par exemple, au moyen de l'aliénation d'une partie improductive de sa dotation, ou au moyen de l'aliénation d'une partie de ses immeubles, même productifs, lorsque la congrégation possède un grand nombre d'immeubles,

Note, 21 octobre 1890. Emprunt par la congrégation des sœurs de l'Assomption d'Auteuil. — Avis, 2 mai 1893. Emprunt par la congrégation des sœurs du Saint-Sauveur à Valence.

Par application des principes formulés dans l'avis du 4 juin 1891, lorsqu'une congrégation demande l'autorisation de contracter un emprunt, en vue de payer les droits d'accroissement réclamés par le Trésor, . l'instruction doit faire connaître, par un avis du Ministre des Finances, quelle est, dans la somme totale réclamée à la congrégation, la part afférente à la maison-mère et à chacun des autres établissements autorisés, et si ces établissements ne pourraient acquitter les droits qui les concernent sur leurs propres ressources. Ce n'est qu'en cas d'insuffisance que la maison-mère pourrait être autorisée à donner son concours financier aux établissements particuliers en les aidant à payer une dette qui leur incombe personnellement.

Note, 10 juin 1891. Aliénation et emprunt par la congrégation des Filles-de-la-Croix dites sœurs de Saint-André. — Note, 18 novembre 1891. Emprunt par la congrégation des sœurs du Saint-Nom-de-Jésus à Toulouse.

Le chiffre de l'emprunt qu'il s'agit d'autoriser doit être limité à la somme nécessaire pour le paiement des droits dus par les établissements autorisés, sans qu'il y ait lieu de tenir compte des droits afférents à des établissements qui n'ont pas été régulièrement reconnus.

P. de décret et note, 11 mai 1892. Emprunt par la congrégation des sœurs de Saint-Maur.

Il n'y a pas lieu d'accueillir la demande d'emprunt lorsque les dépenses auxquelles doit pourvoir le produit ont déjà été engagées. L'autorisation d'emprunter accordée dans ces conditions aurait pour résultat de rendre illusoire le droit de contrôle qui appartient au Gouvernement.

Note, 6 octobre 1880, Ursulines de Jésus à Nantes. — Note, 21 décembre 1881, sœurs de la Providence à Gap. — Note, 29 octobre 1890, sœurs de la Miséricorde à Paris.

Les emprunts, ventes d'immeubles et tous autres actes de la vie civile accomplis à l'étranger par un établissement religieux reconnu et ayant son siège en France, doivent être autorisés comme ceux accomplis dans la métropole.

Note, 12 mai 1896, P. de décret et note, 10 juin 1896, sœurs de la Mère de Dieu — P. de décret et note, 24 novembre 1897, association des Lazaristes.

A été adopté un projet de décret autorisant le supérieur général de l'association des prêtres de Saint-Sulpice à emprunter une somme destinée à la reconstruction du petit séminaire dépendant de l'association.

P. de décret, 15 avril 1891, association de Saint-Sulpice.

CHAPITRE CINQUIÈME

ALIÉNATIONS, CESSIONS ET ÉCHANGES.— BAUX.—

MAINLEVÉES D'HYPOTHÈQUES

---

§ 1ᵉʳ : RÈGLES GÉNÉRALES

L'établissement doit justifier de l'origine régulière des biens qu'il demande l'autorisation d'aliéner.

Note, 18 février 1880, fabrique de Montpezat. — Avis, 15 février 1890, fabrique de Saint-Martin-de-Létia.

L'établissement, qui demande l'autorisation d'aliéner une partie de sa dotation pour faire face au paiement d'une dette, doit justifier de l'origine régulière de celle-ci et de son montant.

Note, 24 novembre 1880, évêché de Luçon.

Il n'y a pas lieu, dans les projets de décret autorisant les aliénations de rentes, de mentionner les numéros des titres de rente, cette mention ne présentant aucune utilité.

Avis, 12 novembre 1879, conseil presbytéral de Crest.

Il n'y a pas lieu d'autoriser une vente de rentes lorsque le but unique de l'opération est l'augmentation de la dotation immobilière de l'établissement.

Avis, 1ᵉʳ mai 1889, fabrique de Villepol.

§ 2 : COMMUNES
(Loi du 5 avril 1884, art. 68, § 2, et 168, § 8.)

Il n'y a pas lieu d'autoriser une commune à aliéner ses biens en vue du paiement de dépenses ordinaires.

Avis, 13 mars 1883, commune de Saint-Ismier.

Il n'appartient qu'au pouvoir législatif d'autoriser l'aliénation d'une partie d'un bien qui a été affecté à perpétuité par une loi à l'usage de promenade publique.

Avis, 15 janvier 1890, commune de Saint-Maurice (Seine).

Lorsqu'une commune demande à vendre un bien à un établissement qui, de son côté, ne peut acquérir sans autorisation du Gouvernement, il convient d'autoriser l'opération par un seul et même article.

Nombreuses décisions en ce sens, notamment : Note, 16 mai 1888, ville de Nancy.

Au cas où le conseil municipal n'a pas fait connaître l'emploi auquel il se propose de destiner le produit d'une aliénation, il y a lieu d'en prescrire le placement en rentes sur l'État.

Plusieurs décisions en ce sens, notamment : Note, 29 juin 1881, commune de Monthermé. — Note, 3 décembre 1884, commune de Villiers-Adam.

Lorsqu'une section de commune vend un bien à la commune dont elle dépend, le conseil municipal doit en affecter spécialement le prix au profit de la section.

Note, 4 novembre 1891, commune de Cressat.

Lorsqu'un conseil municipal est appelé à se prononcer sur le mérite d'une transaction relative à un partage entre des sections de communes ayant des intérêts opposés, il y a lieu de prescrire une enquête permettant aux habitants de formuler leurs réclamations et oppositions et de demander la réunion d'une commission syndicale conformément à l'article 129 de la loi du 5 avril 1884.

Note, 18 mars 1895, communes de Collat et Montelard.

Aux termes des articles 3 et 4 de la section 4 de la loi du 10 juin 1793, en cas de partage de biens indivis entre plusieurs communes, il doit être procédé à une expertise par des experts nommés par les communes intéressées et, en cas de désaccord entre eux, par un tiers expert désigné par le Préfet.

Note, 8 mai 1895, communes d'Orcival et de Rochefort-Montagne.

Lorsqu'une ville est autorisée à employer le produit d'une aliénation en obligations remboursables, il convient d'ordonner le placement en rentes sur l'État des sommes à provenir du remboursement, et, pour assurer l'exécution de cette clause de remploi, de prescrire le dépôt à la Caisse des dépôts et consignations des titres des dites obligations.

P. de décret et note, 22 juin 1887, ville de Bordeaux.

Il n'y a pas lieu d'autoriser l'aliénation d'un bois soumis au régime forestier lorsque la conservation de ce bois est nécessaire pour prévenir des inondations ou des éboulements.

Avis, 1er février 1881, commune d'Estoublon. — Avis, 8 février 1888, commune de la Motte-en-Bauge. — Avis, 12 mars 1890, commune de Gijounet.

L'autorisation d'aliéner un chemin rural reconnu ne peut être donnée sans que l'arrêté de reconnaissance ait été préalablement rapporté.

Note, 18 mars 1895, commune d'Apremont-la-Forêt. — Note, 16 mai 1895, sœurs de la charité du Sacré-Cœur de Jésus, à la Salle-de-Vihiers.

Les conseils municipaux sont compétents pour décider si les baux des biens communaux, dont la durée n'excède pas dix-huit ans, auront lieu à l'amiable ou par adjudication publique.

Avis (A. G.), 24 octobre 1895.

Par suite de l'abrogation de l'ordonnance du 15 juillet 1840, les délibérations des conseils municipaux consentant des mainlevées d'hypothèques sont exécutoires par elles-mêmes ; le principe de la connexité ne peut être invoqué pour soumettre ces délibérations à l'approbation de l'autorité supérieure.

Note, 30 avril 1890, commune de Lucé.

§ 3 : Établissements publics

Hospices et bureaux de bienfaisance. — C'est au Préfet qu'il appartient de statuer sur les aliénations, acquisitions, partages de biens immobiliers appartenant aux bureaux de bienfaisance, par ce motif que la loi du 5 avril 1884 n'a pas eu pour but de modifier les règles de décentralisation posées par les décrets des 25 mars 1852 et 12 avril 1861.

Avis, 2 juin 1885.

La commission administrative d'un hospice peut-être autorisée à décider, au mieux des intérêts de l'établissement, si la vente de parcelles de terrains lui appartenant doit être faite aux enchères ou de gré à gré.

P. de décret et note, 13 juin 1883, hôpital de Senlis (Oise).

Par application du décret du 11 thermidor an XII, article premier, une autorisation préalable par décret est nécessaire, pour la mainlevée d'hypothèques constituées au profit d'établissements de bienfaisance, alors même qu'il s'agit d'une radiation hypothécaire à effectuer après l'extinction de la créance.

Avis, 21 janvier 1896.

Mense épiscopale. — N'a pas été autorisée l'aliénation d'un immeuble, appartenant à une mense épiscopale, dont le produit devait être employé au profit du séminaire.

Avis, 10 juin 1882, mense épiscopale de Fréjus.

Séminaires. — Lorsqu'un immeuble acquis par une école secondaire ecclésiastique a été consacré à un usage contraire à celui qui a été prescrit par le décret d'autorisation, et qui d'ailleurs ne rentrait pas dans le cercle des attributions spéciales à cet établissement public, il y a lieu d'en prescrire la vente, et cette vente doit être faite par voie d'adjudication publique.

P. de décret (A. G.), 10 juillet 1884, école secondaire ecclésiastique de Tours. — Note, 18 juin 1890, séminaire de Poitiers.

Un échange par une école secondaire ecclésiastique ne saurait être autorisé si cet établissement est sorti des limites de ses attributions légales, en se transformant en un véritable établissement d'enseignement secondaire.

Note, 3 novembre 1885, école secondaire ecclésiastique d'Ajain (Creuse).

N'a pas été autorisée l'aliénation d'un immeuble donné à un séminaire par ce motif qu'elle aurait eu pour effet d'empêcher l'exécution des charges imposées par le donateur du dit bien.

Note, 21 octobre 1879, séminaire de Montpellier.

L'article 13 de la loi du 3 mai 1841 n'ayant pas dérogé aux règles spéciales qui régissent les établissements ecclésiastiques, ce n'est pas au Préfet mais au Gouvernement en Conseil d'État qu'il appartient d'autoriser la cession de biens appartenant aux séminaires et destinés à l'exécution de travaux publics.

Note, 8 juillet 1884, séminaire de Digne.

Cures et succursales. — Les fabriques étant chargées par l'article premier du décret du 6 novembre 1813 de veiller à la conservation des biens des cures, une cure ne peut être autorisée à aliéner un bien lui appartenant sans que le conseil de fabrique ait été appelé à donner son avis.

Note, 2 juin 1886, cure de Merville.

Fabriques. — Lorsqu'une fabrique, pour établir ses droits de propriété sur un immeuble qu'elle se propose d'aliéner, se borne à invoquer l'arrêté du 7 thermidor an XI qui a transféré aux fabriques conservées les biens des fabriques supprimées, sans justifier d'un envoi en possession prononcé par l'autorité administrative conformément à l'avis du Conseil d'État du 25 janvier 1807, il y a lieu de demander l'avis du Ministre des Finances sur la question de savoir si l'immeuble n'est pas resté propriété de l'État ; en cas d'affirmative, il conviendrait d'inviter la fabrique à faire procéder à la formalité de l'envoi en possession.

Note, 28 novembre 1883, fabrique de Saint-Germer (Oise). — Note, 10 décembre 1883, fabrique de Landerneau. — Note, 2 juin 1897, fabrique de Fieffes.

L'acte de vente doit être passé par le trésorier de la fabrique et non par le président à moins que ce dernier ait reçu une délégation spéciale du conseil de fabrique.

Note, 16 novembre 1881, fabrique de la Versanne.

Il convient de mentionner dans les visas les actes en vertu desquels la fabrique a été autorisée à acquérir les biens qu'il s'agit d'aliéner.

Note, 29 août 1883, fabrique de Bourgay.

Lorsque le produit de l'aliénation doit être employé au paiement des dettes de la fabrique, celle-ci doit établir qu'elles ont été contractées en vertu d'autorisations régulières.

Avis, 4 mars 1889, fabrique de Doizieu-Saint-Laurent. — Note, 28 juin 1893, fabrique de Roullée.

Lorsque le produit de l'aliénation doit être employé au paiement de travaux concurremment avec d'autres ressources et que parmi ces autres ressources figurent des souscriptions, le dossier doit contenir, soit l'original de la liste de souscriptions signé par les souscripteurs, soit une copie authentique de cette liste.

Note, 28 juin 1894, fabrique de Villedieu.

Lorsque le produit de l'aliénation doit être employé aux dépenses de reconstruction de l'église ou du presbytère, il y a lieu de régler au préalable la question de la propriété de cet édifice.

Note, 13 février 1889, fabrique de Lassigny. — Note, 12 mai 1886, fabrique d'Aboin. — Note, 8 août 1894, fabrique de La Chapelle-Moche. — Note, 13 décembre 1894, fabrique d'Auneau.

Une fabrique ne peut être autorisée à placer des fonds disponibles en compte-courant au Trésor public qu'en prévision d'un emploi prochain.

P. de décret et note, 19 février 1896, fabrique de Saint-Père-en-Retz.

Si les biens qu'il s'agit d'aliéner sont grevés de charges, il importe de n'autoriser l'aliénation que sous réserve de la somme suffisante pour l'acquit des charges imposées et de calculer cette somme de manière à prévoir le cas d'une augmentation du tarif diocésain s'il s'agit de charges pieuses.

Note, 22 octobre 1879, fabrique de Plancoët. — Note, 8 mars 1882, fabrique de Missillac. — Avis, 20 février 1884, fabrique de Saint-Ouen-la-Rouerie. — Note, 12 février 1890, fabrique de Montégut (Hautes-Pyrénées). — P. de décret et note, 14 novembre 1893, fabrique de Reminiac. — P. de décret et note, 21 novembre 1893, fabrique de Châlons.

Une fabrique peut être autorisée d'office à aliéner une rente provenant d'un legs et lui appartenant conjointement avec une commune, qui en demandait la vente pour en affecter le produit à la création d'une salle d'asile prescrite par le testateur.

P. de décret et note, 12 mars 1890, fabrique de Martres-de-Veyre.

Mais, cette aliénation d'office n'a pas été prescrite lorsque la demande de la commune était formée en vue de faire cesser un état d'indivision, les parties ayant réciproquement le droit d'intenter une action en partage.

Avis, 2 décembre 1884, fabrique de Martigny.

C'est au chef de l'État et non au Préfet qu'il appartient d'autoriser la cession de biens expropriés appartenant aux fabriques et autres établissements publics du culte, l'article 13 de la loi du 3 mai 1841 ne s'appliquant pas dans l'espèce.

Note, 22 juin 1886, fabrique de Verlac.

La mainlevée d'hypothèques constituées au profit d'établissements ecclésiastiques ne doit pas être autorisée par décret lorsqu'elle n'est qu'une simple mesure de régularisation résultant de l'extinction de la créance.

Avis (A. G.), 18 juillet 1895, succursale de Sainte-Agnès. — Note, 23 juillet 1895, fabriques de Saint-Loup-Hors, Etaux.

La régularité de l'acquisition des rentes pour la sûreté desquelles ont été constituées les hypothèques doit résulter de l'instruction.

Note, 26 mai 1886, fabrique d'Écrammeville.

§ 4 : ÉTABLISSEMENTS D'UTILITÉ PUBLIQUE
(Néant.) (1)

§ 5 : CONGRÉGATIONS

L'établissement qui sollicite l'autorisation d'aliéner ou au profit duquel doit être employé le produit de l'aliénation doit avoir été régulièrement autorisé.

Note, 23 décembre 1884, sœurs de N.-D. de la Charité du Bon-Pasteur, à Bourges. — Note, 4 août 1885, sœurs de la Présentation de Marie, à Jaugeac et emploi des fonds provenant de l'aliénation au profit de leur établissement du Pont-Saint-Esprit.

L'autorisation d'aliéner un immeuble a été refusée à une communauté religieuse, qui ne remplit pas exactement la mission en vue de laquelle elle a été reconnue.

Avis, 9 janvier 1895, sœurs de la Charité d'Ernemont.

---

(1) A moins de clause contraire dans les statuts, les aliénations, cessions et échanges d'immeubles, mainlevées d'hypothèques, concernant les établissements d'utilité publique, ne sont pas soumis à l'autorisation du Gouvernement.

L'établissement dépendant d'une congrégation doit justifier de la régularité de l'acquisition des biens qu'il s'agit d'aliéner.

Note, 23 mars 1881, communauté des sœurs Augustines, à Orbec.

L'établissement qui demande l'autorisation d'aliéner un titre de rente pour faire face à des travaux de réparations des bâtiments conventuels doit justifier que ces travaux ont été régulièrement autorisés.

P. de décret et note, 9 juillet 1893, sœurs de la Grande-Providence, à Nantes.

La maison-mère d'une congrégation ne peut être autorisée à aliéner un bien lui appartenant en vue de pourvoir au remboursement d'un emprunt contracté sans autorisation et dont le produit a été consacré à un établissement dépourvu d'existence légale.

Avis, 1er juillet 1891. Aliénation par la congrégation des Ursulines de Jésus.

Si la supérieure de la maison-mère d'une congrégation peut, par application de l'avis de principe du 4 juin 1891 (1), être autorisée à aliéner des titres de rente pour venir en aide aux établissements dépendant de la congrégation, qui sont régulièrement reconnus, elle ne saurait être autorisée à procéder à cette aliénation dans l'intérêt des établissements non reconnus.

P. de décret et note (A. G.), 25 juin 1896, sœurs servantes de Marie, à Anglet.

Lorsque la supérieure générale d'une congrégation demande l'autorisation d'aliéner un immeuble qu'elle a été autorisée à acquérir au nom de cette congrégation antérieurement à l'avis de principe du Conseil d'État du 4 juin 1891, il convient d'appeler le conseil d'administration à déclarer à quel établissement régulièrement autorisé doit être attribuée la propriété de l'immeuble. Ce n'est qu'après l'accomplissement de cette formalité que l'aliénation pourra être autorisée, et seulement au nom de l'établissement désigné.

Note, 12 avril 1894, sœurs de Saint-Joseph, à Lyon.

La maison-mère d'une congrégation religieuse ne peut être autorisée à donner, pour le paiement des droits d'accroissement, son concours financier aux établissements particuliers, dûment

---

(1) Cet avis a été inséré en note à la page 191.

autorisés, que si la situation financière de ces établissements ne leur permet pas de les acquitter sur leurs propres ressources.

Note, 26 février 1896, sœurs servantes de Marie, à Anglet. — Note, 3 mars 1896, Hospitalières de l'instruction chrétienne dites Ursulines, à Troyes.

Lorsqu'une communauté religieuse, débitrice de droits d'accroissement envers le Trésor, demande l'autorisation d'effectuer une aliénation, il y a lieu de l'inviter préalablement à prendre l'engagement de prélever sur le prix de vente la somme dont elle est redevable vis-à-vis de l'État.

Note, 16 juin 1897, Carmélites de Poitiers. — Note, 16 juin 1897, Ursulines de Jésus, à Angers.

Toutefois s'il y a lieu, en règle générale, de déterminer, dans un projet de décret autorisant l'aliénation de biens appartenant à une communauté religieuse, quel devra être l'emploi du produit de cette aliénation, aucun texte n'oblige le Gouvernement à prendre cette mesure qui peut avoir pour inconvénient de contrarier l'action du fisc pour le paiement des droits d'accroissement.

P. de décret et note, 20 janvier 1897, sœurs de la charité d'Évron, à Juvigné. — P. de décret et note, 4 mars 1897, sœurs de Saint-Joseph, à Saint-Jeures.

Une association religieuse d'hommes n'a la personnalité civile que si elle a été reconnue par une loi. En conséquence, si elle a été reconnue simplement par décret, elle ne peut être autorisée à accomplir les divers actes juridiques, notamment à aliéner des biens ou à contracter des emprunts en vue de payer les droits d'accroissement.

Avis, 10 juin 1896, frères de Saint-Gabriel. — Avis, 10 juin 1896, frères de la Doctrine chrétienne de Nancy.

Par application du décret du 7 prairial an XII et de l'ordonnance du 3 février 1816, l'association des prêtres de la mission dite de Saint-Lazare existant à Paris a été autorisée à aliéner un immeuble situé en France.

P. de décret et note, 24 novembre 1897, association des Lazaristes.

CHAPITRE SIXIÈME

TRANSACTIONS

———

Lorsque la transaction, qui met fin à un litige existant entre deux établissements publics, résulte uniquement des délibérations respectivement prises par ces établissements, le projet de décret, tout en approuvant ces délibérations, précise les engagements qu'elles contiennent et prescrit que ces engagements feront l'objet d'un acte régulier de transaction à intervenir entre les représentants des deux établissements.

P. de décret et note, 22 novembre 1890. Transaction entre la fabrique et la ville de Coulommiers.

Le projet de décret, qui a pour but d'homologuer une transaction intervenue entre un établissement et un particulier, doit approuver l'acte de transaction et non pas seulement la délibération qui l'accepte.

Jurisprudence constante, voir notamment : P. de décret et note, 7 septembre 1887. Transaction entre la congrégation des sœurs de Saint-Joseph de Lyon et la ville de Mèze.

———

CHAPITRE SEPTIÈME

AUTORISATIONS DE PLAIDER

---

§ 1ᵉʳ : Délai pour statuer. — Instruction des demandes. —
Formes de la décision

La disposition de l'article 121 de la loi du 5 avril 1884, portant que la décision du conseil de préfecture doit être rendue dans les deux mois à compter du jour de la demande en autorisation, doit être entendue en ce sens que le délai ne court que du jour de la réception de la demande au greffe du conseil de préfecture.

P. de décret, 19 novembre 1890, commune de Cieutat. — P. de décret, 14 janvier 1897, syndicat des communes de la vallée de Baïgorry.

En cas de pourvoi contre un arrêté du conseil de préfecture rendu plus de deux mois après le jour de la demande en autorisation de plaider, y a-t-il lieu d'annuler cet arrêté comme pris en violation de l'article 121 de la loi du 5 avril 1884, ou ne convient-il pas plutôt de déclarer qu'il n'y a lieu de statuer par le motif que le pourvoi est sans objet puisque la commune est, aux termes de l'article 121, « autorisée à plaider » par le fait même de l'expiration du délai?

Dans le premier sens : P. de décret, 19 octobre 1886, commune de Lunas.
Mais la jurisprudence paraît fixée dans le second sens : P. de décret, 27 octobre 1891, bureau de bienfaisance de Brugnières.

La règle édictée par l'article 121 est applicable aux demandes en autorisation de plaider formées par les fabriques.

Jurisprudence constante, notamment : P. de décret, 5 février 1890, fabrique de Saint-Sozy.

Mais elle n'est pas applicable aux demandes formées par les contribuables exerçant les actions de la commune (1).

P. de décret, 20 décembre 1890, commune de Saint-Pierre-du-Bosguérard.

Doit être annulé :

a) Par application de l'article 125 de la loi du 5 avril 1884, l'arrêté du conseil de préfecture statuant sur le mémoire déposé par l'adversaire d'une commune sans que le conseil municipal ait été préalablement appelé à délibérer ;

P. de décret, 27 octobre 1886, commune de Belverne.

b) Par application de l'article 123 de la même loi, l'arrêté statuant sur une demande en autorisation de plaider, présentée par un contribuable, sans que le conseil municipal ait été appelé à délibérer sur la demande. Et il doit être décidé ainsi même au cas où le conseil de préfecture aurait jugé inutile de consulter cette assemblée par le motif que le tribunal, devant lequel devait être portée l'action, serait incompétent pour en connaître. La formalité prescrite par l'article 123 doit être remplie avant tout examen des questions de compétence qui pourraient être soulevées.

En annulant l'arrêté, le Conseil d'État renvoie le contribuable à se pourvoir devant le conseil de préfecture pour y être procédé conformément à la loi ;

P. de décret, 14 novembre 1891, Leclerc, commune de Saint-Pierre-du-Bosguérard.

c) Par application de l'article 126 de la loi du 5 avril 1884, l'arrêté portant refus d'autorisation lorsqu'il n'est pas motivé ; en annulant cette décision le Conseil d'État accorde, s'il y a lieu, l'autorisation de plaider.

P. de décret, 14 janvier 1880, bureau de bienfaisance de Saint-Maurice-de-Lignon.

§ 2 : Du pourvoi

Qualité pour agir. — A été déclaré non recevable le recours formé par un maire qui ne justifiait d'aucune délibération du

---

(1) Il résulte en effet des déclarations faites au Sénat, dans la discussion de la loi municipale, que les dispositions de l'article 121 relatives au délai ne devaient pas s'appliquer au cas où la demande serait formée par un contribuable.

conseil municipal l'autorisant à se pourvoir devant le Conseil d'État contre l'arrêté du conseil de préfecture.

P. de décret, 11 mai 1892, commune de Givry.

Lorsque le conseil municipal s'est refusé à interjeter appel d'un jugement rendu contre la commune, le maire ne peut, en présence de ce refus, suivre l'instance sur l'appel par lui interjeté à titre purement conservatoire. Il y a lieu, en conséquence, de rejeter le pourvoi formé par le maire contre l'arrêté du conseil de préfecture qui lui a refusé l'autorisation de former appel.

P. de décret, 17 novembre 1885, commune de Saint-Germain.

Le maire agissant au nom des pauvres ne peut plaider sans autorisation.

Ainsi décidé à l'occasion d'un pourvoi formé par un maire contre un arrêté du conseil de préfecture qui lui avait refusé l'autorisation d'ester en justice par le motif que le maire, n'agissant en la cause ni au nom de la commune, ni au nom d'un établissement public communal, n'avait pas besoin d'autorisation pour plaider. (Arrêté annulé, autorisation accordée.)

P. de décret, 7 juillet 1885, maire de la Ferté-Macé.

Doit être rejeté le recours formé par l'adversaire de la commune contre l'arrêté autorisant celle-ci à plaider. C'est seulement au cas où le conseil de préfecture a refusé l'autorisation d'ester en justice que le recours au Conseil d'État est ouvert. En outre, en aucun cas, ce recours n'appartient aux parties contre lesquelles la commune a demandé l'autorisation de plaider.

P. de décret, 14 avril 1886, commune d'Assenay.

Les membres du conseil municipal n'ont pas qualité pour se pourvoir contre un arrêté autorisant la commune à plaider malgré le refus du conseil municipal.

P. de décret, 15 décembre 1880, commune de Combiers.

Dépôt du pourvoi. — Les pourvois en matière d'autorisations de plaider doivent être déposés au secrétariat général du Conseil d'État dans les deux mois à partir de la notification de l'arrêté attaqué ; le dépôt à la préfecture ou à la sous-préfecture ne saurait suppléer à cette formalité.

P. de décret, 12 avril 1897, commune d'Esquiule. — P. de décret, 18 mai 1897 commune de Mayres.

Motifs. — Doit être rejeté comme non recevable un recours qui n'est pas motivé.

P. de décret, 16 novembre 1897, sieur Bonis au nom de la commune de Maurs. — P. de décret, 23 novembre 1897, communes de Lies et Banios.

Double degré de juridiction. — Doit être rejetée comme non recevable la demande en autorisation de plaider au nom d'une commune, présentée directement au Conseil d'État par des contribuables, qui soutiennent que le conseil de préfecture, ne s'étant point prononcé dans les deux mois sur leur demande, est censé l'avoir repoussée: cette présomption ne résulte d'aucune disposition de la loi du 5 avril 1884.

P. de décret, 14 décembre 1897, sieurs Darnige et autres au nom de la commune de Nojals et Clottes.

Forme des décisions. — Les décrets accordant, l'autorisation de plaider ne sont pas motivés.

Jurisprudence constante.

§ 3 : QUESTIONS DIVERSES

L'autorisation du conseil de préfecture n'est pas nécessaire aux communes ni aux établissements publics :

a) Pour interjeter appel d'un jugement du juge de paix rendu en matière possessoire, la dispense édictée par l'article 122 de la loi du 5 avril 1884 s'étendant à tous les degrés de juridiction;

P. de décret, 25 mars 1885, commune de la Terrisse.

b) Pour interjeter appel d'une ordonnance de référé. La juridiction des référés a été constituée pour tous les cas d'urgence sans distinction, et les communes et les établissements publics ne pourraient y recourir s'ils devaient au préalable remplir une formalité incompatible avec la célérité que la loi a eu en vue d'assurer aux parties.

P. de décret, 12 janvier 1886, fabrique de Breloux.

A été annulé un arrêté du conseil de préfecture qui avait refusé à une commune l'autorisation de se désister d'un pourvoi régulièrement formé par elle devant la Cour de cassation.

P. de décret, 23 décembre 1884, ville de Belfort.

L'autorisation du conseil de préfecture est nécessaire aux communes:

a) Pour se pourvoir en cassation contre une décision du jury d'expropriation ;

P. de décret, 24 novembre 1885, commune de Pantin.

b) Pour faire interpréter par l'autorité judiciaire la décision du jury d'expropriation.

P. de décret, 13 juin 1882, commune de Saint-Savin.

Il n'y a pas lieu de statuer sur le recours formé par un syndicat de communes, qui ne justifie d'aucune existence légale.

P. de décret, 14 janvier 1897, syndicat des communes de la vallée de Baïgorry.

A été considérée comme intéressant personnellement le desservant et non l'établissement public qu'il représente, une action en dommages-intérêts formée par un desservant contre un maire qui avait fait démolir des constructions commencées sans autorisation par ce desservant, dans le presbytère, propriété communale. Cette action ne rentre à aucun titre parmi celles que le desservant ne pourrait, aux termes du décret du 6 novembre 1813, intenter qu'après autorisation du conseil de préfecture.

P. de décret, 27 août 1884, desservant de Vallon.

Les règles édictées par la loi du 5 avril 1884, en ce qui touche les autorisations de plaider, sont applicables aux fabriques.

P. de décret, 4 novembre 1896, fabrique de Boissey-le-Châtel.

Les fabriques ont besoin d'une nouvelle autorisation du conseil de préfecture pour interjeter appel d'un jugement rendu contre elles.

Jurisprudence constante: P. de décret, 23 novembre 1886, pompes funèbres de Marseille.

Lorsqu'une commune demande à défendre à une action intentée contre elle, et à former un recours en garantie contre un tiers, l'autorisation ne doit lui être accordée d'exercer le recours en garantie que par voie incidente seulement.

P. de décret, 17 novembre 1886, commune de Cours-de-Pile.

Il n'y a pas lieu d'autoriser une commune à former une action en justice lorsqu'il appartient exclusivement à l'administration de prescrire les mesures propres à mettre fin au litige.

Par application de cette règle a été rejeté le pourvoi d'une commune contre un arrêté lui refusant l'autorisation d'ester en justice à l'effet de:

a) Poursuivre l'expulsion d'un commissaire central de police des locaux où il a installé ses bureaux et qu'il occuperait indûment dans un bâtiment municipal;

P. de décret, 21 octobre 1890, ville de Rennes.

b) Contraindre le trésorier d'une fabrique à déposer à la mairie un double de ses comptes annuels.

P. de décret, 2 mars 1880, commune de Saint-Sauves.

Un contribuable n'a pas besoin, pour intenter une action au nom de la commune, de justifier d'un intérêt direct et personnel.

P. de décret, 24 juin 1896, sieurs Cantayré, Méja et autres, au nom de la commune de Trespoux.

Les contribuables, qui veulent exercer une action au nom de la commune, ont besoin d'une autorisation préalable, même si cette action doit être intentée devant la juridiction administrative.

P. de décret, 5 mai 1896, sieurs Crouzier et autres, au nom de la commune du Donjon. — P. de décret, 24 juin 1896, sieurs Cantayré et autres, au nom de la commune de Trespoux.

Une commune avait demandé l'autorisation de plaider sur divers chefs; devant le tribunal, son adversaire soutint que l'autorisation du conseil de préfecture était limitée et qu'elle avait indûment étendu son action à des chefs auxquels l'autorisation ne s'appliquait point. Le tribunal renvoya la commune à se pourvoir devant le conseil de préfecture à l'effet de faire décider s'il avait entendu autoriser la commune à plaider sur tous les chefs compris dans son assignation. Par un nouvel arrêté le conseil de préfecture déclara que la décision antérieure n'avait pu autoriser la commune à ester en justice qu'aux fins mentionnées dans les délibérations produites et qu'une nouvelle autorisation était nécessaire pour qu'elle puisse plaider sur les autres chefs énoncés dans son exploit introductif d'instance. La commune s'est pourvue contre ce dernier arrêté par les motifs suivants: 1° que les délibérations par lesquelles elle demandait l'autorisation de plaider étaient conçues en termes généraux; 2° qu'il importerait peu que le conseil de préfecture n'ait entendu statuer que sur certains chefs, l'expiration du délai de deux mois sans refus équivalant à une autorisation pour les autres chefs; dans ces circonstances, l'arrêté fut annulé.

P. de décret, 2 août 1887, commune de Savonnières-en-Perthois.

CHAPITRE HUITIÈME

AFFECTATION D'IMMEUBLES A DES SERVICES PUBLICS

PREMIÈRE SECTION

Affectation et désaffectation d'immeubles départementaux.

Est exécutoire par elle-même, dans les conditions prévues par l'article 49 de la loi du 10 août 1871, la délibération par laquelle un conseil général a décidé de reprendre possession d'un immeuble appartenant au département et dont la jouissance temporaire avait été concédée en 1823 à l'institut des frères des écoles chrétiennes. Pour soutenir qu'un décret est nécessaire pour autoriser cette reprise de possession on ne saurait se fonder sur ce qu'une ordonnance royale avait, en 1823, homologué l'arrêté préfectoral pris pour approuver l'affectation, et dont l'article 3 portait : « dans le cas où, contre toute attente, le département voudrait rentrer en jouissance de ces bâtiments, dont la propriété lui est expressément réservée, il ne pourrait être fait droit qu'avec l'approbation du roi.....». S'il est intervenu une ordonnance pour approuver le contrat passé à cette époque entre le département et les frères, c'est par application de la législation générale alors en vigueur qui soumettait les actes de cette nature à la tutelle du chef de l'État.

Avis, 6 août 1879, département de la Seine-Inférieure.

Est également exécutoire la délibération par laquelle un conseil général, sans toucher en rien aux dépendances du logement de l'évêque, se borne à statuer sur la remise au département des anciens bureaux de la préfecture qui, après avoir servi de petit séminaire, sont actuellement vacants et disponibles.

Avis (A. G.), 5 juillet 1888, département de Loir-et-Cher.

DEUXIÈME SECTION

Affectation et désaffectation d'immeubles communaux.

(Loi du 5 avril 1884, art. 167.)

Lorsqu'un conseil municipal a prononcé la désaffectation d'un immeuble communal consacré en dehors des règles concordataires à un établissement ecclésiastique ou civil, le décret relatif à cette désaffectation doit, s'il y a lieu, se borner à approuver la délibération municipale et non pas autoriser la ville à reprendre possession de l'immeuble précédemment affecté: cette dernière rédaction semblerait résoudre une question litigieuse que le décret ne peut avoir ni pour but ni pour effet de trancher.

Note, (A. G.), 5 avril 1883, ville de Paris. Désaffectation des immeubles de la rue Oudinot. — Note (A. G.), 27 mars 1886, ville d'Auxerre.

Cependant a également été employée la rédaction suivante:
Les bâtiments cessent d'être affectés à cet établissement.

P. de décret et note (A. G.), 5 juillet 1883, ville d'Autun. — P. de décret et note (A. G.), 7 août 1890, ville de Toulouse.

§ 1er : ÉGLISES ET PRESBYTÈRES

A. — *Distraction de parties superflues de presbytères.*
(Ordonnance du 3 mars 1825.)

Lorsque l'autorité diocésaine ne s'oppose pas à la distraction, le Préfet est compétent pour l'autoriser: il n'y a donc pas lieu, en ce cas, de statuer par décret.

Avis, 30 avril 1884, commune de Tournus.

La procédure de la distraction n'est pas nécessaire et il n'y a pas lieu de l'appliquer, lorsque la parcelle à distraire n'a pas été acquise par la commune pour être annexée au presbytère, mais qu'elle a été abandonnée à titre précaire au desservant.

Plusieurs décisions en ce sens, notamment: Avis, 13 mars 1889, commune de Givors. — Avis, 6 mai 1890, commune de Massais.

Lorsque l'opération projetée a pour but d'enlever au curé l'usage de la totalité du seul jardin dont il a la jouissance, elle ne peut être considérée comme une distraction de partie superflue du presbytère, mais elle constitue une véritable désaffectation de propriété communale.

Note, 20 novembre 1894, commune d'Allevard.

La procédure de la distraction ne pouvant avoir pour effet que de retrancher définitivement du presbytère la partie distraite et de l'enlever à la jouissance des desservants, elle ne peut être employée dans le but de mettre en commun entre les habitants d'une commune et le desservant la jouissance d'un puits établi dans les dépendances du presbytère.

Avis, 23 juillet 1889, commune de Vendat. — P. de décret, 14 mai 1890, même affaire.

Une commune ne peut distraire une partie même superflue d'un presbytère lorsque l'acte d'acquisition de l'immeuble renferme la clause expresse qu'il sera affecté à l'usage de presbytère.

Plusieurs décisions en ce sens, notamment : Avis, 15 avril 1885, commune de la Croix-en-Brie.

Pour que la distraction puisse être prononcée, il faut que la parcelle soit réellement superflue. Ainsi n'a pas été autorisée une distraction qui dans l'espèce avait pour effet de réduire le jardin du presbytère à une contenance de 2 ares 60 centiares.

Avis, 23 mai 1882, commune de Saint-Étienne-de-Fontbellon.

N'a pas été autorisée une distraction considérable qui, dans l'espèce, avait pour effet de réduire à 6 ares le jardin presbytéral, alors qu'elle n'avait d'autre but que d'éviter à la commune les frais d'acquisition d'un terrain.

Avis, 4 août 1886, commune de Cressensac.

Alors même que la distraction serait minime, il n'y a pas lieu de l'autoriser, lorsqu'à raison même du peu d'étendue du terrain nécessaire il est facile à la commune de trouver un emplacement convenable.

Plusieurs décisions en ce sens, notamment : Avis, 29 janvier 1884, commune de Vieuvicq.

La création d'un jardin pour l'instituteur ne constitue pas un service public dans le sens de l'ordonnance du 3 mars 1825, et ne peut, en conséquence, justifier une distraction.

Jurisprudence constante, voir notamment: Avis, 11 avril 1881, commune de Saisy. — Avis, 4 février 1885, commune d'Avosne. — Note, 26 octobre 1897 commune de Boz.

La distraction ne peut être autorisée lorsque la parcelle à distraire doit être « mise à la disposition de l'instituteur », sans qu'il soit justifié qu'elle doive être affectée à un service public.

Avis, 10 août 1885, commune de Bruch.

Mais la distraction peut être autorisée, lorsque la parcelle doit être affectée à l'établissement d'un jardin destiné à l'école et à l'enseignement de l'horticulture et non à la jouissance particulière des instituteurs.

P. de décret et note, 19 avril 1882, commune de Pouzy-Mézangy. — Notes, 16 juin et 26 octobre 1897, commune de Boz.

N'a pas été considérée comme de nature à motiver la distraction:

La création d'un logement pour le fossoyeur;

Avis, 17 juin 1885, commune de Fontenay-le-Château.

D'un champ d'expérience pour le greffage de la vigne;

Avis, 24 mai 1887, commune de Saint-Rambert.

D'un jardin pour le bureau de poste;

Avis, 19 novembre 1884, commune de Montagrier.

D'un square;

Note, 13 mars 1894, commune de Meulan.

D'une buanderie municipale;

Avis, 26 avril 1888, commune de Saint-Gelais.

De maisons de refuge pour les mendiants;

Avis, 26 avril 1888, commune de Saint-Gelais.

La construction d'un bâtiment destiné à servir de chambre de sûreté municipale et de logement pour les voyageurs indigents, lorsque l'importance de la commune ne justifie pas cette création ;

Avis, 7 mars 1883, commune de Mairy-sur-Marne.

La distraction doit être restreinte à l'étendue strictement nécessaire pour le service public.

Note, 11 mai 1887, commune de Thin-le-Moutier.

Les communes ne peuvent être autorisées à distraire des portions superflues du presbytère dans le but d'aliéner les parcelles distraites pour en affecter le prix à des dépenses d'utilité communale (par exemple à l'établissement d'une école).

Jurisprudence constante, voir notamment : Avis, 12 avril 1881 (deux décisions), communes de Lacroix et de Landelles. — Avis, 13 juin 1883, commune de Labouheyre.

Il en est ainsi, alors même que le produit de l'aliénation devrait être employé à des réparations à la maison curiale.

Avis, 27 avril 1887 (deux décisions), communes de Saint-Martin-de-Bossenay et de la Fosse-Carduan.

Les communes ne peuvent aliéner les arbres situés sur les dépendances du presbytère pour en affecter le prix à des dépenses d'utilité communale.

Avis, 22 janvier 1890, commune de Liercourt.

Les communes ne peuvent distraire du presbytère des parcelles superflues pour les mettre en location.

Avis, 26 juin 1888, commune de Deyvillers.

Les communes ne doivent pas d'indemnités aux curés et des servants pour distraction de parties superflues du presbytère. Une convention intervenue entre le conseil de fabrique et le conseil municipal, à cet effet, ne saurait être approuvée.

Note, 8 mars 1890, commune de Lésigny. — Note, 20 novembre 1894, commune d'Allevard.

La commune peut céder au desservant la jouissance d'une parcelle en échange de la parcelle distraite.

P. de décret et note, 11 novembre 1884, commune de Vaumas.

Il y a lieu d'imposer à la commune la construction d'un mur afin d'isoler le presbytère de la parcelle distraite et affectée à un autre service.

Jurisprudence constante, voir notamment : Note, 26 décembre 1882, communes de Berthecourt et d'Hailles.

Lorsqu'un décret a autorisé la distraction d'une partie superflue d'un presbytère pour un service public, cette partie ne peut recevoir une affectation nouvelle qu'en vertu d'un nouveau décret.

Avis, 13 juin 1883, commune de Picauville. — Note, 5 janvier 1886, communes de la Bosse et de Turquant, etc.

En conséquence les décrets autorisant les distractions doivent porter une disposition aux termes de laquelle la destination de la parcelle distraite ne peut être modifiée qu'en vertu d'un décret rendu dans les formes prescrites par l'ordonnance du 3 mars 1825.

Notes, 18 janvier 1890, communes de Fresselines et de Souvigné.

B. — *Désaffectation et aliénation de presbytères.*
(Loi du 5 avril 1884, art. 68, § 2.)

Un décret déclaratif d'utilité publique ne peut avoir pour effet d'autoriser l'emprise d'un immeuble affecté au culte en vertu des lois concordataires. Avant la prise de possession de cet immeuble la désaffectation doit, en cas de désaccord entre l'évêque et le Préfet, être prononcée par un décret rendu sur le rapport du Ministre des Cultes.

Note (S. réun. I. et T. P.), 16 décembre 1884 et P. de décret (A. G.), 14 janvier 1886, ville de Marseille.

Dans les décrets prononçant des désaffectations de presbytères, il y a lieu de viser la loi du 18 germinal an X, et non l'ordonnance du 3 mars 1825 qui ne s'applique qu'aux distractions de parties superflues.

P. de décret et note, 13 janvier 1885, commune de Pécy. — P. de décret et note (A. G.), 7 août 1390, ville de Toulouse.

La désaffectation totale des presbytères ne peut être autorisée qu'à charge, par les communes, de procurer aux desservants dépos-

sédés un logement convenable, et il y a lieu de viser les engagements pris à cet égard par le conseil municipal.

Nombreuses décisions en ce sens, notamment : Note, 8 juin 1880, commune de
Lussac. — Note, 27 juin 1887, commune d'Epineuil.

Toutefois cette condition n'est pas imposée si un immeuble
convenable vient à être attribué à la jouissance du desservant en
vertu d'une donation ou d'un legs. La désaffectation du presbytère communal est même la conséquence logique de l'autorisation accordée à la fabrique d'accepter une libéralité consistant en
un immeuble à usage de presbytère.

Note, 27 décembre 1882, et P. de décret, 13 juin 1883, commune de Béthencourt.

Les communes peuvent être autorisées à aliéner l'immeuble
servant de presbytère, pour en affecter le prix aux réparations
du presbytère ancien, affecté de nouveau au logement du desservant. Dans ce cas, le décret doit viser, non pas l'ordonnance du
3 mars 1825, mais la loi générale d'organisation municipale.

Plusieurs décisions en ce sens, notamment : Note, 13 décembre 1882, commune
d'Ourouer-les-Bourdelins. — Note, 13 janvier 1885, commune de Pécy.

Ne peut être autorisée la désaffectation du presbytère d'une
commune desservie au moyen du binage : cette désaffectation
aurait en effet pour conséquence de porter atteinte aux droits
de jouissance du desservant. La commune ne pourrait obtenir la
liberté de disposer du presbytère que par la suppression du titre
de succursale.

Note, 12 juillet 1887, commune de Montfaucon.

A été autorisée la désaffectation d'une statue de la Vierge existant
dans une église, en vue de l'aliénation de cette statue. La forme
du décret a été la suivante : *La statue de la Vierge existant dans
l'église paroissiale de   cesse d'être affectée au culte.*

P. de décret et note, 5 janvier 1887, commune et fabrique du Breuil.

§ 2 : CIMETIÈRES
(Décret du 23 prairial an XII. — Ordonnance du 6 décembre 1843.
— Loi du 15 novembre 1881.)

Ne saurait être déclaré d'utilité publique l'agrandissement d'un
cimetière qui ne se trouve pas à la distance légale, alors même

que la partie formant l'agrandissement serait située à plus de 35 mètres de l'agglomération.

Avis, 6 janvier 1891, commune de Saint-Mihiel. — Note, 4 février 1896, commune de Brive. — Note, 30 mars 1896, commune de Truyes.

Toutefois, cet agrandissement peut être autorisé si le conseil municipal a pris l'engagement de ne plus faire d'inhumations dans la partie du lieu de sépulture située à moins de 35 mètres des habitations.

Note, 29 avril, et P. de décret, 28 octobre 1891, ville de Tulle.

Le conseil départemental d'hygiène doit être consulté sur le point de savoir si un terrain, que l'on veut affecter à l'usage de cimetière, est de nature à convenir aux inhumations.

Note, 13 février 1895. Donation cardinal Richard.

La commune est le seul établissement public qui ait le droit de posséder un cimetière. En conséquence, il n'y a pas lieu de déclarer d'utilité publique l'acquisition, par un asile public départemental d'aliénés, de terrains destinés à la translation du cimetière de l'asile, lequel a été irrégulièrement établi.

P. de décret et note, 23 octobre 1894, asile de Saint-Robert.

Depuis la loi du 14 novembre 1881, il n'y a pas lieu d'approuver l'acquisition d'un terrain destiné à la création d'un cimetière public confessionnel.

Avis, 28 juillet 1885. Acquisition pour l'œuvre des asiles de Laforce.

Un établissement d'utilité publique ne peut être autorisé à acquérir un terrain destiné à la création d'un cimetière exclusivement destiné aux besoins de cet établissement.

Même avis.

N'a pas été autorisée l'acquisition par un établissement d'utilité publique d'un terrain destiné à la création d'un cimetière exclusivement affecté aux besoins de cet établissement. Si, dans l'état actuel de la législation, il est encore possible d'inhumer dans des terrains privés, c'est à la condition que chaque inhumation soit spécialement autorisée. Le Gouvernement ne saurait donc subs-

tituer à ces autorisations, données par la police locale, l'autorisation générale qui résulterait implicitement de l'approbation
d'une acquisition destinée à créer un véritable cimetière privé.

Avis, 28 juillet 1885. Acquisition par les asiles John Bost à Laforce.

Les conseils municipaux ne peuvent concéder des emplacements
dans les cimetières communaux, ni à l'administration militaire
pour l'inhumation des soldats de la garnison, ni à des associations
religieuses ou laïques pour l'inhumation de leurs membres. Les
concessions accordées en dehors des exceptions limitativement
prévues par l'article 10 du décret du 26 prairial an XII et par
l'article 3 de l'ordonnance du 6 décembre 1843 seraient en
contradiction formelle avec l'esprit général de la législation sur
les lieux de sépultures qui s'est notamment affirmé dans la loi du
14 novembre 1881.

Avis, 3 août 1892.

TABLE ANALYTIQUE

TITRE I

ORGANISATION ET FONCTIONNEMENT
DES SERVICES GÉNÉRAUX DE L'ÉTAT

TITRE II

ORGANISATION ET FONCTIONNEMENT
DES
DÉPARTEMENTS ET SERVICES DÉPARTEMENTAUX

TITRE III

ORGANISATION ET FONCTIONNEMENT

DES COMMUNES ET SERVICES COMMUNAUX

TITRE IV

ORGANISATION ET FONCTIONNEMENT

DES

ÉTABLISSEMENTS PUBLICS

TITRE V

ORGANISATION ET FONCTIONNEMENT

DES ÉTABLISSEMENTS D'UTILITÉ PUBLIQUE

TITRE VI

ORGANISATION ET FONCTIONNEMENT

DES CONGRÉGATIONS RELIGIEUSES

TITRE VII

ADMINISTRATION DES BIENS, CAPACITÉ ET TUTELLE DES DIVERS ÉTABLISSEMENTS

TABLE ALPHABÉTIQUE

Pages.

MELUN. IMPRIMERIE ADMINISTRATIVE. — VTE 1121 N

1899

www.ingramcontent.com/pod-product-compliance
Lightning Source LLC
Chambersburg PA
CBHW061008220326

41599CB00023B/3877